»… solange wir zu zweit sind.«

Friedrich der Große
und Wilhelmine Markgräfin von Bayreuth
in Briefen

»... solange wir zu zweit sind.«

Friedrich der Große und Wilhelmine Markgräfin von Bayreuth in Briefen

Herausgegeben von

Kirsten Heckmann-Janz
Sibylle Kretschmer
Friedrich Wilhelm Prinz von Preußen

Übersetzung der Briefe aus dem Französischen
von Friedrich von Oppeln-Bronikowski

Mit 48 Abbildungen und Faksimiles

Langen Müller

Bildnachweis:

Alle Abbildungen aus den Archiven der Herausgeber, außer:
Geheimes Staatsarchiv, Stiftung Preußischer Kulturbesitz (S. 13 und 14, 44 und 45, 291 und 292); Bayerische Verwaltung der staatlichen Schlösser, Gärten und Seen (S. 67); Sammlung C. Weber (S. 57, 81, 108, 110, 131 o. und u., 159, 185, 189, 199 o., 219, 251, 271); Universitätsbibliothek Erlangen-Nürnberg, Handschriftenabteilung (S. 167 und 173), akg-images, Berlin (S. 10).

Besuchen Sie uns im Internet unter
http://www.langen-mueller-verlag.de

Schutzumschlag: Wolfgang Heinzel
Schutzumschlagmotiv: akg-images, Berlin
(Friedrich der Große als Kronprinz und seine Schwester Wilhelmine,
um 1714, Antoine Pesne)
Herstellung und Satz: VerlagsService Dr. Helmut Neuberger
& Karl Schaumann GmbH, Heimstetten
Gesetzt aus der 12/14,6 Punkt Adobe-Garamond
Druck und Binden: Westermann Druck, Zwickau
Printed in Germany
ISBN 3-7844-2916-5

Inhalt

Friedrich der Große als Kronprinz und seine Schwester Wilhelmine, um 1714 (Antoine Pesne)

Vorwort

Friedrich Wilhelm
Prinz von Preußen

Die Persönlichkeit Friedrichs des Großen scheint weitgehend ausgeleuchtet. Er wird inzwischen kaum noch als Militarist gesehen, sondern als aufgeklärter Herrscher und Philosoph von Sanssouci erkannt, der im europäischen Vergleich – an den Maßstäben seiner Zeit gemessen – Außerordentliches geleistet hat.
Seine ältere Schwester Wilhelmine, die als Markgräfin von Bayreuth in die Geschichte einging, erfährt erst seit wenigen Jahren die ihr zustehende Würdigung. Sie hatte die wissenschaftlichen und kulturellen Wurzeln Bayreuths gelegt und galt in ihrer Zeit als eine der bedeutendsten Frauen Europas.
Aus den persönlichen Briefen der Geschwister erschließt sich die Bedeutung füreinander. Eine Auswahl dieser in Französisch geführten Korrespondenz wurde 1924/26 in der deutschen Übersetzung Friedrich von Oppeln-Bronikowskis von Gustav Berthold Volz herausgegeben. Die kommentierte Auswahl des hier von Kirsten Heckmann-Janz und Sibylle Kretschmer vorgelegten Briefwechsels dokumentiert eine einzigartige tief empfundene gegenseitige Zuneigung der Geschwister.
Geschichtliche Ereignisse und bedeutende historische Persönlichkeiten, aber auch Wilhelmine und Friedrich selbst, zeigen sich in ihrer menschlichen Dimension: Die Schlesischen Kriege und der Siebenjährige Krieg, der tyrannische »Soldatenkönig«, Friedrichs erzwungene Ehe mit Elisabeth Christine von Braunschweig-Be-

vern, aber auch einzelne Gemälde von Antoine Pesne, Kompositionen Friedrichs und Libretti Wilhelmines, der Pietist Francke, Prinz Eugen und Voltaire, erscheinen, um nur wenige Beispiele zu nennen, in erstaunlichen Zusammenhängen.
Geschichte wird menschlich und damit neu erfahrbar.

Berlin,
Frühjahr 2003

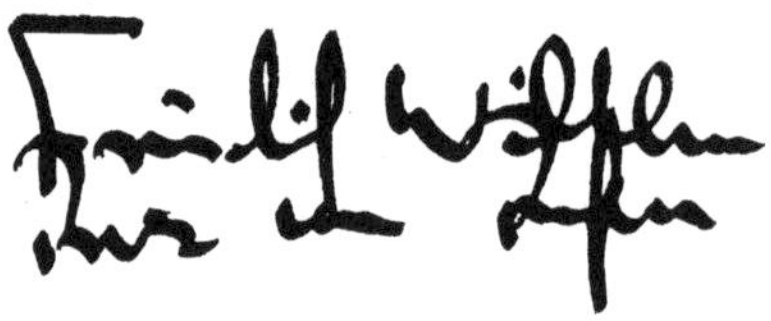

Ma tres chere Soeur — a Dresde le 2 de Jan 1728

Malgrai tout mes divertissement je pense toujours
a vous et ne vous oublirai qu'en mourent, mais en atendent
je vous racontrai quelque chose, entendes un roman, [illegible]
moi toute, cruche, mon cher, asela tout ce fait. demandé
moi [illegible] du monde, [illegible]
de quoi voulés vous que je vous entretiene.
le Roy de Pologne est d'une grandeur mediocre il a la
face fort large le nez un peu retroussé, avec cela il marche
asses bien malgre sa jambe il a de l'esprit et avec sela
beaucoup de politesse et de savoir vivre, fort obligeant
anvers tout le monde, il s'asseye un peu et ce qu'il
fait fort inconsidérablement ce que il a perdu beaucoup
de [illegible] Mais malgrai tout sa il a l'air sain et fait
tout les exercices c'est a dire courir la bague [illegible]
et autres hautes come un jeune homme. le prince electoral
que l'on appelle ici prince Royal recemble fort au
margrave Louis, il a la talie de grande ormi qu'il est de beaucoup
plus gros, il porte perruque blonde, tout les jours [illegible]
abit, mais avec sela c'est un joli prince, il a de l'esprit [illegible]
et je peus dire que j'ai eté fort etoné de le trouver
tel, car il parle fort joliment et tout ce qu'il dit a du
bon sens il est en un mot fort joli; la princesse n'est
rien moins que belle, et si vous voulés que je vous dise
la verité elle est laide autant qu'il l'est permi de l'etre
c'est sans cela une bone personne mais un peu hautene.
elle aime beaucoup les fous a la maniere des petits genis.
elle est tres magnifique en abis mais principalement en
joyaus car elle a quatre garniture differente qui
sont l'une plus belle que l'autre, entr'autre j'ai remarqué
une pendeloque de brilians qu'elle a qui est de plus longue
que j'ai vue dans ma vie voici la figure. toute ses dames
sont abiliée a l'espagnole, la princesse de Weissenfels
est toujour aupres d'elle. c'ests veritablement [illegible]
la minodrie. voici la genealogie des batars [illegible] du Roy

de la Spigel — de la Königsmark — de la Cosel

conte Routofski — conte Bilinki — encore un frere

conte de Sacks moris — d'une dame francese — La contesse Orselska

contesse Fries — contesse Cosel fille

Erster erhaltener Brief des Kronprinzen, Dresden, 26. Januar 1728, an seine Schwester Wilhelmine

Einleitung

»Was ich ertragen kann,
das mußt auch Du können,
solange wir zu zweit sind.«

Die Briefe Friedrichs des Großen und seiner drei Jahre älteren Schwester Wilhelmine, die für den Zeitraum von 1728 bis zu Wilhelmines Tod, 1758, vorliegen, sind Dokumente einer weitgehend unbeachtet gebliebenen, gegenseitigen Liebe; sie eröffnen eine unbekannte Sicht auf historische Ereignisse ihrer Zeit.

Das gemeinsame Leid am despotischen Vater, dem »Soldatenkönig«, mag die zärtliche Bindung der Geschwister zunächst gefördert haben: Seit seinem 13. Lebensjahr war Kronprinz Friedrich der tyrannischen Erziehung Friedrich Wilhelms I. in Potsdam direkt unterworfen, während seine Schwester gemeinsam mit den übrigen Geschwistern bei der Königin in Berlin aufwuchs. Briefe waren ihre wichtigste Verbindung. Das Martyrium, das Friedrich durchlebte, glaubte er 1730, inzwischen 18jährig, nur noch durch die mit seinem Vertrauten Hans Herrmann von Katte geplante Flucht nach England beenden zu können. Die Fluchtpläne wurden jedoch verraten, Friedrich und von Katte in Küstrin und Wilhelmine als engste Vertraute des Bruders im Berliner Schloß auf Befehl des Königs arrestiert. Da Wilhelmine aus Angst vor dem Vater sämtliche frühen Briefe vernichtet hatte, beginnt der vorliegende Briefwechsel – mit einer Ausnahme – erst einige Wochen nach der Verhaftung, unmittelbar vor dem Kriegsgerichtsurteil in Küstrin, das von

Kattes Hinrichtung verkünden sollte. Danach brach der briefliche Kontakt monatelang ab. Erst im Frühjahr 1731 wird durch die erhaltenen Briefe Friedrichs die Intensität der Beziehung deutlich: Wilhelmine war, um ihren Bruder zu retten, bereit, dem väterlichen Befehl zu folgen und den ihr völlig unbekannten Erbprinzen von Bayreuth zu heiraten. Diese im November 1731 geschlossene Ehe brachte jedoch kaum Hafterleichterungen für Friedrich; frei sollte der Kronprinz erst durch eine ebenfalls erzwungene Heirat mit Elisabeth Christine von Braunschweig-Bevern kommen. Der Schwester klagte er sein Leid über diese unglückliche Verbindung und bat zugleich: »*Wenn Du mich lieb hast, schicke mir ein Schleifchen, das Du vierzehn Tage getragen hast … ich habe Dich nie so geliebt wie jetzt, und nie wünschte ich mehr, daß Du es glaubst.*« Selbst an seinem Hochzeitstag, am 12. Juli 1732, schrieb er ihr um Mitternacht: »*Soeben ist die ganze Zeremonie vorüber. Gott sei gelobt, daß sie überstanden ist! Ich hoffe, Du wirst es als Freundschaftsbeweis ansehen, daß ich Dir die erste Nachricht davon gebe. Hoffentlich sehe ich Dich bald wieder und kann Dir versichern, daß ich ganz der Deine bin.*«

Auch nach ihren Eheschließungen waren die Geschwister weiterhin innere Verbündete. So schrieb Friedrich aus dem Lager des sieglosen Prinzen Eugen während des polnischen Erbfolgekrieges über den Vater: »*5. August 1734. … Unser Dicker reist am 8. ab. Er war krank und klagt über Brustschmerzen, aber er hütet sich wohl, den Weg allen Fleisches zu gehen.*« Und als der Markgraf von Bayreuth, Wilhelmines Schwiegervater, zur gleichen Zeit einen Schlaganfall erlitt: »*Liebste Schwester! Ich bin entzückt, wie beharrlich der Tod dem alten Markgrafen zusetzt. … Was die Sympathie betrifft, von der Du schreibst, … so geht sie offenbar auf falsche Nachrichten zurück, denn dem König geht es ausgezeichnet und besser als seit drei bis vier Jahren. Allem Anschein nach werden wir alle den Trost haben, von ihm beerdigt zu werden.*«

Friedrich Wilhelm I. starb fünf Jahre später, am 1. Juni 1740. Schon in den ersten Tagen als König begann Friedrich II., seine politischen Ideen in die Tat umzusetzen, wiederum nicht ohne Gedanken an die Schwester in Bayreuth: *»Ich plage mich noch sehr und nach Lage der Dinge kann ich erst im nächsten Herbst hoffen, etwas Ruhe zu finden. … Ich hoffe in Berlin alle Berühmtheiten des Jahrhunderts zu versammeln. Zur Krönung dieses Werkes fehlt nichts als Deine teure Person …«*. Eine Woche später ergänzte er: *»Ich sehne mich so sehr nach einem Wiedersehen mit Dir, wie ein Verliebter nach der Rückkehr seiner Geliebten.«*

Während der beiden Schlesischen Kriege (1740–1742 und 1744–1745) wurde das Verhältnis der Geschwister erstmals über mehrere Jahre von Spannungen überschattet. Friedrich glaubte, seine Schwester und deren Mann, Markgraf Friedrich von Bayreuth, hätten Sympathien für seine österreichische Erzfeindin, Maria Theresia. Ihre Auseinandersetzungen waren erstaunlich direkt; so schrieb der König am Ende des Zweiten Schlesischen Krieges, im Dezember 1745, an Wilhelmine: *»Der Anteil, den Du an allem nimmst, was die Königin von Ungarn betrifft, gibt mir Gelegenheit, Dir mitzuteilen, daß wir Frieden miteinander geschlossen haben. Ich hoffe, das wird Dir um so angenehmer sein, als Deine Vorliebe für diese Fürstin nicht mehr durch einen Rest alter Freundschaft behindert wird, den Du mir vielleicht bewahrt hast.«* Sie erwiderte: *»Dein Friedensschluß mit der Königin von Ungarn ist eines der glücklichsten Ereignisse. Ich bezweifele, ob all Deine Siege Dir mehr Ehre machen als die Mäßigung, die Du in einer Zeit beweist, wo Du das Gesetz diktieren könntest. Was die Königin von Ungarn betrifft, so habe ich nie eine Vorliebe für sie noch besondere Anhänglichkeit für ihre Interessen gehabt. Ich werde ihren Vorzügen gerecht und halte es für erlaubt, alle Menschen zu schätzen, die solche besitzen. Meine Freundschaft und Anhänglichkeit für Dich, liebster Bruder, ist darum nicht minder ehrlich.«*

Während der ersten beiden Jahre des Siebenjährigen Krieges (1756–1763) erfuhr die Beziehung der Geschwister wieder eine tiefe Intensität. Als Friedrichs militärische Situation im Juni 1757 immer aussichtsloser wurde, bat er die Schwester um diplomatische Vermittlung: »*Nach dem Unglück, das uns am 18. betroffen hat, bleibt mir kein anderer Ausweg, als zu versuchen, durch Vermittlung Frankreichs Frieden zu schließen. Bitte sage Folard, Du wüßtest bestimmt, ich sei dazu geneigt …*« Verhandlungen kamen jedoch nicht zustande, und der König sah nun nur noch im gemeinsamen Tod mit Wilhelmine einen Ausweg: »*Was kann ich noch ausrichten? Der Feinde sind zuviel. … Du allein fesselst mich noch an die Welt; meine Freunde, meine liebsten Verwandten ruhen im Grab; kurz, ich habe alles verloren. Faß Du den gleichen Entschluß wie ich, so werden wir zusammen unser Unglück und Mißgeschick enden. Dann mögen die, welche auf der Welt zurückbleiben, die Sorgen auf sich nehmen, die ihnen auferlegt werden, und die Last tragen, die wir solange geschleppt haben.*« Doch die schwerkranke Schwester ermutigte ihn: »*Um Gottes Willen, beruhige Dich, lieber Bruder! Deine militärische Lage ist verzweifelt, aber es besteht Aussicht auf Frieden.*«

Wilhelmines Hoffnung erwies sich als falsch, und sie selbst wurde zusehends elender: »*Nur mein Herz führt mir die schwache Hand. … Seit drei Stunden schreibe ich mit Hilfe von starken Essenzen, mit denen ich die Handgelenke einreibe. Der Himmel gebe, daß ich bald die Einnahme von Olmütz erfahre; denn mich beschäftigt ganz allein das, was mit meinem lieben Bruder zusammenhängt.*«

Am 12. Oktober 1758 sandte Friedrich aus seinem sächsischen Feldlager einen letzten, innigen Brief an die Schwester: »*Ich bin so voll von Dir, von Deinen Gefahren und von meiner Dankbarkeit, daß Dein Bild stets in meinem Geiste herrscht und all meine Gedanken auf sich lenkt, mag ich wachen oder träumen, Prosa oder Verse schreiben. Möge der Himmel mein tägliches Flehen für Deine Genesung erhören!*«

Doch diese Zeilen erreichten Wilhelmine nicht mehr; sie starb am 14. Oktober, 49jährig, in Bayreuth. In derselben Nacht wurden die preußischen Truppen von den Österreichern überfallen und in der Schlacht bei Hochkirch besiegt. Nicht die schwere militärische Niederlage, sondern der Tod der geliebten Schwester bereitete Friedrich den größten Schmerz.

Der Siebenjährige Krieg wurde am 15. Februar 1763 mit dem Frieden von Hubertusburg beendet. Preußen war nun erste Militärmacht in Europa. 1768 ließ der König zum Andenken an seine Schwester im Park von Sanssouci einen Freundschaftstempel mit einer Statue Wilhelmines errichten.

1

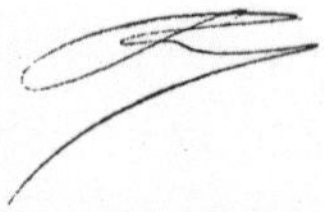

Januar 1728 – März 1732

Der Vater-Sohn-Konflikt – Wilhelmines und Friedrichs Inhaftierung – Die Hinrichtung Kattes – Wilhelmines Hochzeit – Friedrichs Verlobung

Kronprinz Friedrich in der Uniform des Königsregiments mit dem Schwarzen-Adler-Orden, 1729 (Antoine Pesne)

Schon seit frühester Jugend schrieben sich die königlichen Geschwister Wilhelmine und Friedrich vertrauliche Mitteilungen, die sie einander heimlich zukommen ließen. In weit mehr als 1000 Briefen teilten sie sich ihre Sorgen und Gedanken, ihre große Liebe zu Musik und Theater, aber auch ihre Gefühle füreinander mit. Sie diskutierten über wissenschaftliche Fragen ihrer Zeit, sinnierten über die Existenz Gottes und über ihr Leben am Hof mit all seinen Intrigen. Die Briefe wurden in Französisch verfaßt, das beide weitaus besser beherrschten als Deutsch.

Die 1709 geborene Wilhelmine und ihr drei Jahre jüngerer Bruder waren die ältesten von insgesamt zehn Kindern des preußischen Königs Friedrich Wilhelm I. und der Königin Sophie Dorothea. Sie wuchsen seit ihrer Jugend getrennt auf, denn 1725 beschloß der König, den musischen, sensiblen Kronprinzen in Potsdam unter seine persönliche strenge Aufsicht zu stellen. Die 16jährige Wilhelmine blieb mit den anderen Geschwistern bei der Mutter in Berlin.

Die geheimen Briefe, die sich Wilhelmine und Friedrich schrieben, waren von nun an ihre wichtigste Verbindung. Sie teilten sich nicht nur ganz persönliche Empfindungen und Ansichten mit, sondern auch Klagen über den jähzornigen Vater. Wegen dieser prekären Inhalte waren die Jugendbriefe vernichtet worden – Wilhelmine selbst hatte sie, wie man ihren Memoiren entnehmen kann, in größter Angst verbrannt, als ihr Bruder 1730 auf Befehl des Vaters verhaftet wurde. Nur ein einziger Brief aus dieser Zeit blieb erhalten, Friedrich schrieb ihn am 26. Januar 1728. Der damals 16Jährige war gemeinsam mit seinem Vater Gast am Dresdener Hof bei August dem Starken, Kurfürst von Sachsen und König von Polen. Der 49jährige Kurfürst, für seine zahlreichen Mätressen in ganz Europa bekannt, war von Friedrich Wilhelm I. als potentieller Ehekandidat für seine Tochter Wilhelmine vorgesehen.

Friedrich an Wilhelmine

Dresden, 26. Januar 1728

Liebste Schwester! Trotz aller Zerstreuungen denke ich stets an Dich und werde Dich erst mit dem Tode vergessen. Aber warte einen Augenblick. Laß mich erst husten, ausspucken und mich darauf schneuzen. Wovon willst du hören? Von der großen Welt? Gut! Der König von Polen ist mittelgroß. Er hat sehr starke Augenbrauen und eine etwas aufgestülpte Nase. Er ist geistvoll, sehr höflich gegen jedermann und hat viel Lebensart. Er schnarrt etwas beim Sprechen und ist nicht leicht zu verstehen, da er viele Zähne verloren hat. Trotzdem sieht er gesund aus und ist körperlich gewandt, das heißt, er sticht nach dem Ring, tanzt und tut andere Dinge wie ein junger Mann. Der Kurprinz – oder Kronprinz wie er hier genannt wird – ähnelt dem Markgrafen Ludwig. … Er trägt eine blonde Perücke und jeden Tag ein neues Kleid. Dabei ist er ein hübscher Prinz. Zu meiner Überraschung ist er geistvoll; denn er spricht sehr hübsch, und alles, war er sagt, hat Hand und Fuß. Kurz, er ist sehr nett. Die Prinzessin ist alles andere als hübsch; offen gesagt, ist sie verboten häßlich, dabei gut, aber etwas hochnäsig. Wie alle kleinen Geister mag sie die Hofnarren sehr gern. Sie treibt großen Aufwand mit Kleidern und besonders mit Juwelen. Sie hat vier verschiedene Garnituren, eine schöner als die andere. Unter anderem fielen mir Ohrgehänge mit Diamanten auf, so lang, wie ich sie noch nie gesehen habe, von ovaler Form. Alle ihre Damen gehen in spanischer Tracht. …

Ich habe mich als Musiker hören lassen. Richter, Buffardin, Quantz, Pisendel und Weiß haben mitgespielt. Ich bewundere sie. Sie sind die besten Künstler bei Hofe. … Heute wird »Tartuffe« gespielt; ich gehe sogleich hin. Lebe wohl! Liebe mich, wie ich Dich liebe. Wenn Dir die Ohren nicht klingen, ist es nicht meine Schuld; denn die Feldmarschallin und ich sprechen immer von Dir. Ich liebe Dich so, daß ich Dir gern meinen Platz abträte, um Dir Freude zu machen.
Lebe wohl! Ich bin Dein Diener. …
Friedrich der Philosoph.

Das ausgelassene und verschwenderische Leben, das Friedrich in Dresden kennenlernte, stand im Gegensatz zum spartanischen Alltag am preußischen Hof. Der König hatte von seinem Vater, dem prunksüchtigen und verschwenderischen Friedrich I., der sich 1701 selbst zum ersten König in Preußen gekrönt hatte, ein Land übernommen, das völlig bankrott war. Nach dem Tod seines Vaters begann Friedrich Wilhelm den Staatshaushalt zu sanieren. Er reduzierte den Hofstaat auf ein Minimum, verkaufte überflüssige Karossen, Silbergeschirr und Diamanten und lebte vor, was er forderte: Sparsamkeit, Disziplin und Härte zum Wohle des Staates. Geistiges und künstlerisches Leben, das sich bis dahin entwickelt hatte, wurde von nun an für den Aufbau des Landes als schädlich angesehen. So wundert es nicht, daß der auch Soldatenkönig genannte Friedrich Wilhelm seinen sensiblen Erstgeborenen mit Abscheu betrachtete. Dieser auch noch kränkliche Schöngeist schien ihm völlig ungeeignet, eines Tages das Land zu regieren. Erniedrigungen und extreme körperliche Züchtigung durch den Vater gehörten deshalb zum Alltag des Kronprinzen.

Ende 1728 spitzte sich der Vater-Sohn-Konflikt dramatisch zu, nachdem Friedrich Wilhelm I. seine unzweifelhafte Bündnistreue dem österreichischen Kaiser Karl VI. noch einmal be-

stätigt hatte. Er stellte sich damit gegen die Interessen seiner Frau, deren Bruder, der Kurfürst von Hannover, als Georg II. zugleich auch König von England war. Die politischen Ambitionen der Eltern klafften wie die politischen Blöcke Europas zu diesem Zeitpunkt unüberbrückbar auseinander. Die Königin und ihre beiden ältesten Kinder wollten sich mit dem Habsburgbündnis nicht abfinden. Durch eine geschickte Heiratspolitik versuchte Sophie Dorothea den mit den Österreichern geschlossenen Vertrag zu unterlaufen und die Allianz mit England wiederherzustellen: Wilhelmine sollte den englischen Thronfolger, den Prinzen von Wales, heiraten und Friedrich die englische Prinzessin Amalie. Friedrich gefiel diese Wahl und auch Wilhelmine sah sich schon an der Seite des künftigen englischen Königs. Möglicherweise hätte Friedrich Wilhelm seine Tochter sogar den Prinzen von Wales heiraten lassen, da sich die Engländer bereit zeigten, auf jegliche Mitgift zu verzichten; aber sein Sohn Friedrich sollte auf keinen Fall eine englische Prinzessin ehelichen, das hätte dem strategischen Ziel der Engländer gedient, den zukünftigen preußischen König von Großbritannien abhängig zu machen. Seit das Projekt der Doppelhochzeit gescheitert schien, herrschte zwischen dem Soldatenkönig und seinen beiden ältesten Kindern ein äußerst gespanntes Verhältnis.
Die Situation eskalierte, als der König im Mai 1730, während er gerade am Kindbett seiner Frau saß, vom österreichischen Gesandten Graf von Seckendorff erfuhr, daß der Kronprinz – auf Betreiben seiner Mutter – heimlich an die Königin von England geschrieben und ihr auf das feierlichste geschworen hatte, sich niemals mit einer anderen als einer englischen Prinzessin zu vermählen. Friedrich Wilhelm verlor vollends die Fassung und schlug rasend mit Faust und Stock auf Friedrich ein. Zwischen Vater und Sohn herrschte von nun an offener Haß. Und Friedrich sah nur noch die Möglichkeit, dieses

»Hundeleben«, wie er es selbst nannte, »auf die eine oder andere Weise« zu beenden. Er bat seinen Vertrauten, den jungen Leutnant Hans Hermann von Katte, um Unterstützung und entschloß sich zur Flucht nach England. Der tragische Ausgang der Geschichte ist bekannt: Die Fluchtpläne wurden verraten, Friedrich Wilhelm ließ den Kronprinzen und von Katte Anfang August 1730 verhaften. Wilhelmine als mutmaßliche Mitwisserin wurde im Berliner Schloß arrestiert. In Todesangst verbrannte sie nun sämtliche Briefe, die ihren Bruder und sie hätten gefährden können. Vom Vater wegen ihrer möglichen Mittäterschaft malträtiert, lebte Wilhelmine wochenlang in Angst um ihren Bruder, der inzwischen als Staatsgefangener in der Festung Küstrin inhaftiert worden war. Endlich erreichte sie sein erster Brief.

Friedrich an Wilhelmine

[Küstrin, September 1730]

Man hat die ganze Literatur erhalten, gelesen und verbrannt. Man bittet um gleiches. Ich lebe, es geht mir gut. ... Nie habe ich mich mehr gefreut als beim Empfang Deines Briefchens. Tausendmal habe ich es geküßt, um die Hand zu verehren, die es berührte. Bei erster Gelegenheit werde ich ein Porträt aus meinem Exil schicken; auch malen will ich mich lassen, ob Du es willst oder nicht. Zwar ist das eine Frechheit ohnegleichen, eines Gefangenen würdig. ...

Tausendmal denke ich an das zurück, was Du mir in Deiner Güte an jenem letzten Tage sagtest. Welche Trübsal! Welche Tränen! Welcher Kummer! Du mußt es vorher geahnt haben; hätte ich damals gewußt, daß die Trennung so lang sein würde, ich glaube, ich hätte Dich nicht verlassen können. Meine Augen wären zu Tränenbächen geworden, und gelähmt hätten meine Arme nicht die Kraft gehabt, Dich loszulassen! Wie gut ist es oft, daß man das bevorstehende Unglück nicht kennt. Man grämt sich umsonst im voraus; das Herz verzehrt sich, ohne etwas zu ändern. Für jetzt stelle ich den ganzen Bettel der Vorsehung anheim und rufe: »Komme, was da will!« Was soll man auch anderes tun? Lebe wohl.

Friedrich, der in Küstrin unter strenger Aufsicht lebte, verbrannte die Briefe seiner Schwester sofort, nachdem er sie gelesen hatte. Bis Frühjahr 1732 sind deshalb ausschließlich seine Briefe an Wilhelmine erhalten.

Friedrich an Wilhelmine

[Küstrin, Oktober 1730]

Liebe Schwester! Ich benutze diese Gelegenheit, um Dir zu sagen, daß ich Dich von ganzem Herzen liebe. Wir schleppen uns hier in der alten leidigen Weise fort. Inzwischen hat man mir Grüße von Dir bestellt und mir gesagt, Du befändest Dich wohl und wärest mir noch gut. … Ich ahne nicht, wie sich mein Schicksal wenden wird, aber lieber verfaule ich in Küstrin, als daß ich wieder in meine frühere Lage zurückkehre. Ich habe jetzt die bittere Erfahrung gemacht, daß ein feindlich gesinnter Vater das schlimmste auf Erden ist. Trotzdem vergebe ich ihm alles, was er mir angetan hat, wenn er nur meiner lieben Königin und meiner liebenswerten Schwester keinen Kummer bereitet. …. Ich schreibe wie besessen; denn ich muß mich schrecklich in acht nehmen. Behalte mich stets lieb und sei versichert, weder Haft noch Freiheit, weder Fürstenstand noch Königsthron, weder Tod noch Leben werden an meiner Freundschaft für Dich etwas ändern. Lebe wohl!

[Küstrin, Ende Oktober 1730]

Geliebte Schwester! Nach dem Kriegsgericht, das jetzt stattfinden soll, wird man mich verketzern; denn um für einen Erzketzer zu gelten, braucht man nur nicht in allem eines Sinnes mit seinem Herrn und Gebieter zu sein. Du kannst Dir also leicht vorstellen, wie man mich verketzern wird. …

Ansicht der Festung Küstrin (L. Alberti)

Ab 25. Oktober 1730 tagte das Kriegsgericht im Köpenicker Schloß. Nach drei Tagen erklärte es sich für nicht zuständig, zum Schicksal des Kronprinzen, »als des Königs Sohn«, ein Urteil zu sprechen, empfahl den Sohn aber dringend der väterlichen Gnade. Friedrich Wilhelm war über diese Milde außer sich vor Wut. Doch der Kronprinz hatte viele Fürsprecher: Schweden, Dänemark, Holland, Rußland ließen durch ihre Gesandten Gnadengesuche übergeben, selbst der römisch-deutsche Kaiser in Wien setze sich für die Begnadigung ein. Hans Hermann von Katte wurde auf ausdrücklichen Befehl des Königs zum Tode verurteilt und Friedrich mußte die Hinrichtung des Freundes aus nächster Nähe erleben.

Als von Katte am 6. November 1730 vor Friedrichs Augen hingerichtet wurde, brach der Kronprinz zusammen. Wider Erwarten zeigte der Vater Milde; er war bereit, die scharfen Arrestbedingungen zu lockern. Friedrich sollte sich künftig innerhalb der gesamten Festungsmauern bewegen können und als Rat in der neumärkischen Kammer zu Küstrin beschäftigt werden. Als Voraussetzung dieser Hafterleichterungen mußte er schwören, sich zukünftig ohne Einschränkung dem väterlichen Willen zu unterwerfen. Währenddessen lebte Wilhelmine weiterhin wie eine Gefangene im Berliner Schloß. Im Frühjahr 1731 kam auch in ihr Leben unerwartete Bewegung. Die Heiratsintrigen der Eltern begannen von neuem. Während die Königin nach wie vor auf eine Verbindung ihrer Tochter mit dem Prinzen von Wales hoffte, hatte der König bereits mit dem relativ einflußlosen Erbprinzen Friedrich von Bayreuth eine andere Wahl für seine Tochter getroffen. Damit Wilhelmine seinen Plan akzeptierte, versprach er ihr die Freilassung des Bruders anläßlich ihrer Hochzeit. Von diesen Plänen des Königs erfuhr auch Friedrich.

Friedrich an Wilhelmine

[Küstrin, Frühjahr 1731]

Carissima sorella! Die widerwärtigen Heiratsgerüchte schwirren wieder. Bei der Revue wird man Dir mit einem jungen Prinzen kommen. Vielleicht wird man Dir nahelegen, darauf einzugehen, damit ich von hier loskomme. Tue es aber niemals aus diesem Grunde, wenn Du keinen besseren hast. Laß Dich also durch keine Rücksicht auf mich einschüchtern und folge immer nur dem Gebot des Herzens; das ist in solchen Fällen der beste Führer. Da ich außerdem Deine jetzige Lage nicht kenne, bin ich nicht imstande, Dir zu raten. …

[Küstrin, Mitte Juni 1731]

Alle Welt erklärt, der Erbprinz von Baireuth sei sehr liebenswürdig. Das tröstet mich etwas. Nur wünschte ich ihm eine Krone, um sie Dir zu Füßen zu legen. Nur um Deinetwillen liebe ich ihn, und daß er Dich besitzen soll, sichert ihm für alle Zeit meine Achtung. Wüßte ich, wie es mit Deinem Herzen steht, ich wäre weit beruhigter als jetzt. Ist das liebe Herz noch voller Bangen? Oder bereut es den traurigen Schritt, den es getan hat? Ach wüßte ich das, ich durchbohrte mir diesen schmählichen Busen, der die Schuld daran trägt! …
Man hat mich im Verdacht, zu schreiben; darum habe ich bis jetzt gewartet.

Wilhelmine sah keinen anderen Weg, als den ihr noch unbekannten Erbprinzen zu heiraten. Als sie ihm schließlich begegnete, fand sie ihn sympathisch und tatsächlich entwickelte sich eine tiefe Zuneigung zwischen der 22jährigen Prinzessin und dem 20jährigen Friedrich Erbprinz von Bayreuth. Am 3. Juni 1731 fand die Verlobung im Berliner Schloß statt. Die Hochzeit wurde für den 20. November 1731 anberaumt. Wilhelmine schien zufrieden. Friedrich hatte nun jedoch Vorbehalte:

Erbprinz Friedrich von Bayreuth, um 1731 (Antoine Pesne)

Friedrich an Wilhelmine

[Küstrin, 1731]

Da Du meine Meinung über Deine Heirat hören willst, muß ich Dir sagen: es schmerzt mich tief, daß Deine schönen Eigenschaften nicht vor den Augen ganz Europas glänzen sollen; denn nur in England kannst Du sein, wozu Du bestimmt bist. Aber wenn der Erbprinz hübsch ist, wie Du schreibst, könnt ihr vielleicht friedlicher leben als dort, und ich kann Euch sehen, so oft ich will, unabhängig von der Zustimmung eines stolzen und hochmütigen Parlaments. Freilich, mir persönlich ist die Ehe zuwider. …

Man täuscht Dich, wenn man Dir sagt, durch Deine Heirat würde ich aus meiner Haft loskommen. Mir geht es ausgezeichnet; aber ehe ich heirate, bleibe ich lieber hier.

Der Soldatenkönig hielt Wort und erlaubte dem Kronprinzen, Küstrin anläßlich der Hochzeit zu verlassen. Am letzten Tag der Feierlichkeiten im Berliner Schloß war Friedrich endlich unter den Gästen. Dicker und im Wesen verändert – so Wilhelmine in ihren Memoiren – trat er ihr kalt und distanziert entgegen. Sie erkannte ihn zunächst kaum und war maßlos enttäuscht von dem lang ersehnten Wiedersehen.

Wilhelmines Ehe war eine weitere Stärkung der Bindung Preußens an den Kaiser. Nun gingen dessen Repräsentanten daran, auch die noch ausstehende Vermählung Friedrichs zu beeinflussen. Es galt eine Prinzessin aus einem den Habsburgern ergebenen Fürstenhaus zu finden. Obwohl die Entscheidung für eine Nichte der Kaiserin, Elisabeth Christine von Braunschweig-Bevern, gefallen war, schien Friedrich zunächst noch eine Wahl zu haben.

Friedrich an Wilhelmine

[Küstrin, Mitte Juni 1731]

Der König hat vor drei Wochen an Wolden geschrieben, ich sollte mich bereithalten, auf seinen Befehl zu heiraten, und er würde mir einige Prinzessinnen vorschlagen. Ich weiß: Das ist das einzige Mittel, um meine Haft zu verlassen; ich bin in banger Sorge. Was tun?
Aber wenn ich denn heiraten soll, so entbindet mich das, wie man mir versichert, treulose Verhalten der Engländer von dem gegebenen Wort. … Wenn mir jedoch Vorschläge gemacht werden, möchte ich die zarte Pflicht gegen meine liebe Mutter und gegen Dich nicht versäumen und über die Entscheidung Euch beide hören. Ich neige zu der Prinzessin von Sachsen-Eisenach und mag die Bevernsche nicht. Trotzdem sollen Eure Ratschläge mir heiliger Befehl sein, der mich Widerwillen, Haß und alles übrige überwinden heißt. …

Die Qual der Wahl entfiel, Friedrich Wilhelm bestimmte! Sein Sohn sollte die Bevernsche, Prinzessin Elisabeth Christine von Braunschweig-Bevern, heiraten.

Friedrich an Wilhelmine

Berlin, 6. März 1732

Liebste Schwester! Am nächsten Montag findet meine Verlobung statt, in der gleichen Weise wie Deine. Die Person ist weder schön noch häßlich, nicht ohne Geist, aber sehr schlecht erzogen, schüchtern und ohne Lebensart. Das ist das wahrheitsgetreue Bild dieser Prinzessin. Daraus, liebste Schwester, kannst Du entnehmen, ob sie nach meinem Geschmack ist oder nicht. Ihr größtes Verdienst besteht darin, daß sie mir die Freiheit verschafft hat, an Dich zu schreiben, was in Deiner Abwesenheit mein einziger Trost ist. … Daraus magst Du ersehen, daß ich nach wie vor jene zärtliche Freundschaft für Dich hege, die unsere Herzen seit zartester Jugend verband. …

[Berlin] 11. März 1732

Liebste Schwester! Du siehst, ich benutze so oft wie möglich die Erlaubnis, an Dich zu schreiben. Nichts macht mir mehr Freude. Ich bilde mir ein, mit Dir zu plaudern und von Deinem Umgang zu profitieren. … Du fehlst mir hier tatsächlich, und ich, der ich Berlin nur Deinetwegen liebte, irre nun umher wie eine Taube ohne ihre teure Gefährtin. Wenn sich eine Tür öffnet, glaube ich, Dich eintreten zu sehen, aber plötzlich verschwindet dies holde Trugbild meiner Phantasie.

Nie hätte ich Dich lieber hier gesehen als gestern an meinem Verlobungstage, wo all meine Gedanken allein bei Dir weilten. Der König war sehr gnädig zu mir, tausendmal mehr, als ich es verdiente. Auch die Königin ist sehr gnädig, und da ich gestern die Ehre hatte, neben ihr zu sitzen, sprachen wir über eine Stunde von dem Wesen, das mir das liebste auf der Welt ist. Die Königin sprach sehr zärtlich von Dir, und ich hätte in meiner Einfalt fast geweint. Gott gebe Dir die Kräfte, hierher zu kommen. Andernfalls besuche ich Dich bestimmt in Baireuth. Welche Freude, liebste Schwester, wenn wir uns nach so viel gemeinsam ausgestandenem Leid wiedersehen, beide zufriedener und frei. Ich glaube, ich beherrsche mich dann nicht mehr.

[Berlin] 15. März 1732

Die Herzogin von Bevern wird mit ihrer Tochter bald abreisen. Wir verbringen unsere Zeit damit, uns gegenseitig Geschenke zu machen. Der König ist von seiner Schwiegertochter sehr befriedigt und sehr gnädig gegen mich. Ich habe ihr heute nahegelegt, mir Empfehlungen an Dich aufzutragen, aber sie hat ihre Sprache und ihren Geist in Braunschweig gelassen. … Nachschrift: … Wenn Du mich lieb hast, schicke mir ein Schleifchen, das Du vierzehn Tage getragen hast.

Berlin, 17. März 1732

… Liebste Schwester! Was die Königin angeht, so muß ich gestehen, daß ich sie bei meiner Herkunft abgekühlt gegen Dich fand. Ich habe mich

Selbstbildnis der Kronprinzessin Elisabeth, 1738

jedoch Deiner angenommen und mit ihr über Dich gesprochen, und ich kann Dir versichern, daß sie ihre Meinung sehr geändert hat. Ich weiß auch, daß man Dir zur Zeit Deiner Hochzeit weismachen wollte, ich sei nicht mehr so wie früher gegen Dich, aber ich hoffe, Du bist vom Gegenteil überzeugt. Ich konnte Dir damals meine Freundschaft nicht so beweisen, wie ich es gewünscht hätte, aber ich mußte zu große Rücksicht auf den König nehmen und fürchtete, seinen Verdacht zu erregen. Wenn ich jetzt die Freude habe, Dich wiederzusehen, wirst Du einen Bruder finden, der Dir seine zärtliche Freundschaft offen zu zeigen wagt, und Du wirst sehen, daß ich noch der alte bin. Ich hoffe, dann nach Herzenslust mit Dir sprechen zu können und mein Herz Dir auszuschütten.

[März 1732]

Liebste Schwester! Jetzt, wo ich Dir offen schreiben kann, muß ich Dir alles auseinandersetzen, was sich während meiner Anwesenheit bei Hofe zugetragen hat. …

Die Herzogin – das kann ich Dir sagen – hat die ganze Heirat gemacht und die Dinge so weit getrieben, daß ich nicht mehr zurück konnte, wollte ich mich nicht noch unglücklicher machen. Sie hat Ränke gesponnen und ist wie der Teufel hinterher gewesen, damit die Sache zustande kam, aber stets so, als wüßte sie von nichts. … Den Herzog trifft keine Schuld. Er ist ziemlich unbeteiligt daran gewesen und hat stets ehrlich und gerade gehandelt.

Die Prinzessin hat ein ganz hübsches Gesicht, aber tiefliegende Augen und einen häßlichen Mund. Sie hat einen bäurischen Gang und einen Blick von unten herauf …, ein unangenehmes Lachen, einen Gang wie eine Ente, schlechte Zähne, ist sehr schlecht angezogen, ängstlich in der Unterhaltung und fast stets stumm. Davon abgesehen, hat sie einen schönen Teint, einen schönen Busen, eine schöne Figur in Deiner Größe, hübsche Hände, blondes Haar, ein gutes Herz. Sie ist nicht launenhaft, sondern höflich, aber stets zuviel oder zuwenig, recht bescheiden, sehr schlecht erzogen und ohne die geringste Lebensart. Nach die-

sem Bild, liebste Schwester, kannst Du Dir sagen, daß sie mir gar nicht gefällt und ich über diese Heirat sehr wütend bin. Man kann voraussehen, daß es eine sehr schlechte Ehe geben wird. Das tut mir oft weh, aber was man nicht ändern kann, muß man hinnehmen. Mein Trost ist, daß ich noch anderthalb Jahre Frist habe. Jedermann hält das hier entworfene Bild für zutreffend; ich kann Dir versichern, es ist unparteiisch. Ich besitze noch nicht einmal Achtung für sie und fürchte sehr, so weit kommt es nie.

Nauen, 31. März 1732

Liebste Schwester! Heute habe ich Abschied von meiner Schönen genommen, und sie ist nach Hause zurückgekehrt. … Das einzige, was meine Braut mir erträglicher machen könnte, wäre, daß sie Deine Gunst erlangt. … Wenn sie mir heute hübscher erscheint als anfangs, so kommt es daher, weil sie auf Dein Wohl getrunken hat. Wie Du Dir denken kannst, habe ich ihr bis zur Neige Bescheid gegeben, nicht ohne ein paar Tränen zu vergießen. Denn ich habe Dich nie so geliebt wie jetzt, und nie wünschte ich mehr, daß Du es glaubst.

2

April 1732 – Juni 1733

Wilhelmines Leben am Bayreuther Hof – Die Geburt ihrer Tochter Friederike – Wilhelmines Reise nach Berlin – Friedrichs Hochzeit

Die Hochzeit in Salzdahlum, Trauung des Kronprinzen mit Elisabeth Christine von Braunschweig-Bevern (Kupferstich von Georg Friedrich Schmidt, 1733)

Im Frühjahr 1732 konnte der inzwischen 20jährige Thronfolger Küstrin endlich verlassen, da er dem Befehl des Vaters gefolgt war und sich – wenn auch widerwillig – mit Elisabeth Christine von Braunschweig-Bevern, einer Nichte der Kaiserin, verlobt hatte. Friedrich Wilhelm hatte ihn zum Oberst des in Nauen und Ruppin stationierten Infanterieregiments ernannt. Von nun an konnte der Kronprinz die Briefe seiner Schwester gefahrlos aufbewahren. Die inzwischen schwangere Wilhelmine lebte am Hof des Schwiegervaters, des Markgrafen von Bayreuth. In ihrem ersten erhaltenen Brief schrieb sie:

Wilhelmine an Friedrich

Baireuth, 26. April 1732

Obgleich ich Dich, lieber Bruder, durch meine vielen Briefe zu belästigen fürchte, kann ich doch nicht auf die große Freude verzichten, Dich meiner innigen Liebe zu versichern. Schreibe es also dem Übermaß meiner Freundschaft zu, wenn ich Dir zur Last falle; denn mein übervolles Herz kann unmöglich schweigen. Wir haben bisher ein Fest nach dem anderen gehabt. … Ich kann mir das freilich nicht zunutze machen, denn ich bin immer noch leidend und kann nicht tanzen.

Friedrich an Wilhelmine

Ruppin, 30. [Juni 1732]

Liebste Schwester! Soll man denn stets in Angst und Sorge um Dich leben, und kann ich denn nie ein paar Tage der schrecklichen Herzensangst befreit werden? Lieber Gott, man sagte mir eben, Du hättest die Reise nach Berlin antreten wollen und eine Stunde von Baireuth wäre Dir so schlecht geworden, daß Du umkehren mußtest. … Denke daran, liebe Schwester, daß ich tausendmal stürbe, wenn ich annehmen müßte, daß Dir etwas zustieße. Ich will Himmel und Erde in Bewegung setzen, um zu Dir zu kommen. …

Wilhelmine an Friedrich

Baireuth, 12. Juli 1732

… Ich bereite mich auf meine Niederkunft vor. Nächste Woche gehe ich nach meiner neuen Herrschaft, wo ich eine Weile bleiben will, um mich wohl oder übel zu zerstreuen und die traurigen Gedanken loszuwerden, auf die ich durch die Verschiebung unseres Wiedersehens komme. Ich habe meinen kleinen Geigenspieler mit. Ich wünschte, Du könntest ihn spielen hören. Er leistet auf seinem Instrument mehr als Quantz auf seiner Flöte. … Gesundheitlich geht es mir etwas besser, aber ich vertrage die Luft der Stadt schlecht.

[Baireuth] 28. August 1732

Da ich Herrn von Voit mit der Nachricht von meiner Entbindung nach Berlin sende, möchte ich bei dieser Gelegenheit nicht verfehlen, Dich all meiner Liebe und Anhänglichkeit zu versichern. … Ich hoffe, Du machst dem Erbprinzen und mir die Ehre, die Patenschaft bei dem erwarteten Kinde anzunehmen, das ich im voraus mit Deinen schönen Eigenschaften begabe. Mit einem solchen Paten muß es ja glücklich werden. Ich bitte Dich, mir auf diesem völlig sicheren Wege offen über Deine Verhältnisse zu schreiben. Ich empfehle Dir auch den Überbringer dieses Briefes an, einen verdienten Mann, der mir treu ergeben ist.

Friedrich an Wilhelmine

Ruppin, 5. September 1732

Ich kann Dir kaum beschreiben, wie froh ich war, als ich die Nachricht von Deiner glücklichen Entbindung erhielt. Im geheimen bangte ich vor diesem Tage, der über das Glück oder Unglück meines Lebens entscheiden sollte. Gott sei immerdar gelobt, daß er Dich so glücklich aus dieser Gefahr gerettet hat und mit Deinem Leben auch mir das meine wiedergibt! Ich bin hochbeglückt und kann Dir nicht genug dafür danken, daß Du mich zum Paten meiner kleinen Nichte erkoren hast. Du konntest Dir niemand aussuchen, der mehr Ehrerbietung und Anhänglichkeit für die Mutter, noch mehr Freundschaft für die Tochter hegt. … Du wünschst, liebste Schwester, daß ich Dir über meine Verhältnisse schreibe. Da ich auf Erden keinen besseren Freund als Dich habe, kannst Du sicher sein, daß ich Dir mein Herz öffne wie Gott allein. Der König setzt mir wegen meiner Heirat zu. Ich liebe die Prinzessin nicht, im Gegenteil, ich hege Abneigung gegen sie, und unsere Ehe wird nicht viel taugen; denn zwischen uns kann es weder Freundschaft noch Übereinstimmung geben. Davon abgesehen, behandelt mich der König nicht schlecht. Aber er mißtraut mir, und so ist die verwünschte Heirat die einzige Ursache meines Kummers. Sehr gut stehe ich mich mit der Königin, die Dich zärtlich liebt. Ich lebe hier in Ruhe und Frieden bei meinem Regiment und wäre glücklich, könnte ich Dich täglich sehen, und brauchte ich nie zu heiraten. … Mein Herz läßt sich nun einmal nicht zwingen. Wenn es liebt, liebt es aufrichtig, und wenn es nicht liebt, kann es sich nicht dazu zwingen. Darum, angebetete Schwester, kann ich nicht umhin, Dich meiner aufrichtigen Anhänglichkeit zu versichern; denn ich lebe ja nur für Dich und harre mit größter Ungeduld des glücklichen Augenblicks, wo ich nach fast dreijähriger Trennung die Freude haben werde, Dich wiederzusehen, Dir zu Füßen zu fallen und Dich meiner Verehrung und zärtlicher Zuneigung zu versichern.

Wilhelmine an Friedrich

Baireuth, 18. Oktober 1732

Der Leutnant Finck von Deinem Regiment ist hier durchgekommen. Ich fürchte, der Ärmste hat sich ein Zungen- und Ohrenleiden zugezogen; denn ich habe ihn mit Fragen über Dich bestürmt … ein jeder hat bemerkt, daß die Offiziere Deines Regiments höflicher und geistvoller sind als die anderen. Ich habe allen darauf geantwortet, das sei gar nicht erstaunlich: da der Chef des Regiments so vollkommen sei, müßten seine Untergebenen etwas davon abbekommen.

Ich widme mich jetzt wieder der Musik, die ich seit meinem Hiersein sehr vernachlässigt hatte. Der Geigenspieler tut Wunder; ich bringe ihn mit, ebenso den Lautenspieler, der sehr gut spielt und auch hübsch komponiert. Es ist zu gütig von Dir, mir Konzerte von Quantz zu verschaffen. Er ist der Gott der Musik. Mehrere hiesige Personen, die ihn gehört haben, waren bezaubert von ihm. Trotzdem ist er nicht mein Gott, und ich habe das Bild des wahren Gottes der Musik über mein Klavier gehängt. Natürlich ist es das Deine.

Wilhelmine lebte in Bayreuth bescheiden. Ihr Schwiegervater, der Markgraf, der sie bereits ohne jeden Glanz empfangen hatte, bot ihr nicht das einer Prinzessin von Preußen gemäße Leben.

Nach der Geburt ihrer Tochter Friederike plante sie einen ersten Besuch in Berlin, von dem sie sich ein Wiedersehen mit dem geliebten Bruder und ihrem Gemahl erhoffte; der Erbprinz von Bayreuth hatte sich, um dem König zu gefallen, bereits vor der Hochzeit ein preußisches Regiment verleihen lassen, war deshalb mehr in Berlin und Brandenburg als in Bayreuth. Wilhelmine erhoffte sich als Ergebnis ihres Besuches aber auch eine stärkere finanzielle Unterstützung durch ihren Vater.

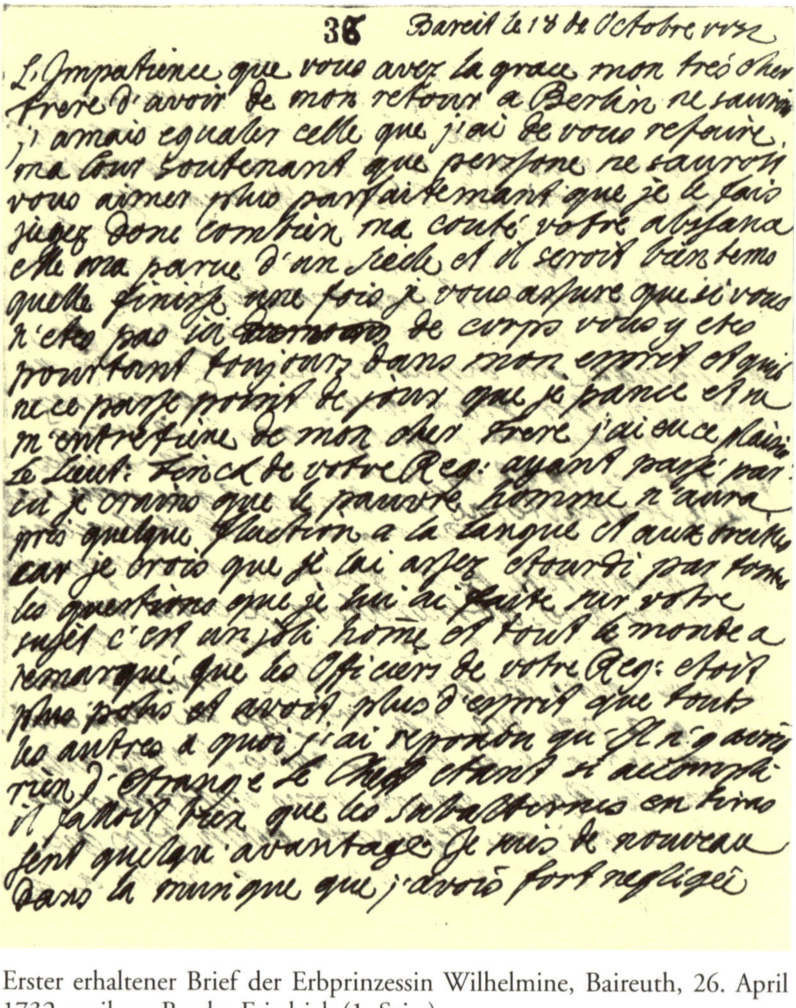

36 Bareit le 18 de Octobre 1732

L'Impatience que vous avez la grace mon trés cher
frere d'avoir de mon retour a Berlin ne sauroit
jamais equaler celle que j'ai de vous revoire
ma cour soutenant que personne ne sauroit
vous aimer plus parfaitement que je le fais
jugez donc combien ma coute votre absance
elle ma parue d'un siecle et il seroit bien temps
quelle finisse une fois je vous assure que si vous
n'etes pas ici ~~[illegible]~~ de corps vous y etes
pourtant toujours dans mon esprit et qui
ne ce passe point de jour que je pance et me
m'entretiene de mon cher frere j'ai eu ce plaisir
le Lieut: Fenck de votre Reg: ayant passé par
ici je crains que le pauvre homme n'aura
pris quelque fluction a la langue et aux oreilles
car je crois que je lui assez etourdi par toutes
les questions que je lui ai faite sur votre
sujet c'est un jolli homme et tout le monde a
remarqué que les Officiers de votre Reg: etoit
plus polis et avoit plus d'esprit que touts
les autres a quoi j'ai repondu qu'il n'y avoit
rien d'etrange le Chef etant si accompli
il falloit bien que les subalternes en tires-
sent quelque avantage je suis de nouveau
dans la musique que j'avois fort negligeé

Erster erhaltener Brief der Erbprinzessin Wilhelmine, Baireuth, 26. April 1732, an ihren Bruder Friedrich (1. Seite)

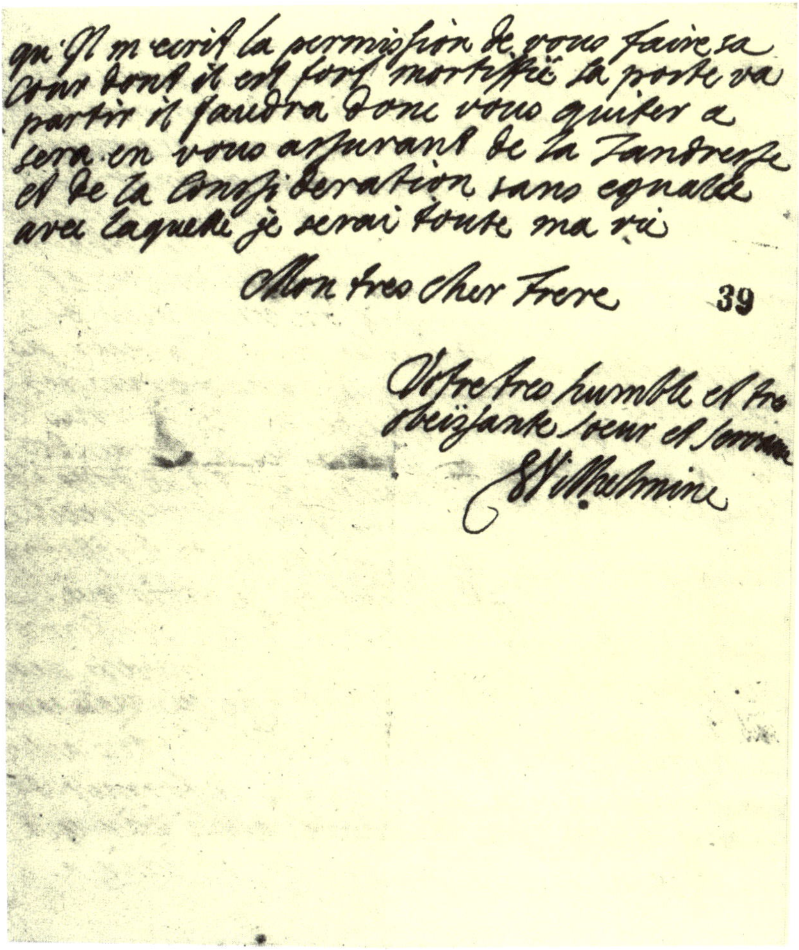

qui Il m'ecrit la permission de vous faire sa
cour dont il est fort mortiffié la poste va
partir il faudra donc vous quiter a
sera en vous asurant de la Tandresse
et de la Consideration sans egualle
avec laquelle je serai toute ma vie

Mon tres Cher Frere 39

Votre tres humble et tres
obeïsante soeur et servante
Wilhelmine

(letzte Seite)

Friedrich an Wilhelmine

[Wusterhausen, Anfang November 1732]

Liebste Schwester! Da niemand Deine Interessen wärmer vertritt als ich, muß ich Dich über alles hier auf dem laufenden erhalten. Dem König geht Deine Lage nahe. Wenn Du herkommst, wird er Dich fragen, was Du mit den dreitausend Talern gemacht hast, die Du zu Deiner Verfügung hast. Antworte ihm, Deine Niederkunft hätte viel gekostet und Du hättest oft auf Deine Kosten leben müssen. Dann wird er Dir die Reise bezahlen. Nimm nicht viel Dienerschaft mit; denn er will daran streichen. Laß den kleinen Geigenspieler in Baireuth, und laß ihn erst im Winter nachkommen, ohne daß jemand weiß, daß er Dir gehört. …

Ich will versuchen, bei Deiner Ankunft in Berlin zu sein. Verlaß Dich darauf, daß ich keine Minute verliere, um Dir dienlich zu sein. …

Ruppin, 10. November 1732

Liebste Schwester! Ich sende Dir einen meiner Getreuen, der Dir diesen Brief persönlich übergeben soll, damit Du über alles, was hier vorgeht, Bescheid weißt. Deinen lieben Brief habe ich verbrannt; Du kannst ganz beruhigt sein und hast nichts zu befürchten.

Der König liebt Dich sehr, und wenn Du das Kind mitbringst, kannst Du mit ihm machen, was Du willst. Jedenfalls kann ich Dir versichern, er denkt ernstlich daran, Dein Los aufzubessern. Er will dem Erbprinzen alle erledigten Lehen seines Landes schenken. Das kann sich binnen kurzem auf ein paar hunderttausend Taler belaufen. Er hat ausdrücklich gesagt, daß er ihn reich machen wolle. … Er wird Dich mit offenen Armen empfangen, und wenn Du Dich immer als die sparsame Hausfrau aufspielst, kannst Du mit ihm machen, was Du willst. Die Königin liebt Dich von ganzem Herzen; ich stehe dafür ein, daß sie alles Erdenkliche für Dich tun wird. Du wirst Deinen Erbprinzen in Berlin finden; er langweilt sich beim Regiment etwas. …

Der König sagt, Du solltest in Berlin bleiben und hin und wieder den

Erbprinzen besuchen. Geschieht das, so will ich Dich besuchen, wenn ich kann, und wir werden uns königlich unterhalten. … Im übrigen wirst Du hier alles im alten Geleise finden, jedoch mit der Ausnahme, daß der König sich, wenn ich so sagen darf, sehr zu seinem Vorteil verändert hat. …

Anbei eine Oper aus Braunschweig und ein Konzert von Quantz. Bei Deiner Ankunft hoffe ich, Dir eins von Graun darbieten zu können, und wenn Du mich zu Deinem Musikdirektor machen willst, hoffe ich noch mehr zu liefern. Als Lohn fordere ich nichts als die Fortdauer Deiner Gunst, die mein einziges Glück auf der Welt ist. … Ich hoffe auf baldiges Wiedersehen.

Mehr als drei Jahre hatten sich beide, abgesehen von der kurzen, distanzierten Begegnung bei Wilhelmines Hochzeit, nicht gesehen. Am 16. November wurde Wilhelmine in Berlin erwartet.

Friedrich an Wilhelmine

Ruppin, 20. November 1732

Liebste Schwester! Zunächst meinen Glückwunsch zu Deiner glücklichen Ankunft: So bist Du denn nach einer schrecklichen Trennung wieder bei uns im Lande, und obwohl ich abwesend bin, freue ich mich doch sehr in dem Gedanken, nur neun Stunden von dem geliebtesten Wesen entfernt zu sein. Hoffentlich kann ich Dir auch bald meine Aufwartung machen, wenn die Reise nach Hamburg beendet ist. Leb' wohl, liebste Schwester!

Wilhelmine an Friedrich

Berlin, 22. November 1732

Liebster Bruder! Endlich bin ich angekommen, das Herz voller Kummer, Dich nicht anzutreffen, worauf ich doch so gerechnet hatte! Ich suche Dich überall, und mir ist, als fehlte mir alles ohne Deine teure Gegenwart. Ich fand die Dinge, wie Du es mir gesagt hattest. Der König ist sehr gnädig zu mir und hat mir ein Landgut von zwanzigtausend Talern geschenkt, aber das alles ist mir kein Ersatz für das Vergnügen, Dir meine Huldigungen darzubringen, ein Glück, das ich allem vorzöge und um dessentwillen ich meine Reise beschleunigt hatte. … Du warst beinahe die Ursache, daß ich zum Engel geworden bin; denn ich habe weder gegessen noch getrunken noch geschlafen, um Dich eher zu sehen.

Berlin, 29. November 1732

… Mein Gott bedenke doch, daß ich nun schon vierzehn Tage hier bin und noch nicht das Wesen gesehen habe, das mir lieber ist als das Leben. Bei Deinem großen Scharfsinn wirst Du leicht erraten, daß Du gemeint bist!

Der König ist noch hier und wird voraussichtlich noch die ganze nächste Woche bleiben. Ich mache ihm jeden Morgen meinen Salamaleik, und wenn das vorüber ist, spricht er nicht mit mir. Sein Geist scheint sehr beschäftigt.

Über unsere Vergnügungen wirst Du schon gehört haben. Allabendlich ist Theater. Die Schauspielerinnen sehen aus wie Notre Dame de Lorette in ihrem prächtigen, aber altväterischen Putz, der wahrscheinlich schon bei Adams und Evas Hochzeit getragen wurde. Und die Schauspieler haben eine besondere Begabung, die Cäsars und Alexanders in Verruf zu bringen; denn sie spielen ihre Rollen so schlecht, daß man sie für Narren halten könnte. Dies edle Theaterspiel, das mich an den Komödiantenroman erinnert, dauert stundenlang, so daß ein jeder einschläft und die Aufführung mit einem Schnarchen begleitet, das ebensoviel taugt wie das Stück.

Für Deine guten Ratschläge tiefstsen Dank! Ich kann Dir versichern, ich bin die sparsamste Hausfrau auf der Welt und weiß, wieviel Salzkörner in ein Salzfaß gehen. Allerdings wäre mir lieber, ich wüßte, wieviel Dukaten in einen Beutel gehen, aber zu meinem Unglück stehe ich bei den Exzellenzen in Ungnade, obwohl ich sie nie gekränkt habe, und sie kommen nie zu mir. Trotzdem wird man ohne sie von keinem Menschen angesehen.

Friedrich an Wilhelmine

Ruppin, 8. Dezember 1732

... Von den Berliner Komödien mache ich mir eine traurige Vorstellung. Sie müssen, nach den Puppenspielen zu urteilen, schrecklich langweilig sein. ... Quantz wird hoffentlich bald die Ehre haben, Dir meinen Brief zu überbringen. ... Graun steht Dir zu Diensten; Du brauchst nur zu befehlen, wenn Du ihn haben willst; ich hoffe auch, daß meine Wenigkeit zugleich die Ehre haben wird, Dir die Ohren zu verletzen. Ich bin Komponist geworden und habe soeben mein zweites Konzert vollendet. Es ist ganz leidlich.

Wilhelmine an Friedrich

Berlin, 16. Dezember 1732

... Der König reist morgen ab. Meine Ohren sind sehr erfreut darüber; denn ich hoffe, sie werden durch die holde Harmonie eines Konzerts von all den häßlichen Dingen geheilt werden, die ich seit meinem Hiersein zu hören bekam. Uns lenkt anscheinend der gleiche Genius; denn ich stecke bis über die Ohren im Komponieren. Ich bin bei einer Fuge, um die Berliner Torheiten mitzumachen, aber ich fürchte sehr, ich werde vom Parnaß ausgestoßen und in die Gesellschaft der schlechten Poeten verwiesen werden. Mein Geiger und Lehrer ist im Komponieren nicht so bewandert wie Graun, so daß ich nur langsam weiter komme.

Fast zweieinhalb Monate war Wilhelmine bereits in Berlin, doch der König hatte den Geschwistern erst einmal Gelegenheit gegeben, sich wiederzusehen. Auch zum Jahreswechsel mußten sie sich mit der Gesellschaft anderer begnügen.

Friedrich an Wilhelmine

Ruppin, 11. Januar 1733

Um Dir ein genaues Bild unserer Vergnügungen am Heiligen Dreikönigstag zu geben, muß ich etwas ausführlicher sein. Bei dem Ganzen kommt es auf eine Bohne an. Wer sie in seinem Stück Kuchen eingebacken findet, muß einen Kaffee geben. Abends war Maskenball. Ich erschien als Scaramuccio. Nach dem Souper dauerte das Fest etwa bis ein Uhr nachts. Am nächsten Tage war Kaffee und abends Ball ohne Maskentracht, vorgestern Kaffee und Maskenball, gestern großes Glücksspiel, heute Kaffee und, wenn Prinz Heinrich kommt, Maskenball. Ich verkleide mich heute als Dame, sogar als Witwe. Um die Freude vollkommen zu machen, fehlst Du mir, liebste Schwester, denn trotz alledem denke ich stets an Dich.

Wilhelmine an Friedrich

Berlin, 17. Januar 1733

… Die ganze Stadt erzählt, Deine Hochzeit würde über Hals und Kopf stattfinden. Laß um Gottes willen niemand erfahren, daß Du dies von mir weißt! Ich glaube, die letzten Schritte Englands haben den Stein ins Rollen gebracht. … Am Sonntag hatte ich mit dem König eine schreckliche Szene. Nachdem er mir goldne Berge versprochen hatte, geriet er in furchtbare Wut auf den Erbprinzen, schalt ihn Esel und Tropf und was weiß ich noch. Er wolle ihn in seiner Weise erziehen, oder es müßte mit seinem Latein zu Ende sein. Wir sollten nicht mehr zusammen sein; er würde ihn zu seinem Regiment schicken, und ich sollte hierbleiben. … Umsonst öffnete ich mehrmals den Mund zur Antwort, aber es war unmöglich. Er war in solcher Wut, daß er mich nicht zu Worte kommen ließ … Seck[endorff] tat sein möglichstes, um ihn zu begütigen, aber umsonst. Jetzt gehen wir uns aus dem Wege und sehen uns nur noch bei Tisch. Immerhin scheint er etwas milder gestimmt. Es freut mich, daß Du Dir die Zeit mit Maskenbällen vertreibst, so gut Du kannst. Unser Zeitvertreib besteht darin, vier Stun-

den lang die lächerlichsten Fratzen und Gesten der Komödianten zu sehen. Gestern dachte ich, daß ich auf meinem Stuhl festwüchse. …

Friedrich an Wilhelmine

Ruppin, 21. Januar 1733

Liebste Schwester!
… Ich glaube, die Unzufriedenheit des Königs mit dem Erbprinzen hat zwei Gründe: Erstens sagt er oft zu frei heraus, was er denkt, und oft, ohne recht zu wissen, mit wem er spricht, und zweitens fürchtet er, der Erbprinz könne ihn um Dukaten bitten, von denen er sich nicht gern trennt. Wenn der Erbprinz so tut, als meinte er das nicht, wird alles wieder in Ordnung kommen. Ich glaube, er muß sich nur mit seinem Regiment Mühe geben; das wird wirken. Kurz und gut, liebste Schwester, Du mußt schon etwas auf Deinen Bruder hören, der nur daran denkt, Dich aus Deiner traurigen Lage zu befreien.

Wilhelmine an Friedrich

Berlin, 22. Januar 1733

Wie soll ich Dir für Deine Güte danken! Ich werde Deinen Weisungen unbedingt nachkommen. … Morgen müssen wir also nach Potsdam. Dieser sonst unleidliche Aufenthalt wird für mich äußerst reizvoll sein, sobald Du da bist. Wie freue ich mich, Dich wiederzusehen und Dir all meine Liebe auszudrücken. Der Erbprinz legt sich Dir zu Füßen. Er ist sehr krank. Er hat einen Brustfluß, der schon zehn Tage andauert und ihm keine Ruhe bei Tag und Nacht läßt. Das verdankt er dem König. Der Kummer hat ihn in diesen Zustand versetzt.

Potsdam, 31. Januar 1733

… Ich habe Dein Herkommen erwartet wie die Juden die Ankunft des Messias. Nun bin ich dieser Hoffnung auf einmal beraubt. Du kannst Dir denken, wie mir dabei zumute ist, … ich hocke seit meiner An-

kunft in meinem Zimmer und leiste dem Erbprinzen Gesellschaft. Es geht ihm täglich schlechter, so daß ich mir ernstliche Sorgen mache. Er legt sich Dir zu Füßen. Der König ist unverändert. Wir sind sehr schlecht empfangen worden. Er hat seine Scheltreden wieder aufgenommen, schlimmer denn je, und den Offizieren befohlen, den Erbprinzen zu hänseln. Die Königin hat sich ins Mittel gelegt und ihm derart die Wahrheit gesagt, daß es etwas besser geworden ist.

Auf Wunsch des Vaters reiste Friedrich Ende Januar 1733 mit Geschenken an den Braunschweiger Hof, um die für Juni geplante Vermählung mit Elisabeth Christine vorzubereiten.

Wilhelmine an Friedrich

Berlin, 24. Februar 1733

… Die Prinzessin soll sehr zu ihrem Vorteil verändert sein, und der König hält Dich für sehr verliebt. Das hat eine gute Wirkung. Er hat mir eine goldene Tabaksdose und dem Erbprinzen einen Stockknopf von Prinzenmetall geschenkt. Ich finde keinerlei Veränderung, bin aber nicht minder dankbar für all Deine Güte.

Aufgrund sich verändernder Machtkonstellationen in Europa war die geplante Braunschweiger Hochzeit des Kronprinzen nicht mehr unumstritten. Im Februar 1733 starb August der Starke. Um seine Nachfolge als König von Polen entbrannte ein langwieriger Streit zwischen seinem Sohn, August III., der von Rußland und Österreich unterstützt wurde, und Stanislaus Leszczynski, dem Schwiegervater des französischen Königs Ludwig XV. Der Kaiser in Wien wollte England für sich gewinnen und favorisierte nun folglich eine englische Heirat Friedrichs. Sein Gesandter, Graf von Seckendorff, und der Minister des Königs, Grumbkow, versuchten Friedrich Wilhelm I. zur Änderung der Heiratspläne zu bewegen.

Nach mehreren Monaten durften die Geschwister sich endlich wiedersehen. Sie trafen sich bei einer Abendmahlfeier am Karfreitag in Potsdam.

Wilhelmine an Friedrich

Potsdam, 17. April 1733

Liebster Bruder! Es kommt mir wie eine Ewigkeit vor, daß Du fort bist. Du hast allen Frohsinn und alle Freuden von hier mitgenommen. …

Erwarte keine schönen und großen Neuigkeiten von hier; denn das hieße die Rechnung ohne den Wirt machen. Das Beste, was ich Dir melden kann ist, daß Du beim König sehr in Gunst stehst. Er spricht oft zärtlich von Dir und wird demnächst ein schönes Pferd schicken. Deine Hochzeit soll, wie er selbst sagt, am 11. Juni sein; am 9. findet die Abreise von hier statt. … Der Erbprinz und ich sind wieder in Ungnade; weshalb wissen wir nicht. Gr[umbkow] ist auch hier. Man ist so gegen ihn aufgebraust, daß man ihm eine Pfeife an den Kopf werfen wollte. Reizende Freuden, wie Du siehst!

Friedrich an Wilhelmine

[Ruppin] 22. [April 1733]

… Ich bin tiefbetrübt, daß der König Dich nie so behandelt, wie Du es verdienst. Gott weiß, wodurch der Erbprinz sein Mißfallen erregt hat! Ich hoffe stets, daß der Wind umschlägt. Was Du mir über die Gunst schreibst, in der ich stehe, kann schon nach einer Viertelstunde anders sein. Jedenfalls kann man nicht auf die Gunst großer Herren bauen, zumal heutzutage. Der König freut sich auf diese Hochzeit. Ich begreife ihn nicht; denn ich sehe nichts Erfreuliches darin. Es ist ein trauriger Schritt, zu dem mich nur die äußerste Not gezwungen hat und den ich innerlich mißbillige.

Erbprinzessin Wilhelmine von Bayreuth, um 1731 (Antoine Pesne)

Wilhelmine an Friedrich

Potsdam, 11. Mai 1733

Liebster Bruder! Meinen Glückwunsch zu der Gunst, in der Du stehst! Der König schwört auf Dich. Bei Tafel wird laut gesagt, Du seist »ein braver Kerl« (verzeih den Ausdruck), Dein Regiment sei vorzüglich. Kurz, wenn Du nach der Heirat gut wirtschaftest, will der König sich das Hemd vom Leibe ziehen, um Dir alles zu geben, was Du verlangst. … Im übrigen ist er furchtbarer Laune und tobt den ganzen Tag lang. …

Am 12. Juni sollte die Ehe am Braunschweiger Hof, in Salzdahlum, geschlossen werden. Noch am Morgen bemühte sich Graf von Seckendorff im Auftrag des Kaisers, Friedrich Wilhelm zur Absage der Feierlichkeiten und stattdessen zur Vermählung seines Sohnes mit einer englischen Prinzessin zu überreden. Unbeirrt ließ der König Friedrich abends mit Elisabeth Christine vor den Traualtar treten.

Friedrich an Wilhelmine

[Salzdahlum] 12. Juni 1733, Mitternacht.

Liebste Schwester. Soeben ist die ganze Zeremonie vorüber. Gott sei gelobt, daß sie überstanden ist! Ich hoffe, Du wirst es als Freundschaftsbeweis ansehen, daß ich Dir die erste Nachricht davon gebe. Hoffentlich sehe ich Dich bald wieder und kann Dir versichern, daß ich ganz der Deine bin. Ich schreibe in aller Eile und ohne Höflichkeitsformeln. Lebe wohl!

3

Juli 1733 – April 1734

Wilhelmines Rückkehr nach Bayreuth – Der Beginn des polnischen Erbfolgekrieges – Die nicht standesgemäße Liebe des alten Markgrafen von Bayreuth

Berlin. Panorama mit den Bauten aus dem 18. Jahrhundert, von Osten gesehen

Zwei Wochen nach der Hochzeit von Kronprinz Friedrich und Elisabeth Christine von Braunschweig-Bevern hielt die Kronprinzessin Ende Juni 1733 öffentlich Einzug in Berlin. Das junge Paar lebte zunächst getrennt. Sie zog ins Kronprinzenpalais, Friedrich blieb bei seiner Garnison in Ruppin. Die kranke und enttäuschte Wilhelmine, die ihre erst wenige Monate alte Tochter Friederike in Bayreuth hatte zurücklassen müssen, wartete seit Wochen auf die Erlaubnis ihres Vaters, wieder aus Berlin abreisen zu dürfen. Während der acht Monate ihres Aufenthaltes hatte der Soldatenkönig ihr kaum Gelegenheit gegeben, den geliebten Bruder zu sehen; sie hatte ihn im Sommer 1733 gerade ein drittes Mal getroffen.

Wilhelmine an Friedrich

Berlin, 27. Juli 1733

Es ist als hättest Du allen Frohsinn von hier mitgenommen. Ich habe mich nur zufrieden gefühlt, solange Du da warest. Die Kronprinzessin und ich suchen uns gemeinsam zu trösten. Wir waren täglich in Monbijou und haben so viel an Dich gedacht, als Wassertropfen in den Fontänen sind. …

Die Königin ist seit ein paar Tagen weit zufriedener mit der Kronprinzessin; sie erweist ihr täglich Aufmerksamkeiten. … Sie war so gütig heute abend wieder nach Monbijou zu kommen, um sich mit uns zu langweilen.

Wilhelmine an Friedrich

Berlin, 12. August 1733

... Der König zeigt keine Lust, uns abreisen zu lassen, aber ich erwarte seine Rückkehr, um mit ihm zu sprechen und seine Einwilligung zu erlangen. Er fängt an, mit der Kronprinzessin unzufrieden zu sein; ich weiß nicht, ob sie mit Dir davon gesprochen hat. Er beschwert sich über ihr kühles Benehmen gegen ihn und über die Gleichgültigkeit, die sie gegen alle seine Freundlichkeiten an den Tag legt.

Friedrich an Wilhelmine

Potsdam, 21. August 1733

Liebste Schwester! Wie versprochen, habe ich mit dem König geredet, und er hat beschlossen, Dich abreisen zu lassen. Er kommt Sonntag, 23. August, nach Berlin. Ich glaube, es hängt nur von Dir ab, noch in derselben Woche abzureisen. Ich bitte Dich nochmals, fünf Tage lang die Medizin zu nehmen, die ich Dir sandte. Ich habe so großes Vertrauen dazu, daß ich sie mit Gottes Hilfe für ein unfehlbares Mittel halte. ...

Unter uns gesagt, wird viel vom Kriege geredet. Ich bürge aber dafür, daß nichts daraus wird. Ich sehe Dich also jetzt abreisen, liebste Schwester.

Wilhelmine an Friedrich

Halle, 29. August 1733

Liebster Bruder! Voller Trauer über unsere Trennung bin ich hier angelangt. Mir war, als hätte ich alle Reize, allen Trost des Lebens verloren. ... Ich liebe Dich unbeschreiblich und habe kein anderes Ziel, als eine Gelegenheit zu finden, um es Dir zu beweisen. In Saarmund habe ich mir fast den Hals gebrochen. Mein Wagen ist einen Abhang heruntergestürzt, so daß die Räder in die Luft standen. Meine erlauchte Nase nebst Kinn und Mund haben eine kleine Schmarre davongetra-

gen, aber gottlob ist nichts weiter passiert. Ich wäre leichter gestorben; denn ich fühle mich der Welt ziemlich entrückt, seit ich Dich, liebster Bruder, nicht mehr sehe.

Friedrich an Wilhelmine

Berlin, Sonntag nach Deiner Abreise. [30. August 1733]

... Ich habe Dich wie eine Nadel in allen Zimmern des Schlosses gesucht, und Berlin scheint mir eine Wüste, seit Du es verlassen; denn Du bildest für mich seinen einzigen Reiz. ...

Heute sprach ich mit Boden über Deine Angelegenheiten. Er wird Dir dreitausend Taler an den Regiments-Quartiermeister des Erbprinzen zahlen, außerdem achthundert Taler Zins von einem Deiner anderen Lehngüter. Auf diese Einkünfte kannst Du jährlich rechnen. Bitte, laß Boden verbindlich danken; denn er gibt sich große Mühe, um diese Lehnssachen für Dich zu ordnen. Ich meinerseits werde hinterher sein, so gut ich kann, und sobald ich höre, daß irgend ein wichtiges Lehen zu vergeben ist, werde ich es Dir zu verschaffen suchen, dann kann Dein Einkommen aus königlichen Lehen sich auf zwei- bis dreitausend Taler belaufen. Leb' wohl, unvergleichliche Schwester!

Wilhelmine an Friedrich

Baireuth, 5. September 1733

... Endlich bin ich hier angelangt. Die Reise war ziemlich anstrengend und voll unangenehmer Zwischenfälle. ... Auch der Wagen meiner Kammerfrau ist umgestürzt, und die Meermann ist so schlimm gefallen, daß man glaubte, sie trepanieren zu müssen; doch ist sie jetzt außer Gefahr. Schließlich glaubte ich so weit zu sein, daß ich direkt hierher fahren konnte, aber ich erfuhr zu meiner Überraschung, daß der Markgraf eigens nach Hof gereist sei, um mich in aller Form einzuholen, und daß ich am folgenden Tage einen feierlichen Einzug halten

sollte, als Entschädigung für den schlechten Empfang im letzten Jahre. Eine halbe Stunde vor der Stadt kam er mir mit über hundert Reitern und einem Gefolge von dreihundert Personen, Wagen und allem Zubehör entgegen. Die Landmiliz bildete in allen Straßen Spalier und feuerte Geschütz- und Gewehrsalven ab. Er empfing mich sehr freundlich, und ich fand zahlreiche Fremde und Edelleute nebst Damen. Ich hielt mich dort zwei Tage auf, und vorgestern bin ich hier mit der gleichen Zeremonie empfangen worden. Ich habe mir fast die Zunge abgebissen, um nicht über die menschliche Torheit zu lachen.
Meinen Erbprinzen sehe ich, seit wir hier sind, nicht mehr. Er ist den ganzen Tag bei dem Kinde und steht zwei Stunden früher als gewöhnlich auf, um zu ihm zu gehen. Er hält es für ein Meisterwerk der Natur. … Er hat mich fast kniefällig gebeten, Dir nichts davon zu sagen, denn er schämt sich, aber ich bitte Dich, ihn damit zu necken. Wie er mir gestand, ist ihm das Geschrei des Kindes lieber als die schönste Musik.

Friedrich an Wilhelmine

Ruppin, 13. September 1733

Viele Grüße an Deinen Erbprinzen! Ich kann ihn mir leibhaftig vorstellen, wie er mein liebes Nichtchen in den Armen wiegt und ein Liedchen dazu singt. Und doch hat er recht: wie sollte er ein Wesen nicht lieben, das von einer so liebenswerten Mutter stammt! Ich bin zwar sonst kein Kinderfreund, aber gegen dies Kind wäre ich wohl ganz anders. …
Ich lasse jetzt die Konzerte und Solos abschreiben, die Du zu haben wünschtest, und sende sie Dir baldigst. Man beginnt zu glauben, daß es nicht zum Kriege kommt und daß eine Vermittlung stattfinden wird. Vor unserer Abreise von Berlin wurde der »Cid« gespielt: Du kannst Dir denken, wie vollendet. Harlekin gab den Rodrigo. Es war der Gipfel des Lächerlichen. Herr de la Chétardie sagte, er hätte es für unmöglich gehalten, ein so schönes Stück so zu verhunzen. Ximene weinte nämlich voller Wut, Rodrigo polterte wie ein Harlekin und machte

bisweilen entsprechende Gebärden. Kurz, das Ganze war von unerträglicher Plattheit.

Friedrichs junge Gemahlin, Elisabeth Christine, bemühte sich den hohen Ansprüchen des Kronprinzen gerecht zu werden. Sie lernte Französisch, las viel und korrespondierte unter anderem mit ihrer Schwägerin Wilhelmine.

Wilhelmine an Friedrich

Baireuth, 19. September 1733

Die Prinzessin schreibt mir die reizendsten Briefe. Ich bin erstaunt, daß sie sich in so kurzer Zeit so herausgemacht hat. Sie flicht feine Bemerkungen ein und kennt die Verhältnisse gründlich; denn sie hält mich über alles, was mich betrifft, auf dem laufenden. Anscheinend bin ich bei der Königin noch gut angeschrieben. Der König schreibt mir süßsaure Briefe voller Anspielungen auf meine Abreise, aber das läßt mich jetzt kalt. Ich sehne mich nicht nach Berlin; denn Du bist ja nicht da. Höchstens möchte ich mit dem Wunschhütlein hingehen, um die Königin und die Prinzessin ein Weilchen zu besuchen. Laß mich bitte wissen, was aus dem Kriege wird; denn ich denke immerzu daran und sage mit Harlekin: »Nur keinen Krieg!«

Baireuth, 10. Oktober 1733

… Hier haben wir zahlreiche Fremde, sehr hübsche, geistreiche Engländer, denen ich Dein liebes Bild gezeigt habe. Sie waren entzückt davon. Wir haben allabendlich Ball, und sie bringen uns neue englische Tänze bei. …

Man macht uns hier Hoffnung, daß der Krieg sich auf Italien beschränken wird. Gott gebe es; denn dann nimmst Du nicht daran teil.

Anfang Oktober 1733 hatten Frankreich und der polnische Adel Stanislaus Leszczynski zum König von Polen erklärt.

Damit hatten sie den Interessen Österreichs und Rußlands zuwidergehandelt, die den Sohn des verstorbenen August des Starken auf dem polnischen Thron sehen wollten. Russische Truppen marschierten in Polen ein, um Stanislaus I. zu stürzen; Österreich und Frankreich mobilisierten ihre Truppen in Italien und am Rhein. Das Koalitionsheer Friedrich Wilhelms I. mußte dem Habsburger Kaiser zur Seite stehen, um die immer weiter nach Osten vordringenden Franzosen aufzuhalten. In dieser angespannten militärischen Lage konnte der Kronprinz seine geplante Reise zur Schwester nicht mehr antreten.

Wilhelmine an Friedrich

Baireuth, 24. Oktober 1733

… Liebster Bruder! So soll ich Dich fürs erste also nicht wiedersehen! Ich bin in solcher Wut auf die Franzosen, daß ich ihnen ihr Gesicht zerkratzen möchte. Selbst sie bereiten mir Kummer! Ich wünschte, dieser Auswurf der Menschheit, diese Stutzer, diese Friedensstörer wären im Fegefeuer, oder besser, sie wären im Monde, der mit Geistern ihres Schlages bevölkert sein muß. Das ist ein furchtbarer Zornesausbruch! Du wirst denken, daß ich mich beim Regiment der drei Furien anwerben ließ. Man greift mich aber auch an meiner empfindlichsten Stelle an, und wie man sagt, ist nichts schlimmer als Frauenhaß. …

Friedrich an Wilhelmine

Ruppin, 6. November 1733

Liebste Schwester! … Ich mäßiger Musikant habe mich an das Komponieren von Solos gemacht, und ich werde mich sogar erkühnen, sie Dir zu schicken, gewiß nicht, um bewundert zu werden, sondern nur, um Dir zu zeigen, womit ich mir die Zeit vertreibe.

Im übrigen lassen mich Krieg und Frieden kühl bis ans Herz. ... Vielleicht treibe ich meine Kaltblütigkeit so weit und mache mich zum Zuschauer ihrer Kämpfe. Wie werde ich dann von Herzen lachen, wenn die Herren Franzosen ... den Kaiser tüchtig zerzausen! Ich für meinen Teil genieße den Vorteil, daß ich mich aus meinem Mauseloch von Zimmer über die größten Fürsten Europas lustig machen kann, und daß die Ereignisse, über die sie die Stirn runzeln, mir die Stirn glätten. Ja, mir macht es sogar Spaß, sie sich tüchtig raufen zu sehen, und wäre es auch nur, um einen Gesprächsstoff zu haben. Stockt die Unterhaltung, so kann man fragen: »Was werden die Franzosen vor Philippsburg machen? Haben sie es genommen oder werden sie es nehmen?« ... Du siehst also, liebste Schwester, wenn dem Kaiser das Feuer auf den Nägeln brennt, so stört mich das in meinem süßen Schlummer noch nicht.

Wilhelmine an Friedrich

Baireuth, 7. November 1733

... Der Krieg ist jetzt scheinbar der allgemeine Gesprächsstoff. Der Erbprinz ist seit ein paar Tagen von der kaiserlichen Armee zurück. Dort soll alles in bester Ordnung sein. Man marschiert stets mit großer Vorsicht; denn man argwöhnt, daß der Kurfürst von Bayern mit Frankreich im Einverständnis ist. Er hatte ein komisches Erlebnis, als er durch eine bayrische Festung ritt. Man fragte nach seinem Namen, sonst werde man ihn nicht durchlassen. Da er sich nicht zu erkennen geben wollte, nannte er sich Baron Knobloch. Sein Kammerdiener, ein junger Brausekopf, schrie: »Erbprinz!« Die Torwache schrieb also in ihr Wachbuch: »Der Erbprinz von Knobloch ist durchpassiert.« Wir haben sehr darüber gelacht.

Der König schreibt mir, er würde seine Quartiere im Frühjahr hier nehmen, und er nähme bestimmt am Kriege teil.

Baireuth, 14. November 1733

... Wir haben hier eine recht traurige Zeit. Mein Schwager ist gestorben. Er hatte die Pocken und war nur acht Tage krank. ...
Wir leben sehr zurückgezogen und speisen im Familienkreis mit dem alten Markgrafen. ... Da das Regiment des Verstorbenen, das stets unserem Hause gehört hat, frei geworden ist, so hat der Markgraf den König um Fürsprache beim Kaiser gebeten, damit das Regiment uns erhalten bleibt. Der Erbprinz soll es bekommen, ebenso das fränkische Kreisregiment. Dann hat er über viertausend Mann unter seinem Kommando und nebenher einen hübschen Zuwachs an Einnahmen.

Baireuth, 17. November 1733

Der Herzog von Bevern hat sich indes in den Besitz von drei bayrischen Festungen gesetzt und uns damit einen großen Dienst erwiesen; sonst wäre unser armes Land von den Herren Franzosen übel zugerichtet worden. Sie haben sich jenseits des Rheins verschanzt und haben eine gewaltige Menge Deserteure, die von den preußischen Regimentern als gute Beute sämtlich aufgegriffen wurden.

Neben der Kriegsgefahr belastete Wilhelmine noch ein familiäres Problem: Der alte, kranke Markgraf hatte sich in Flora von Sonsfeld, die Schwester von Wilhelmines Oberhofmeisterin, verliebt. Er plante sie zunächst heimlich zur Reichsgräfin zu machen, um sie dann heiraten zu können. Das hätte den Erbprinzen und Wilhelmine um einen großen Teil ihres Erbes gebracht.

Wilhelmine an Friedrich

Himmelkron, 1. Dezember 1733

... Ich bin wirklich ein Unglücksgeschöpf, liebster Bruder; denn schon wieder bin ich in so schlimmer Lage, daß Du staunen würdest, wenn Du die Geschichte hörtest. Vor Aufregung kann ich kaum die Feder

führen. Die Sache ist so folgenschwer, daß ich sie dem Papier nicht anzuvertrauen wage, und was schlimmer ist, ich habe einen furchtbaren Schwur tun müssen, mit niemand davon zu reden. Die Sache ist so geheim, daß nur der Erbprinz, ich und noch eine Person davon weiß. Gott wärst Du doch hier, oder hätten wir wenigstens jemand, der uns raten könnte! Der König wird erst zuletzt davon erfahren; also sprich, bitte, mit niemand darüber. Vielleicht schicke ich Dir in ein paar Tagen jemanden, der Deine Meinung einholt. Ich warte noch acht Tage, aber kurz gesagt: Der alte Markgraf hat den gemeinsten Charakter unter Gottes Sonne. Er wäre sehr erstaunt, wenn er wüßte, daß ich hinter seine Schliche gekommen bin. Er schmeichelt mir und dem Erbprinzen auf alle mögliche Weise und bereitet uns gleichzeitig den allertödlichsten Kummer. Wir beide müssen uns von früh bis spät zusammennehmen. …

Auch mit ihrem eigenen Vater gab es wieder Schwierigkeiten. Anlaß war die Entscheidung des Erbprinzen von Bayreuth, nach dem Tod seines Bruders sein Regiment in Pasewalk aufzugeben.

Wilhelmine an Friedrich

Baireuth, 12. Dezember 1733

Solange wir dies Regiment haben, hängen wir nicht von uns selbst ab, sondern vom König, der uns nicht als Tochter und Schwiegersohn behandelt, sondern als Oberst und Obristin. Und selbst wenn der Erbprinz mit aller Sparsamkeit ein paar tausend Taler aus seinem Regiment herauswirtschaftet, so nutzt ihm das doch gar nichts, denn er muß das Geld in Rekruten anlegen. Dazu muß er in seiner Garnison auf eigene Kosten leben und jeden Sommer für eine Weile nach Berlin gehen. Damit ist weder der regierende Markgraf noch das Land einverstanden. Der letztere hat geschworen, uns nicht mehr fortzulassen; denn der Erbprinz ist jetzt der einzige Sohn, und stieße ihm etwas zu, so wäre

Markgraf Georg Friedrich von Brandenburg-Bayreuth (Pesne-Werkstatt, um 1739)

das Land in Verzweiflung, denn es käme in sehr schlechte Hände. Der Markgraf hat ihn jetzt in die Geschäfte eingeführt und wünscht, daß er sein Land kennenlernt. Wie Du siehst, sind diese Gründe sehr stark. Auch am Kriege wird er nicht teilnehmen, obgleich er sehr darauf drängt und beschlossen hat, als Freiwilliger ins Feld zu gehen, wenn der König neutral bleibt. Außerdem ist der König hier nicht der Herr. Er kann uns nichts antun, wenn wir nicht mehr in seinen Diensten sind. Trotz alledem, liebster Bruder, sind der Erbprinz und ich entschlossen, uns ganz nach Deinen Befehlen zu richten. …
Nach Berlin zurückzukehren, hieße für mich Selbstmord; denn ich weiß, was ich dort gelitten habe. Die Königin haßt mich und hat mich derart behandelt, daß ich selbst nicht begreife, wie ich es ertragen konnte. Ich galt als Auswurf der Menschheit; meine besten Freunde haben zuerst Steine auf mich geworfen. Du warst mein einziger Trost. Wärst Du stets dort, ich zauderte nicht, zurückzukehren. Aber wir haben ja kaum miteinander sprechen dürfen. …

Friedrich an Wilhelmine

Ruppin, 14. Dezember 1733

Liebste Schwester! Dein Vertrauen zu mir macht mir mehr Freude, als wenn der König von Portugal mir die Bergwerke von Peru schenkte. … Was ich gar nicht begriffen habe, waren Deine neuen Kümmernisse. Ich habe mir den Kopf zerbrochen, aber ich bin auf weiter nichts gekommen, als daß der regierende Markgraf sich wieder verheiraten will. …

Berlin, 29. Dezember 1733

… Der König und die Königin sind jetzt sehr gut auf Dich zu sprechen. Die Königin glaubt, Du seiest in anderen Umständen. Gott gebe es! Er schenke Dir einen gesunden Knaben zu Deinem eigenen Besten! Doch nun Schluß mit dem alten Jahr und mit diesem Briefe und herzliche Grüße Euch beiden!

Hier heißt es, der alte Markgraf wolle wieder heiraten. Ich dachte mir gleich, daß bei Euch so etwas im Werke ist, aber man weiß nicht, wer die Auserwählte ist. Es gibt tausend Mittel, um diese Heirat abzuwenden; Dein gesegneter Zustand kann einen guten Vorwand abgeben. …

Wilhelmine an Friedrich

Baireuth, 5. Januar 1734

… Ich muß gestehen, daß Deine Nachricht über den alten Markgrafen mein Begriffsvermögen übersteigt. Es ist mir unfaßlich, wie sie nach Berlin dringen konnte. Da ich keine Geheimnisse vor Dir habe, will ich Dir gestehen, daß dies der Grund meines Kummers war. Die Sache war so außergewöhnlich, daß ich mich lange nicht zu fassen vermochte, zumal ich Dir die näheren Umstände nicht erklären konnte. Die Geschichte hätte den Erbprinzen und mich unweigerlich zugrunde gerichtet. Ich erfuhr sie beizeiten und habe sie ohne Wissen des alten Markgrafen so gut ins reine gebracht, daß er schwören mußte, nie daran zu denken. Somit ist die Sache ein für allemal erledigt, und wir sind die besten Freunde von der Welt. Am peinlichsten waren mir die furchtbaren Eide, die ich schwören mußte, nie mit einem Menschen darüber zu reden, und daß ich mich von früh bis spät zusammennehmen mußte. … Somit bitte ich Dich inständigst, daß die Sache unter uns bleibt, zumal nichts mehr zu befürchten ist.

Baireuth, 13. Februar 1734

… Mit dem Markgrafen geht es furchtbar bergab. Er verliert das Gedächtnis und richtet nichts als Verwirrung an, die uns noch teuer zu stehen kommen wird. Äußerlich ist er freundlich gegen uns, aber unter der Hand bereitet er uns so viel Verdruß, als er kann. Ich schreibe Dir dies eigens, lieber Bruder, damit Du siehst, daß wir an alledem unschuldig sind. Ich rufe Gott zum Zeugen dafür an. Wir werden uns stets um jeden Preis nach Deinen Befehlen richten. Bitte teile mir wenn

möglich mit, welchen Eindruck der Brief des Erbprinzen auf den König gemacht hat. Ich glaube, er wird ihm gefallen.

Friedrich an Wilhelmine

Potsdam, 6. März 1734

Liebste Schwester! ... Darf ich Dir eins sagen? Du bist zu empfindlich und nimmst Dir vieles zu sehr zu Herzen. ... Erlaube also, ... daß ich Dich einmal tüchtig ausschelte. Du hast doch selbst gesehen, daß die schwere Sorge, die Du jüngst hattest, glücklich vorübergegangen ist. Und welches Unglück ließe sich nicht wieder gutmachen? Wenn der König sich mit dem Erbprinzen überwirft, ist das etwas so Unwiderrufliches? Ich bitte Dich also bei allem, was Dir teuer ist, gewinne es über Dich und gräme Dich nicht eher, als es nötig ist.

Wilhelmine an Friedrich

Baireuth, 16. März 1734

... Man macht uns hier große Furcht vor den Franzosen, die anscheinend Mainz einschließen wollen. Ich hoffe, sie werden die Güte haben, uns hier zufrieden zu lassen. Der Erbprinz will durchaus am Feldzug teilnehmen, aber der Markgraf, dem es endlich wieder gut geht, und das Land erheben Einspruch. Wie Du Dir denken kannst, ist mir das sehr lieb, zumal ich schon in großer Sorge bin, daß Du ins Feld rückst. Da möchte ich nicht noch einen zweiten Anlaß dazu haben, ganz abgesehen davon, daß es ein großes Unglück wäre, wenn er uns gegenwärtig verließe. ...

Man behauptet hier, daß alle Briefe in Berlin geöffnet werden. Teile mir bitte mit, ob die meinen wohlverschlossen in Deine Hände kommen; denn ich trage stets Bedenken, etwas Geheimes zu schreiben.

Friedrich an Wilhelmine

Berlin, 19. März 1734

Liebste Schwester! Ich beneide Dich, daß Du nicht hier bist; denn unser huldvoller Souverän und die Souveränin haben sich das Wort gegeben, abwechselnd schlechter Laune zu sein. Man weiß gar nicht mehr, woran man mit ihnen ist; heute wird man mit Liebkosungen überhäuft, und morgen gibt es nur mürrische Mienen und unfreundliche Worte. Kurz, ihre Laune wechselt von einem Tage zum anderen. … Unter uns gesagt rate ich Dir, den Fuß nicht mehr hierher zu setzen und für die zu beten, die hier ausharren müssen; denn dies ist der falscheste und verräterischeste Hof auf der Welt. Des Königs Laune ist nicht mehr zu ertragen, er haßt mich wie die Sünde, und das Ansehen der Kronprinzessin ist fast ganz dahin. Trotzdem spotte ich über alles und bin guter Dinge. Ich gräme mich nicht und bedauere nur den König, der es nicht über sich gewinnt, seinen Kindern Zuneigung zu zeigen. Ich rate Dir, es so einzurichten, daß der Erbprinz den Dienst quittiert und jede Beziehung hierher abbricht. Aber wenn Du mir einen Gefallen tun willst, ziehe die Sache bis zum 10. Mai hin, wo ich Dir meine Aufwartung zu machen hoffe.

Wilhelmine an Friedrich

Baireuth, 27. März 1734

Liebster Bruder! Obwohl Deine Briefe mich stets lebhaft erfreuen, hat der letzte mich doch, offen gestanden, betrübt; denn ich ersehe daraus, welchen Kummer Du von den Berliner Herrschaften erfährst. Da bist Du genau in der gleichen Lage wie ich vor Jahresfrist, wo man mich fast verrückt gemacht und derart auf meine arme Gesundheit losgewütet hat, daß ich es noch heute spüre. … Grundlose Zänkereien lassen mich kalt, da ich ja nicht dort bin. …

Offen gesagt, liebster Bruder, Deine Ruhe hängt von der Kronprinzessin ab. Sinkt ihr Ansehen beim König, so fürchte ich, werdet Ihr beide viel Kummer erfahren. Danach halte ich es für das beste, daß sie

Friedrich Wilhelm I., der »Soldatenkönig«, bei der Inspektion seiner »langen Kerls« (Zeichnung K. Rössner)

sich auf alle Weise wieder in Gunst zu setzen sucht, auch bei der Königin, die, wenn ich so sagen darf, bei ihrer Unbesonnenheit und Voreingenommenheit gegen die Kronprinzessin dem König Dinge sagen könnte, die eine üble Wirkung hervorrufen. Sie muß ihr bisweilen kleine Geschenke machen. … Ich bedauere die arme Kronprinzessin, die ein besseres Los verdient hat. Ihr gutes Herz und ihre sanfte Gemütsart verdienten Anerkennung.
Das schlimmste ist, soweit ich beurteilen kann, daß niemand mehr Einfluß auf den Geist des Herrn hat. Selbst Grumbkows und Seckendorffs Ansehen ist sehr gesunken. Hier wird offen gesagt, der König habe einen Geheimvertrag mit Frankreich geschlossen, und die zehntausend Mann würden erst ausrücken, wenn nichts mehr auszurichten ist. Das wäre übel.

Friedrich an Wilhelmine

Ruppin 7. April 1734

Liebste Schwester! … Betreffs der zehntausend Mann macht man dem König fälschlich Vorwürfe, daß er sie nicht ausrücken läßt, denn ich glaube, er wird sie selbst nötig haben.

Ruppin, 18. April 1734

… Ich muß tausendmal um Entschuldigung bitten, daß ich ein paar Tage nicht geschrieben habe. Aber ich schwöre Dir, der König verdreht mir den Kopf mit meiner Ausstattung. Er will alles regeln, und das bringt mir tausend Ausgaben und Unannehmlichkeiten. … So geht es in der Welt meist gegen unseren Willen. Ich versichere Dir, ich bin nicht auf Rosen gebettet, aber gottlob gräme ich mich über nichts und halte die Welt nicht für eine Stätte ewigen Glücks. Ist man einmal auf der Welt, so muß man Gunst und Ungunst des Schicksals gleichmütig hinnehmen. Aber ich halte Moralpredigten, und Du lachst gewiß, daß ein junger Narr und Brausekopf Dir Moral beibringen will. …

4

April 1734 – Oktober 1734

Der polnische Erbfolgekrieg: Die Bedrohung durch die Franzosen – Der Soldatenkönig und Friedrich im Lager von Prinz Eugen bei Philippsburg – Wiedersehen der Geschwister – Der alte Markgraf von Bayreuth und Friedrich Wilhelm I. liegen im Sterben

Kronprinz Friedrich während des polnischen Thronfolgekrieges im Feldlager des Prinzen Eugen, 1734 (vgl. Brief des Kronprinzen, Heidelberg, 25. September 1734, und Brief, Lager Heidelberg, 28. September 1734)

Friedrich Wilhelm I. war nach wie vor ein treuer Bündnispartner des Kaisers. Als 1734 wegen der Erbfolge in Polen erste kriegerische Auseinandersetzungen zwischen Frankreich und Österreich begannen, stand der Soldatenkönig Kaiser Karl VI. mit 10 000 Mann zur Seite.

Friedrich an Wilhelmine

Ruppin, 28. April 1734

... Gestern ... sind unsere Truppen von Berlin ausgerückt. ... Bei dieser Gelegenheit bat ich den König, ihnen folgen zu dürfen. ... Das wurde mir bewilligt. Somit hoffe ich am 15. oder 16. Mai abzureisen. Ich rechnete darauf, mich meiner angebeteten Schwester zu Füßen legen zu können, aber – ein neuer Schicksalsschlag! – das Korps marschiert nicht nach Schwaben, sondern nach dem Niederrhein, nach Koblenz und Umgegend. Also ist es wieder nichts mit dem Wiedersehen! Ich bin todunglücklich, doch der König hat mir wenigstens erlaubt, bei der Rückkehr unweigerlich bei Dir einzukehren. Wenn unsere Regimenter Marschbefehl erhalten, will der König ... einen Befehl an den Erbprinzen schicken, hier zu seinem Regiment zu stoßen. Also teile ich Dir dies im voraus mit, damit Du jedenfalls darauf vorbereitet bist.

Wilhelmine an Friedrich

Baireuth, 1. Mai 1734

… Der regierende Markgraf war sehr krank. Er hat eine Art Schlaganfall gehabt, den man hier sehr geheim hält. Jetzt geht es ihm besser. Der Erbprinz … bittet um Deinen Rat. Nach Briefen aus Berlin erwartet der König, daß er um die Erlaubnis einkommt, der Revue beizuwohnen. Er bittet Dich, Du möchtest ihm Deine Ansicht mitteilen.

Friedrich an Wilhelmine

Ruppin, 8. Mai 1734

… Der alte Markgraf ist mir so gleichgültig, daß er sterben kann, wenn er will, ohne mich um Erlaubnis zu bitten.
Entschuldige mich, bitte, sehr beim Erbprinzen, daß ich auf seinen Brief noch nicht geantwortet habe. Aber es war mir ganz unmöglich. Ich hatte keinen Augenblick für mich; denn Du ahnst nicht, welche Arbeit uns der Krieg macht. Mittwoch, 12. Mai, gehe ich zur Revue nach Berlin, wo ich am 15. mit dem Regiment einrücke. …
Der Erbprinz soll sich recht überlegen, was er tut. Denn kommt er nach Berlin, so werden die alarmierenden Gerüchte … Vorwände genug liefern, um ihn nicht fortzulassen, wenn er es will. Kommt er aber nicht, so verliert er das Regiment sicher. Er muß sich also rasch entschließen. Im letzteren Falle wäre es nach meiner Meinung ehrenvoller für ihn, um seinen Abschied zu bitten als ihn zu erhalten. …

Wilhelmine an Friedrich

Baireuth, 18. Mai 1734

Liebster Bruder! … Wir schweben hier in Todesängsten und halten uns zum Aufbruch bereit; denn die Franzosen stehen nur acht Meilen von Erlangen, somit haben wir für unser armes Land alles zu fürchten; sie werden es völlig zugrunde richten. … Du kannst Dir denken, liebster

Bruder, welchen Kummer ich besonders habe. Ich weiß nicht, wohin; denn lieber stürbe ich, als daß ich nach Berlin zurückkehrte. Meine einzige Hoffnung ist Dänemark, wo ich und der Erbprinz zweifellos freundlich aufgenommen werden. …
Heute kommen die preußischen Truppen an unseren Grenzen vorbei, berühren also unser Land kaum. Sonst wären wir in die größte Not gekommen, da schon fünfzehntausend Mann hier durchgerückt sind. Die Franzosen haben der Stadt Frankfurt eine Kontribution von 426 000 Talern auferlegt; danach kannst Du Dir denken, was sie von einem ganzen Lande fordern werden. Das sind recht traurige Zeiten! Gott wolle sie zugunsten des armen Reiches wenden, das sonst völlig unterzugehen droht.

Friedrich an Wilhelmine

Berlin, 25. Mai 1734

Liebste Schwester! Die Lage Eures Landes macht mir, offen gesagt, große Sorge. Ihr tut recht, fortzugehen, und wenn ich raten darf, so schreibt zunächst nach Dänemark, um sicher zu sein, ob Ihr dort auch Zuflucht findet.
Das Reich bedauere ich, offen gesagt, gar nicht. … Denn es war der Gipfel falscher Politik, Frankreich den Krieg zu erklären, ohne die nötigen Truppen und das Geld zur Kriegsführung zu haben.

Das kaiserliche Heer, zu dem Friedrich Wilhelms Truppen Richtung Rhein aufbrachen, stand unter dem Befehl des Prinzen Eugen von Savoyen, der als fähigster Feldherr seiner Zeit galt. Er hatte die Türken 1697 entscheidend geschlagen und dadurch die Entstehung des Volksliedes »Prinz Eugen, der edle Ritter« inspiriert.
Zum Zeitpunkt des polnischen Erbfolgekrieges 1734 allerdings war der Prinz als oberster Feldherr des Kaisers bereits 71 Jahre alt.

Wilhelmine an Friedrich

Baireuth, 25. Mai 1734

… Die Truppen des Prinzen Eugen sind durch die Hessen verstärkt worden. Er wartet nur noch auf die Preußen, um eine Schlacht zu liefern. Ich kann Dir nicht verschweigen, sie haben in unserem Lande so furchtbare Unordnung angerichtet, daß allgemeine Verzweiflung herrscht. Wenn das so weitergeht, kommen wir alle ins Armenhaus. … Die Leute sind mit Gewalt weggeschleppt und die armen Bauern mißhandelt worden. … Auf die Beschwerden haben sie sehr dreist geantwortet, so hätte es der König befohlen. Es ist recht hart von einem Vater, daß er sich nicht begnügen kann, seine Kinder unglücklich gemacht zu haben, sondern daß er sie auch noch von Grund aus ruinieren will. Der Erbprinz ist daher auch fest entschlossen, seinen Abschied zu nehmen. … Der alte Markgraf ist in furchtbarem Zorn; ich fürchte sehr, er wird ihn an uns auslassen. Morgen gehen wir nach der Eremitage, wo ich die Brunnenkur beginnen will.

Eremitage, 1. Juni 1734

Liebster Bruder! Ich bin hocherfreut, daß Du endlich die Erlaubnis zur Abreise hast. Ich glaube, Du wirst hier durchkommen müssen, wenn Du zur Armee willst. Welche Freude für mich, den Ersehnten wiederzusehen! Die Armee beträgt jetzt 53 000 Mann. Was uns diesmal rettet, ist, daß die Franzosen Philippsburg belagern. Sie werden sich damit umsonst zu schaffen machen; denn der Platz muß für sie jetzt uneinnehmbar sein.

Friedrich an Wilhelmine

Potsdam, 14. Juni 1734

… Mein Gepäck geht morgen zur Armee ab, deshalb bin ich hier. Da Seine Majestät alles selbst befiehlt und anordnet, ist viel umzuändern. Nach seiner angenehmen Gewohnheit mischt er sich in jeden Quark. Alles in allem bekomme ich viertausend Taler. Hätte ich nicht durch

meine sparsame Wirtschaft etwas zurückgelegt, so wäre ich jetzt recht in Verlegenheit. …
Ich habe dem König so zugesetzt, daß er mir erlaubt hat, bei der Rückkehr aus dem Feldzug über Baireuth zu reisen. … Die Königin war sehr erzürnt auf mich, aber ich habe Mittel und Wege gefunden, sie zu besänftigen. Mit dem König habe ich Frieden geschlossen, und zwar um den Preis eines Kalbes, das den Sündenbock abgab. Du weißt selbst, was es heißt, mit zwei Menschen von so verschiedenem Charakter auszukommen. Das ist mehr als zwei Herren dienen. Ich erfahre dadurch oft großen Kummer, aber die Ehrfurcht, die ich meinen Eltern schulde, setzt mich über alle Gedanken hinweg und schließt mir den Mund. Dem Könige geht es gar nicht gut. …
Der Sänger Graun, Benda und Schaffrath fahren am 22. nach Erlangen. Der Geiger Graun kann nicht mitreisen, da er eine Kur braucht, aber er kommt nach. Ich lasse sie Dir, liebste Schwester, um Dich bisweilen an einen Bruder zu erinnern, der Dich über alles liebt.

Berlin, 26. Juni 1734

Liebste Schwester! Mein Aufbruch ist von Mittwoch auf Donnerstag, 1. Juli, verschoben. Der König hat mir als Reiseroute Würzburg und Schweinfurt vorgeschrieben. Ich bin in Verzweiflung. … Er kommt in vierzehn Tagen nach und will Dir einen Besuch machen; Du mußt Dich also darauf vorbereiten. Er will vierzehn Tage im Lager bleiben und dann abziehen. Er hat mir kurz und bündig versprochen, daß ich auf der Rückreise nach Baireuth kommen darf. … Ich bin hocherfreut, zur Armee zu gehen. Ich verspreche Dir, für den Erbprinzen zu sorgen und ihn Dir wohlbehalten zurückzubringen.

Hof, 2. Juli 1734

… Nun bin ich nur noch sechs Wegstunden von meiner über alles geliebten und verehrten Schwester entfernt! Aber ich bin tief bekümmert, ich soll sie nicht sehen. Der König drängt und treibt und will durchaus nicht, daß ich mich unterwegs aufhalte. Daher hat er ausdrücklich

Prinz Eugen von Savoyen (Jakob von Schuppen)

den Abstecher nach Baireuth und Ansbach verboten. ... Nie habe ich so sehr das Unglück beklagt, nicht mein eigener Herr zu sein. ... Du kannst Dir vorstellen, wie es mir ergehen würde, wollte ich seinem Befehl zuwider handeln.

Friedrich fand dennoch einen Weg, Wilhelmine zu treffen: außerhalb Bayreuths im nahegelegenen Berneck. Sein Hauptmann und späterer Baumeister Georg Wenzeslaus von Knobelsdorff überbrachte der Schwester nachts eine geheime Nachricht mit den Einzelheiten der frühmorgendlichen Begegnung. Sofort brach die kranke Wilhelmine zum Treffpunkt Weiherhaus auf. In ihren Memoiren schreibt sie: »Mein Bruder überhäufte mich mit Zärtlichkeiten, fand mich aber in einem so jämmerlichen Zustand, daß er sich der Tränen nicht erwehren konnte.«

Friedrich an Wilhelmine

Nürnberg, 3. Juli 1734

Liebste Schwester! Unmöglich kann ich von hier abreisen, ohne Dir von Herzen für alle Zeichen Deiner Huld zu danken, die Du mir im Weiherhaus erwiesen hast. Die größte war, daß ich Dir aufwarten durfte. Tausendmal bitte ich um Vergebung für alle Unbequemlichkeiten, die ich Dir bereitete. Aber wie sollte ich es in meiner traurigen Lage anders anstellen? Schreibe mir, bitte, oft, wie es Dir geht, und frage die Ärzte, ob Du nicht etwa an Würmern leidest. Wenn nicht, tut Dir nämlich Ziegenmilch sehr gut.

Wilhelmine an Friedrich

[Baireuth, 10. Juli 1734]

Liebster Bruder! Soeben erhalten wir die traurige Nachricht vom Tode des Markgrafen Albrecht, der beim Angriff auf die französischen Ver-

schanzungen von zwei Kugeln tödlich getroffen wurde. … Du kannst mir glauben, daß mir das sehr nahe gegangen ist. … Der Markgraf hat sofort erklärt, er dulde nicht, daß sein Sohn am Feldzug teilnehme. Trotzdem schickt er noch diesen Kurier, damit ich Deinen Rat einhole, und fragt Seckendorff und den Herzog von Bevern schriftlich um ihre Meinung. Ermiß in welcher Sorge ich um Dich schwebe. Ohne diesen schlimmen Zwischenfall wäre der Erbprinz nächste Woche abgereist.

Die Hilfstruppen des Soldatenkönigs und Kronprinz Friedrich waren inzwischen vor Philippsburg, im Lager des Prinzen Eugen von Savoyen, eingetroffen. Auf besonderen Wunsch des Vaters sollte Friedrich bei dem legendären Feldherrn das Kriegshandwerk erlernen. Er selbst wollte – wie er bei der ersten Begegnung mit Prinz Eugen äußerte – miterleben, wie ein Held Lorbeeren erringt. Doch davon war der betagte Prinz weit entfernt; trotz preußischer Unterstützung gelang es dem kaiserlichen Heer unter seiner Führung nicht, die Franzosen zu besiegen.

Friedrich an Wilhelmine

Lager Wiesenthal, 17. Juli 1734

Liebste Schwester! Bitte entschuldige mich vielmals beim Erbprinzen, daß ich ihm nicht selbst antworte. … Ich rate Euch indes, laßt ihn herkommen, und wäre es nur für acht Tage. Ich bürge dafür, daß ihm nichts zustößt. Der König wird sich sehr freuen, ihn hier zu sehen, und bei meiner Rückkehr kann ich Dich dann ohne Schwierigkeiten besuchen. … Wie gesagt, ist hier nichts los, als daß wir mit aller Seelenruhe zusehen, wie Philippsburg vor unserer Nase genommen wird … allem Anschein nach wird die Stadt binnen kurzem kapitulieren müssen. …

Lager Bruchsal, Quartier Ubstadt, 22. Juli 1734

Liebste Schwester! Wir haben uns heute zurückgezogen, nachdem wir unser Lager verbrannt und unsere alten Linien den Franzosen überlassen haben. Sie waren so höflich uns beim Abmarsch nicht im geringsten zu stören. Man glaubt, daß sie sich jetzt gegen Breisach wenden werden. In diesem Fall werden wir vielleicht zur Verstärkung der Besatzung dorthin rücken. ... Der König befindet sich sehr wohl. Man hofft von Tag zu Tag, daß er abziehen wird, was hoffentlich in acht Tagen geschieht.

Wilhelmine an Friedrich

[Ende Juli 1734]

Liebster Bruder! ... Der Erbprinz ist außer sich. Der Markgraf hat einen Brief von einem Offizier der Armee erhalten, worin es heißt, eine Kanonenkugel sei vor des Königs Füßen eingeschlagen. Bitte schreib mir, ob das zutrifft ... versetze Dich in die Lage des Erbprinzen, und sage mir offen, was er ... tun soll. Ich bin da in einer schlimmen Lage. Stieße ihm das geringste zu, so müßte ich mir zeitlebens Vorwürfe machen, und hier würde man mich, glaube ich, steinigen. Gott erhalte Dich!

Friedrich an Wilhelmine

Weinheim, 5. August 1734

Liebste Schwester! ... Unser Dicker reist am 8. ab. Er war krank und klagte über Brustschmerzen, aber er hütet sich wohl, den Weg allen Fleisches zu gehen. Alles, was die Armee tut, geschieht mit vollendeter Unordnung. Prinz Eugen beginnt völlig den Kopf zu verlieren, und der Rest der kaiserlichen Generale, Prinz Friedrich von Württemberg ausgenommen, hegt keine großen Erwartungen von ihm. ...

Was die Kanonenkugel betrifft, die in Wiesenthal zu Füßen des Königs niedergefallen ist, so kann ich Dir sagen, daß es ein Zufallsschuß war;

denn es war außer dem Feuerbereich. Was unsere jetzige Lage angeht, so haben die Franzosen den Rhein noch nicht überschritten; wir sind hier also ebenso sicher wie in Berlin. Sollte der Erbprinz herkommen, woran ich nach allem, was Du mir schreibst, stark zweifele, so stehe ich Dir für ihn ein. Besser ist aber, er kommt dieses Jahr, wo hier nichts geschieht, als daß er im nächsten Jahr kommen müßte, wo es vielleicht nicht so friedlich hergeht. Wenn er an diesem Feldzug teilnimmt, kann er vom nächsten fernbleiben.

Friedrich an Wilhelmine

Lager Trebur, 14. August 1734

Liebste Schwester. Der Erbprinz ist gestern abend wohlbehalten hier angelangt, was ich Dir hiermit bezeuge. Zu meiner großen Freude erfuhr ich von ihm, daß es Dir besser geht. … Beunruhige Dich bitte nicht um ihn; er ist hier so sicher wie zu Hause, und ich werde ihn Dir heil und gesund wieder abliefern. Der König empfing ihn heute morgen sehr huldvoll und freute sich, ihn wiederzusehen. …

Weinheim, 17. August 1734

… Die Franzosen haben den Rhein bei Philippsburg überschritten und wollen Breisach mit vierzig- bis fünfzigtausend Mann belagern. Das Gros ihrer Armee, achtzigtausend Mann, steht bei Worms und Speier, so daß wir die anderen nicht verfolgen können. Unsere Kriegshandlungen beschränken sich darauf, zuzusehen, wie sie Breisach belagern, und ruhig im Lager zu bleiben. Bitte beunruhige Dich nicht um uns; denn es ist, auf Ehre, kein Anlaß dazu. Wir sind friedlich wie die Lämmer und haben nur die Unbequemlichkeit, hin und her zu marschieren, was wir während des ganzen Feldzuges fortsetzen werden. … Der Erbprinz ist munter wie ein Fisch im Wasser.

Wilhelmine an Friedrich

Baireuth, 1. September 1734

… Heute erhielt ich zuverlässig Nachricht aus Wesel, wonach es dem König sehr schlecht geht. Er ist ganz schwarz im Gesicht und schläft im Stehen ein. Er speist täglich für sich und sagt, er würde vor der Heimkehr sterben. Im übrigen ist er lammfrom. Wie ich gestehe, hat mich das trotz allem geschmerzt; denn Natur und kindliche Liebe regen sich in mir.

Friedrich an Wilhelmine

Heidelberg, 9. September 1734

Liebste Schwester! … Uns geht es hier vorzüglich; wir stehen immer noch wie angewurzelt im Lager. … Ein französisches Korps lagert am jenseitigen Rheinufer. Man kann es genau erkennen. Der Jäger Deines Erbprinzen wollte seinen Mut zeigen und gab ein paar Büchsenschüsse auf die uns gegenüberstehenden Wachen ab. Sie verstanden den Spaß aber schlecht und antworteten mit einer kräftigen Salve. Da jedoch das Wasser die Kugeln anzieht, erreichten sie das Ufer nicht. Der Jäger, der uns durch seinen Übereifer fast etwas Schlimmes eingebrockt hätte, hat einen tüchtigen Verweis gekriegt.

Die Nachrichten vom König sind sehr schlecht. Man prophezeit ihm kein langes Leben. Doch ich habe beschlossen, mich über alles, was geschehen mag, zu trösten; denn schließlich bin ich fest überzeugt, daß ich bei seinen Lebzeiten keine guten Tage haben werde, und ich glaube, ich finde hundert Gründe gegen einen, daß auch Du ihn rasch vergessen wirst; denn was Dich an ihm rührt, meine Liebe, ist, daß Du ihn lange nicht gesehen hast. Sähest Du ihn wieder, ich glaube, Du ließest ihn in Frieden ruhen, ohne Dich zu grämen. …

Wilhelmine an Friedrich

Baireuth, 12. September 1734

… Wir ahnen hier nicht, wie es um den König steht. Alles, was ich davon weiß, stammt von Dir. … Allerdings hat er uns derart behandelt, daß wir uns über sein Schicksal nicht sehr zu grämen brauchen, aber die Natur regt sich doch schließlich, und wenn man bedenkt, daß wir nächst Gott ihm unser Leben verdanken, so fühlt man Schmerz. Übrigens glaube ich, daß das Land sich leicht trösten wird; denn es findet in Dir alles, was man auf Erden wünschen kann. …

Der Markgraf dürfte ihn kaum überleben; denn es geht mit ihm täglich bergab und sein Gedächtnis beginnt zu schwinden.

Friedrich an Wilhelmine

Heidelberg, 24. September 1734

… Du wirst vielleicht auf Nachrichten aus Berlin gespannt sein. Da muß ich Dir offen sagen, daß der König nach allem, was ich höre, seinem Ende entgegengeht und dies Jahr nicht überleben wird. … Man muß sich auf alles gefaßt machen, liebste Schwester, und obwohl es meinem Herzen weh tut, bin ich doch andererseits froh, Dir dann dienlich sein zu können und Dir wirksamere Zeichen meines guten Willens und meiner Liebe zu geben. Wie dem aber auch sei, mein Glück und mein Leben liegen in Deinen Händen. Du weißt, ich kann ohne Dich nicht leben. Laß mich Dich also kniefällig anflehen, daß Du mich in diesem Falle besuchst. Du wirst einen Bruder finden, der Dich über alles liebt, der Dich auf Händen trägt und Dich vor allem Kummer, der Dir zustoßen könnte, behüten wird. … Du hast in meinem Hause ganz zu befehlen und wirst geehrt werden wie die Königin.

Heidelberg, 25. September 1734

… Unsere Truppen rücken am 28. von hier ab. Ich begleite sie bis Frankfurt. … Dann nehme ich die Post und fahre mit Windeseile nach

Baireuth, wo ich nach meiner Rechnung am 4. Oktober eintreffen werde. Den Befehl, nach Berlin zurückzukehren, werde ich wohl erst am 14. Oktober erhalten; somit kann ich etwa eine Woche bei Dir verbringen.

Hier herrscht abscheuliche Kälte. Man friert in den Zelten ein. Darum will ich Besitz von dem Palast ergreifen, den ich habe bauen lassen. Der Bote hat ihn gesehen; er kann eine glühende Schilderung davon machen. Gold und Marmor fehlen gänzlich. Schlichte Einfachheit bildet seinen ganzen Schmuck. Lehm ersetzt den Marmor und Stroh das Schieferdach. Mein Zelt dient als Wandbekleidung, und die Überzüge der Möbel bilden die Decke. Derart wohnten unsere Urväter in den glücklichen Zeiten des Saturn und der Rhea, und in solchen ländlichen Hütten dichteten Homer und Vergil ihre Heldenlieder. Die Schmucklosigkeit der Wohnung deutet auf die Herzlichkeit des Hausherrn und die Schlichtheit des Hausrats auf seine Biederkeit. Diese beiden Eigenschaften lasse ich mir nicht nehmen. …

Lager Heidelberg, 28. September 1734

… Was die hiesigen Ereignisse betrifft, so hat Prinz Eugen gestern in meinem Zauberschloß gespeist. …

Da heute Posttag ist, bin ich auf die Nachrichten über das Befinden des Königs sehr gespannt. Ich werde sie Dir getreulich mitteilen. Wie ich gestern hörte, hat Prinz Eugen sehr schlechte empfangen. …

Wilhelmine an Friedrich

Baireuth, 29. September 1734

… Du kannst Dir denken, daß Deine gütige Erlaubnis, im Falle eines Thronwechsels zu Dir zu kommen, mir höchst erwünscht ist; denn nach meiner Ansicht besteht das höchste Erdenglück darin, mit zärtlich geliebten Menschen vereint zu sein. …

In einem Schreiben vom 20. wurde mir berichtet, dem Könige ginge es wesentlich besser und man hoffte, ihn noch zu retten. Aber er schrieb

mir am 21. eigenhändig, es ginge ihm noch sehr schlecht. Offen gesagt, wünsche ich unter diesen Verhältnissen nicht, daß Du heimreist; denn ich fürchte seine schlechte Laune sehr, weil ich seinen Tod noch nicht so nahe sehe. …
Eben trifft der Kurier ein. Gott gebe, daß Du auch wirklich kommst und daß man Dich bis zu der großen Epoche hier läßt! Ich will alles aufbieten, um Dir den Aufenthalt angenehm zu machen. Dein Kriegspalast muß äußerst prächtig sein. Ich wünsche von ganzem Herzen, daß er den Anbruch des goldenen Zeitalters verkündet. … Gott sei Dank leben wir friedlich. Unsere Schöne hat den Markgrafen mit seinen Liebesgedanken zum Teufel geschickt, und er sucht seine Wut und Verzweiflung an anderen armen Liebenden auszulassen. Da hierzu auch die Hirsche gehören, tut er sein möglichstes, um sie auszurotten. Inzwischen läßt er uns freie Hand, uns zu zerstreuen, was wir aufs beste besorgen. …

Baireuth, 3. Oktober 1734

Liebster Bruder! Soeben erhielt ich die Stafette, die Dir hoffentlich den Befehl zu Deiner Rückkehr bringt, oder besser gesagt, die Erlaubnis, herzukommen; denn ich wünsche Dir nicht, daß Du unter diesen Umständen nach Potsdam gehst. Der König ist in furchtbarer Laune, und wie man sagt, hat er einen mit der Pistole niederschießen wollen. Es geht mit ihm zu Ende, aber ich möchte, daß er außerstande ist, Dir zu schaden, bevor Du zurückkehrst. Er beginnt schon die Sprache zu verlieren, aber das schlimmste ist, daß die Vorbereitung auf die letzte Reise nicht die beste sein wird. Gott erbarme sich seiner Seele! Wie traurig ist das alles, wenn man darüber nachdenkt!

Anfang Oktober kam der Kronprinz endlich für einige Tage zu seiner Schwester. In ihren Memoiren beschreibt Wilhelmine die enttäuschende Begegnung: Friedrich verhielt sich ungewohnt distanziert. Wegen der schweren Krankheit des Vaters sah er sich im Grunde schon als König. Er riet Wilhelmine zu Sparsamkeit und Bescheidenheit. Sie überging die Belehrung und schrieb ihm einen Tag nach seiner Abreise:

Wilhelmine an Friedrich

10. Oktober 1734

Nachdem die glücklichste Zeit meines Lebens hinter mir liegt, bleibt mir nichts als der Kummer über Dein Scheiden und die kurze Dauer meines Glückes. Aber kein Unglück ist so groß, daß es nicht irgendeinen Trost bärge. Der meine besteht jetzt in der Erinnerung an all die Güte, mit der Du mich während Deines hiesigen Aufenthalts überhäuft hast. Ich werde sie bis an mein Lebensende nicht vergessen. Mein Herz ist dankerfüllt und so tiefgerührt, daß keine Worte stark genug sind, um diese Gefühle auszudrücken.

Friedrich an Wilhelmine

Potsdam, 14. Oktober 1734

Liebste Schwester! Dienstag nachmittag kam ich hier an. Zu meinem Schmerze hatte ich den traurigsten Anblick von der Welt; denn der König befand sich im trostlosesten Zustand. … Sein Zustand ist erbarmenswürdig. Die Beine sind bis zum Oberschenkel angeschwollen, der Fuß zwischen Wade und Knöchel scharlachrot und offenbar vereitert. Der Leib hängt herab, er ist zwei Hände breit stärker als sonst. Arme und Gesicht sind schrecklich mager, das Gesicht hat blaue Flecken, die Farbe ist gelb und der Atem so kurz, daß er kaum Luft bekommt. Er kann so gut wie nichts essen noch schlafen. Wenn er schlummert, muß er sich auf seine Hände stützen und im Bett sitzen. Kurz, er ist so krank, daß das Herz mir blutet, wenn ich daran denke. Wir fürchten jeden Augenblick die Todesnachricht.

… Manchmal sagt er mit rührender, trauriger Miene zu uns: »Ich bin erst sechsundvierzig Jahre, habe auf Erden alles, was ich wünschen

kann, und der liebe Gott hatte mich zu einem glücklichen Herrscher gemacht. Und nun bin ich den grausamsten Qualen preisgegeben, die es vielleicht auf der Welt gibt. Aber ich will alles geduldig ertragen.« … Wir können nichts anderes als weinen, wenn wir ihn so sehen, und ich persönlich kann Dir schwören, ich hätte nie geglaubt, daß ich ihn so lieb habe.

5

Oktober 1734 – Dezember 1735

Tod des Markgrafen – Unerwartete Genesung
des Soldatenkönigs – Rückzug des Kronprinzen in die Musik
und Philosophie; Fragen nach der Existenz Gottes

Doppelbildnis des Markgrafen Friedrich und der Markgräfin Wilhelmine von Bayreuth um 1735 (Kupferstich-Martin Tyroff)

Der Hof rechnete spätestens zum Ende des Jahres mit dem Ableben des Soldatenkönigs. Die Geschwister, die ein Leben lang unter dem Vater gelitten hatten, stimmte diese Aussicht, von wenigen sentimentalen Augenblicken abgesehen, nicht sonderlich traurig – zudem würde Kronprinz Friedrich dann preußischer König.

Wilhelmine an Friedrich

16. Oktober 1734

Liebster Bruder! ... Ein sehr berühmter Arzt, der hier weilt und dem ich meine letzten Briefe aus Berlin über den Zustand des Königs zeigte, meinte, er könne nicht wieder genesen. Sein Leiden würde sich noch eine Zeitlang hinziehen, dann würden die Beine aufbrechen, der Brand würde hinzutreten und er würde des schrecklichsten Todes sterben. Er hat den König gesehen und will schon mehrere Personen mit dem gleichen Leiden behandelt haben, die sämtlich gestorben sind. Was mich noch in diesem Glauben bestärkt, ist die Sympathie unseres Schicksals; denn der Markgraf kann sich ebensowenig erholen. ...

Friedrich an Wilhelmine

Potsdam, 25. Oktober 1734

Liebste Schwester! ... Ich bin heilfroh, daß ich dem König Deinen Brief nicht gegeben habe; denn seit seine Beine aufgebrochen sind, fühlt er sich erleichtert und atmet freier, obgleich sein Leib noch stark geschwollen ist. Er hält sich jedoch für gerettet und hat infolgedessen seine resignierte Stimmung verloren. Er ist sehr schlechter Laune, schlägt, kratzt und mißhandelt alles, was ihm nahe kommt, und spricht von aller Welt schlecht, außer von seiner Wenigkeit. Die Königin wird sich jetzt viel leichter trösten als zuvor. Sophie ist jetzt die Favoritin, aber unter der Bedingung, daß sie ganz anders ist als ihre verheirateten Schwestern. Charlotte ist wie die anderen in Ungnade. Du ersiehst daraus, in welcher üblen Lage wir sind. Ich kann erst gegen den 15. nächsten Monats von hier fort. Die Hochzeit meiner Schwester Sophie findet am 11. statt. …

Wilhelmine an Friedrich

2. November 1734

Liebster Bruder! … Wie leid tut es mir, daß die schlechte Laune wieder anfängt! Das erinnert mich an das Sprichwort: »Als der Kranke genaß, je ärger er wahs.« Somit bin ich Dir sehr dankbar, daß Du ihm meinen Brief nicht gegeben hast. Denn wenn der König sich noch lange so hinschleppt, habe ich keine große Lust, mich schlecht behandeln zu lassen und mir nochmals die Gesundheit zu verderben. Ich beklage Dich von Herzen, daß Du den ganzen Tag um ihn sein mußt. …

Friedrich an Wilhelmine

Potsdam, 2. November 1734

… Der König ist in der denkbar übelsten Laune, so daß man nicht mehr aus und ein weiß. Sein Zustand ist sehr schlimm; denn seit vierzehn Tagen läuft ihm eine unglaubliche Menge Wasser aus dem linken Bein, bis zu zwei Maß täglich, ohne daß sein Körper wesentlich abschwillt. Auf seiner linken Wade hat sich eine brandige Geschwulst gebildet, die in ein bis zwei Tagen aufgehen wird. Je nachdem, was her-

auskommt, wird man auf den Tod des Königs schließen. Sieht es übel aus, so wird er noch diese Woche sterben; wo nicht, hat er noch drei Wochen zu leben. Aber mag da kommen, was will, sein Zustand ist nach wie vor verzweifelt, und er wird dies Jahr nicht überleben.
Die Königin ist reizend; infolge der unerträglichen Laune der Königs tröstet sie sich über alles, was geschehen mag. Sophies Hochzeit ist auf den 10. festgesetzt; ich glaube, der König erlebt sie nicht mehr. Leb' wohl, liebste Schwester! Ich muß wieder zu unserem erlauchten Kranken, um zuzuhören, wie er den Tod mit Schmähreden bedenkt.

Wilhelmine an Friedrich

9. [November] 1734

Liebster Bruder! Wie ich aus Deinem Brief ersehe, dauert die schlechte Laune an. … Trotz alledem ist es sehr schmerzlich, ihn so leiden zu sehen und einen so grausamen Tod vor Augen zu haben. Das führt uns so recht unsere Nichtigkeit zu Gemüte, wenn man einen Menschen bei lebendigem Leibe verfaulen sieht. Gott erbarme sich seiner Seele und gebe ihm wahre Bußfertigkeit! Das ist das einzige, was man ihm wünschen kann; denn zu helfen ist ihm nicht mehr. …
Die arme Sophie soll also am 10. geopfert werden? Ich bedauere sie von ganzem Herzen. Aber wenn ihr Gemahl sie schlecht behandeln will, wird sie stets einen Rückhalt an Dir finden; denn Du hast die Unglücklichen nie verlassen. …

Aufgrund des trostlosen Gesundheitszustandes Friedrich Wilhelms I. sah sich der Kronprinz schon fast als König und mischte sich eigenmächtig in das politische Geschehen ein. Er erteilte beispielsweise Grumbkow, dem Minister des Soldatenkönigs, den Auftrag, alle schwebenden Verhandlungen einzustellen und bewertete die Bündnisverpflichtung Preußens im polnischen Erbfolgekrieg anders als sein kaisertreuer Vater und dessen wichtigste Berater.

Friedrich an Wilhelmine

Ruppin, 18. November 1734

Liebste Schwester!

... Meine Feinde verbünden sich jetzt mehr denn je gegen mich, so daß ich mich, wenn das schicksalsvolle Ereignis nicht eintritt, auf die schlimmste Zukunft gefaßt machen kann. Welch traurige Lage, liebste Schwester! Einerseits die Sorge um das Leben des Vaters und andererseits die Furcht vor der Zukunft und die Aussicht auf die schwärzesten Verleumdungen der Feinde, wenn Gott ihn am Leben erhält.

Wilhelmine an Friedrich

18. November 1734

... Ich erwarte hier die baldige Trauerbotschaft. ... Darf ich Dich im Todesfall um Deine Befehle betreffs der Trauer bitten? Denn ich und der Erbprinz wollen uns nach der Berliner Etikette richten. Mein Geist weilt unaufhörlich in Potsdam ... ich bete immerfort für Dein Wohlergehen. Ich wünsche nur, daß alle Deine künftigen Untertanen Dir ebenso treu und eifrig ergeben sein mögen wie ich. Dann wirst Du sicher von allen angebetet werden, und die ganze Welt wird Deine Verdienste anerkennen.

29. November 1734

Liebster Bruder!

... Durch Rohwedell habe ich Dir meine kleinen Nachrichten übermittelt, die im Zusammenhang mit dem Komplott gegen Dich stehen, von dem Du schreibst. Ich fürchte, Grumbkow wird seiner Rolle bis zuletzt treu bleiben. Ich kann Dir nur sagen, daß ich aus seinem Briefe sofort merkte, daß er unzufrieden mit Dir ist. Ich beschwöre Dich, ihn noch eine Weile schonend zu behandeln, denn er kann Dir noch tausend schlimme Streiche spielen, und Deine Ansicht über den Kaiser nicht zu offen zu zeigen; denn das müßte bös ablaufen. ... Im übrigen sind wir hier in der gleichen Lage wie Du. Alle unsere Feinde verfol-

gen uns offen, und der Erbprinz erfährt tausendfach Verdruß. Ich glaube, der Teufel stiftet diese Leute an, dergleichen in einer Zeit zu unternehmen, wo ihre Herren mit dem Tode ringen.
Was uns betrifft, so nehmen wir das alles leicht hin, aber Deine Lage geht mir mehr zu Herzen.
Ich erhielt einen langen Brief vom König. ... Er gibt mir seinen Segen und gebietet mir, mich in seinen Tod und in Gottes Willen zu fügen. Der Brief hat mich zu Tränen gerührt. Gott wolle die bösen Menschen beschämen, die ihn noch auf seinem Sterbebett quälen und ihn mit seinen Kindern verfeinden wollen. Hoffentlich wendet sich bald alles zu Deinen Gunsten.

Friedrich an Wilhelmine

Potsdam, 10. Januar 1735

Liebste Schwester! ... Zu meinem größten Erstaunen muß ich Dir mitteilen, daß der König sich völlig erholt. Er beginnt wieder zu gehen und ist wohler als ich. Gestern habe ich bei ihm gespeist. Ich kann Dir versichern, er ißt und trinkt für drei. In acht Tagen geht er nach Berlin, und ich bin sicher, in zwei Wochen kann er wieder reiten. Das ist ein Wunder sondergleichen; denn nach mehr als drei tödlichen Krankheiten auf einmal wieder völlig zu genesen, ist etwas Übermenschliches. ...

Wilhelmine an Friedrich

22. Januar 1735

Liebster Bruder! Deine Nachricht von der wunderbaren Genesung des Königs hat mich sehr überrascht. Ich kann mir noch gar nicht vorstellen, daß sie von Dauer ist. ... Bei der Sympathie unseres Schicksals wird seine Besserung nicht anhalten; denn dem Markgrafen geht es so schlecht, daß man ihm keine sechs Wochen mehr gibt. Trotzdem quält er sich und die anderen, ... der ganze Staatsrat wird entlassen, um durch Schurken ersetzt zu werden, die unsere geschworenen Feinde sind und dem Erbprinzen noch sehr zu schaffen machen werden. Ich wünsche Dir, liebster Bruder, daß die Sympathie unseres Schicksals nicht so weit geht und daß die schöne Eintracht bei Euch anhält. Ich für mein Teil bin so philosophisch geworden, daß ich das alles kaltblütig ansehe und mir selbst gram wäre, wenn ich mich einen Augenblick wegen dieser elenden Menschen grämte. Ich suche mich vielmehr nach Kräften zu erheitern. Gestern habe ich eine Einladung zum Souper in der Stadt angenommen. Wir haben bis Mitternacht getanzt und Kurzweil getrieben. … Jetzt üben wir die Tragödie »Iphigenie« ein, die, wie ich glaube, gut ausfällt. Die beiden ersten Proben waren gut. … Hoffentlich darf ich das Stück einmal mit Dir spielen. Aber Gott weiß, wann wir uns wiedersehen!

Friedrich an Wilhelmine

Ruppin, 29. Januar 1735

Liebste Schwester! Es freut mich unendlich, daß ihr Euch in Baireuth gut unterhaltet. Ich bedauere nur, nicht dabei zu sein und mich nicht über Dein Vergnügen freuen zu können. Was den alten Markgrafen betrifft, so kannst Du unter den jetzigen Verhältnissen allen Kummer, den er Euch antut, wohl geduldig ertragen; denn es wird nicht mehr lange währen. Bei mir liegt der Fall anders. Dem König geht es von Tag zu Tag besser. …

Wilhelmine an Friedrich

4. Februar 1735

… Da er so wenig auf seine Gesundheit achtet, wird er bald einen Rückfall bekommen. Nur etwas Geduld, liebster Bruder, und meine Prophezeiung wird in Erfüllung gehen. Es tut mir von Herzen leid, daß Du wieder in die Sklaverei zurücksinkst. … Doch es ist ja nur für kurze Zeit, und Du wirst danach doppelt belohnt werden.

Wir dagegen werden ein abgewirtschaftetes Land finden. Der Markgraf tut alles, was dazu nötig ist, und lädt sich Dinge auf den Hals, die sich in Jahren nicht wieder gut machen lassen. Er läßt in Himmelkron einen Zwinger anlegen, der vierzigtausend Taler kostet, und wirft auch sonst das Geld zum Fenster hinaus. Dabei hat er sich mit der Ritterschaft und mit seinen meisten Nachbarn überworfen und bringt die Staatsgeschäfte derart durcheinander, daß sie schwer zu entwirren sein werden. Es geht ihm nach wie vor sehr schlecht. ... Nach der wunderbaren Heilung des Königs ist ja nichts unmöglich. Wie dem auch sei, wir sehen dem Schicksal guten Muts entgegen und suchen uns nach Kräften zu zerstreuen.

Friedrich an Wilhelmine

Ruppin, 7. März 1735

Liebste Schwester! Ich bin entzückt, wie beharrlich der Tod dem alten Markgrafen zusetzt. ... Was die Sympathie betrifft, von der Du schreibst, ... so geht sie offenbar auf falsche Nachrichten zurück; denn dem König geht es ausgezeichnet und besser als seit drei bis vier Jahren. Allem Anschein nach werden wir alle den Trost haben, von ihm beerdigt zu werden. ...

Mein Zeitvertreib ist stets Lektüre und Musik. Ich erlaube mir, Dir das lang angekündigte Solo zu senden. Bitte sage mir, ob es Dir gefällt oder nicht. Der Baß ist ganz von mir, ohne jede Verbesserung von fremder Hand; denn ich habe seit sechs Wochen die halben Noten gelernt. Beim Adagio dachte ich an die lange Zeit unserer Trennung und fand so die Töne schmerzlicher Klage. Beim Allegro belebte mich die Hoffnung auf das Wiedersehen, und beim Presto versetzte meine glühende Einbildungskraft mich nach Baireuth. Mir war, als hätt' ich Dir Hunderterlei zugleich zu sagen, und mein Herz gab mir so viele Gedanken ein, daß in blindem Wetteifer jeder zuerst ans Licht drängte. Wie Du siehst, liebe Schwester, ringt die Freundschaft in jeder Form nach Ausdruck.

Flötensonate in h-moll von Kronprinz Friedrich (vgl. auch Brief, Ruppin, 7. März 1735)

Ruppin, 9. April 1735

Endlich bin ich wieder in meinem lieben Heim! … Möchte doch der alte Markgraf endlich Schluß machen und abbauen! Denn ich bin es schon so müde, ihn am Ufer des Styx zu erwarten, daß ich ernstlich wünsche, er raffte sich zu diesem Schritt auf. …

Mit Ungeduld warte ich darauf, daß der bevorstehende Feldzug mir Gelegenheit gibt, Dich zu besuchen.

Wilhelmine an Friedrich

9. Mai 1735

… Um mit Dir plaudern zu können, lasse ich mich einige Stunden früher wecken. Ich konnte Dir alle diese Tage nicht schreiben; denn ich mußte die ganze Zeit bei dem sterbenden Markgrafen weilen. Seine Krankheit ist höchst sonderbar. Stundenlang hält man ihn schon für tot, und im nächsten Augenblick kommt er zu sich und scheint außer Gefahr. Man kommt aus der Aufregung nicht heraus. …

17. Mai 1735

Liebster Bruder! Wie Du schon äußerlich siehst, ist dies ein Trauerbrief. Der Markgraf ist heute morgen um 6 1/2 Uhr verschieden.

Friedrich an Wilhelmine

Ruppin, 20. Mai 1735

Liebste Schwester! Ich bin außerstande, Dir zum Tode des Markgrafen, Deines Schwiegervaters, mein Beileid auszusprechen; denn ich bin so froh, daß er beim lieben Gott ist, daß ich ihn nicht aus dem Paradies zurückwünsche. So empfange denn statt meiner Klagen den Ausdruck meiner lebhaftesten Freude, daß Du jetzt vor allem Kummer geborgen bist. Da Du mein halbes Ich bist, fühle ich mich schon halb glücklich. …

Meine Glückwünsche an den Markgrafen!

Wilhelmine an Friedrich

31. Mai 1735

Alles Glück, das Du mir wünschst, ist schon eingetroffen; denn Deine Teilnahme an allem, was mich betrifft, macht mich schon gewissermaßen glücklich. Im übrigen hat weder der Markgraf noch ich großen Anlaß zur Freude. Er hat die Staatsgeschäfte in so zerrüttetem Zustand übernommen, daß er große Mühe haben wird, sie in Ordnung zu bringen. … Er arbeitet von früh bis in die Nacht, und ich in meinem kleinen Bereich, nämlich Schloß und Wirtschaft. Ich hoffe, Du wirst alles sehr verändert finden, wenn wir Dich hier begrüßen dürfen. …

Friedrich an Wilhelmine

Berlin, am soundsovielten Juni 1735

… Die Krankheit des Königs ist rein politisch. Wenn er will, geht es ihm gut; er wird kränker, wenn es ihm so paßt. Anfangs ließ ich mich dadurch irreführen, aber jetzt weiß ich Bescheid. …
… Allerseits von der Welt angewidert, überlasse ich mich ganz der stillen Betrachtung. Sie zeigt mir mehr und mehr, daß es hinieden kein dauerndes und beständiges Glück gibt, und daß man der Welt um so überdrüssiger wird, je mehr man sie kennt. Man findet in ihr mehr Kummer und Unglück als Anlässe zu Freude und Glück.
Da meine Revue morgen bevorsteht, glaubst Du vielleicht, liebste Schwester, ich beunruhige mich heute über das, was mir morgen geschehen kann. Aber ich beginne all diese Dinge gleichgültiger anzusehen als sonst.

Berlin, 29. Juni 1735

… Meine gestrige Revue ist gut abgelaufen. Der König war sehr zufrieden und hat mich zum Generalmajor gemacht. Ich darf an dem Feldzug teilnehmen, sobald die Truppen zusammengezogen werden – eine recht unbestimmte und zweifelhafte Zusicherung! Mehr kann ich

Dir nicht sagen, da ich morgen mit dem Regiment nach der Garnison abrücken soll.

Wilhelmine an Friedrich

5. Juli 1735

Ich gratuliere Dir von ganzem Herzen, daß Du nun wohlbestallter Generalmajor bist! Das ist eine prächtige Beförderung! Doch ich hoffe vor allem, daß es ein Zeichen Deines guten Einvernehmens mit dem König ist. …

Wie ich sehe, schwelgst Du in philosophischen Betrachtungen. Obwohl ich weiß, daß Du stets danach gehandelt hast, hoffe ich doch nicht, daß Kummer die Ursache ist; denn das ist ein recht trauriges Mittel, um sich zur Philosophie zu bekehren. …

Friedrich an Wilhelmine

Ruppin, 13. Juli 1735

Liebste Schwester! Der philosophische Geist, dessen Du mich bezichtigst, kann doppelten Ursprungs sein: aus Anlage und aus Kummer; denn sicherlich bringt uns nichts so leicht zum Philosophieren wie ein schweres Unglück. Aber wir haben nichts zu befürchten, der König und seine ganze erlauchte Familie genießen durch Gottes Gnade eine athletische Gesundheit, so daß die Besitzer von Trauermagazinen Hungers sterben können.

Wilhelmine an Friedrich

9. August 1735

Liebster Bruder! Da ich die ganze Zeit wie der ewige Jude herumgereist bin, konnte ich Dir nicht schreiben, wie ich es vorhatte. Inzwischen habe ich eine ganz unterhaltsame kleine Bußübung gemacht. Wir fuhren am Donnerstag (4. August) ganz früh ab und kamen ziemlich spät abends in einem Benediktinerkloster an, wo wir mit Pauken und Trompeten empfangen wurden. Der Abt und alle Mönche begrüßten uns am Fuße der Treppe – eine ganz besondere Gunst; denn das Kloster ist unzugänglich. Er führte uns zunächst in unsere Zimmer, unter vielen, sehr langweiligen Komplimenten, denen ich glücklicherweise ein Ende machte. Dann zeigte er uns die Schätze seines Klosters. … Nach langem Umherlaufen gingen wir zu Tisch, aber wegen der furchtbaren Unsauberkeit konnte niemand essen. Die Mönche sangen dazu; ihre Stimmen waren gräßlich und das Ganze tat den Ohren so weh, daß wir von Tisch aufstehen mußten, um dieser schönen Musik ein Ende zu machen. Jeder glaubte herrlich zu schlafen, aber der Teufel, der nicht schläft und die Leitung der Klöster hat, verfehlte nicht, unsere Ruhe zu stören, indem er eine solche Menge Flöhe und Wanzen auf uns losließ, daß wir die ganze Nacht wach bleiben mußten, um diese Tierchen zu bekämpfen.

Morgens um sechs Uhr machten wir uns zur Besichtigung der russischen Truppen auf. Sie werden von zwei kaiserlichen und zwei russischen Generalen geführt. Die beiden ersteren sind Feldmarschall Wilczek und Feldmarschalleutnant Haßlingen. Dessen Frau ist so garstig, daß man sagen kann, sie treibt mit ihrer Häßlichkeit Mißbrauch. Die beiden Russen sind Generalleutnant Keith, ein geborener Schotte, und Generalmajor Bachmetoff. Der erstere ist ein Weltmann, sehr geistvoll und höflich; er erwies uns alle erdenklichen Ehren und führte uns seine Truppen in Parade vor. …

Friedrich an Wilhelmine

Ruppin, 11. August 1735

Liebste Schwester! So bist Du denn inmitten eines russischen Heeres und von der größten Barbarei der Welt umgeben. Wie beklage ich Dich, liebste Schwester, und wie gut begreife ich Deinen Verdruß! … Die Welt verändert sich stark, die Frauen werden zu Amazonen, und die Männer bleiben daheim. Der König betrügt mich; denn nachdem er mir alles versprochen hat, was ich nur wünschen konnte, hält er mir nichts davon, und das ohne viel Federlesens; denn er weiß, daß ich ihn nicht zwingen kann, sein Wort zu halten. …

Ruppin, 8. September 1735

… Der König will mir nicht erlauben, am Feldzug teilzunehmen. Ich bat ihn viermal darum und erinnerte ihn an sein Versprechen. Aber er sagte mir, er hätte seine geheimen Gründe, aus denen er es nicht halten könne. … Zum Trost will er mich eine Reise nach Ostpreußen machen lassen; das ist etwas besser als nach Sibirien, aber nicht viel. Ich gleiche Saturn; meine Stirn entwölkt sich nicht mehr, und ich bin der Freude abgestorben. …

Die Krise, in die Friedrich durch die unerwartete Genesung seines Vaters geriet, war fundamental und führte zu neuer Ernsthaftigkeit, aber auch Verbitterung. Die Rückzugsmöglichkeit, die sich der Kronprinz in dieser Situation gewünscht hätte, ließ ihm der Vater nicht. Er schickte ihn nach Ostpreußen, wo tausende protestantischer Religionsflüchtlinge, die seit 1732 das Salzburger Land verlassen mußten, mit finanzieller Unterstützung des Soldatenkönigs das durch die Pest verwüstete Land aufbauten.
Was er während der fünf Wochen in Ostpreußen erlebte und zur großen Freude seines Vaters als Inspizient auch leistete, war dem Kronprinzen der Schwester gegenüber nicht erwähnenswert, wohl aber die Begegnung mit dem ebenfalls seiner Hoffnungen beraubten Stanislaus Leszczynski. König Stanislaus I. war, von Polen und Frankreich unterstützt, nur 10 Tage Herrscher in Polen, bevor er von den russischen Truppen, dem Bündnispartner Österreichs, vertrieben wurde. Er flüchtete nach Königsberg, wo ihn der Soldatenkönig gegen den ausdrücklichen Wunsch der Zarin und des Kaisers aufnahm und ihm sogar finanzielle Unterstützung gewährte.

Friedrich an Wilhelmine

Ruppin, 16. November 1735

Liebste Schwester! ... Von meinen Erlebnissen will ich schweigen; denn es war nicht viel Besonderes dabei, und ich habe nichts Erwähnenswertes gesehen außer dem König Stanislaus. Er besitzt alle schönen Eigenschaften der Welt und raubt denen, die ihm nahen, das Herz. Er ist ein Charakter, im Glück nicht hochmütig noch im Unglück niedrig, sondern über die Wechselfälle des Lebens erhaben und sucht Ehre und Ruhm nur in seinen schönen Eigenschaften. ... Eine solche Gestalt ist unter Herrschern eine Seltenheit. ... Vielleicht gönnt der Himmel, auf solche seltene Tugend neidisch, Europa und seinen Herrschern nicht das Glück, seinesgleichen unter ihren Standesgenossen zu besitzen. Zum mindesten muß man die Polen schätzen, die einen so würdigen Mann zum Herrscher gewählt haben. ... Steht Fortuna ihm auch nicht nach Verdienst bei, so hat er wenigstens den Trost vieler großer Männer, die vor ihm gelebt haben: daß das Glück blind ist und daß es sich in seiner Wahl oft wunderlich vergreift, indem es Unwürdige erhöht. ...

Wilhelmine an Friedrich

Erlangen, November 1735

Liebster Bruder! Ich kann Dir gar nicht sagen, wie schwer es mir wurde, gar nichts von Dir zu hören. ... Nun, wo Du in Berlin zurück bist, fühle ich mich etwas erleichtert, und aus Deinem gütigen Briefe ersehe ich, daß Du mit Deiner Reise zufrieden warst, und daß Du Deiner Schwester noch etwas gut bist. Die schöne Dose, die Du mir schicktest, ist mir ein Beweis dafür. Ich kann Dir für dies Pfand Deiner Freundschaft nicht genug danken.

Königsberg (Stich von Friedrich Bernhard Werner, 1730/40)
(vgl. Brief des Kronprinzen, Ruppin, 8. September 1735)

Friedrich an Wilhelmine

Berlin, 10. Dezember 1735

… Heute sah ich einen Brief, den Du an den alten La Croze geschrieben hast. Er ist reizend, natürlich, geistreich und voll schöner Gefühle. Ich sah auch die Antwort, aber ich fürchte, sie wird Dir wenig zusagen. Der Biedermann wird geistesschwach; sein Brief enthält mehr die Beschreibung seiner Gebrechen als die Dinge, von denen er hätte sprechen sollen.

Auch sein Beweis für das Dasein Gottes ist einer der schwächsten, den ich gesehen habe. Es lassen sich tausend Einwände dagegen machen. Der beste Beweis ist nach meiner Meinung dieser: Die Welt und die darin wohnenden vernunftbegabten Wesen sind endlich und haben auch einen Anfang gehabt. Dann aber muß es ein höchstes Wesen geben, dem sie das Dasein verdanken; denn aus sich selbst können sie nicht entstanden sein, da der Materie die Schöpferkraft fehlt. Dieses höchste Wesen muß mächtig sein, weil es sie geschaffen, weise, weil es alle Dinge in eine bestimmte Ordnung gebracht hat, unendlich, weil es in seinem Plane soviel Wesen zugleich umfaßt und weil es dagewesen ist, bevor sonst etwas da war. Also gibt es einen Schöpfer, und da dieser Schöpfer ewig ist und notwendigerweise alle Vollkommenheit besitzt, müssen wir ihn als seine Geschöpfe anbeten, und er muß unser Gott sein. …

…. Ist unser Ursprung nicht erhabener, wenn sein Urheber ein Ausbund aller Vollkommenheit ist, und ist sozusagen der Stammbaum der Welt nicht schöner, wenn er aus einer so edlen Wurzel stammt, wie sie ein Gott bildet: ewig, allmächtig, langmütig, nachsichtig, erbarmungsvoll und gnadenreich! Ich bin von dieser Lehre so überzeugt, daß ich jeden Zweifel daran für unmöglich halte.

Bitte schreibe mir Deine Ansicht darüber, und wenn Du Einwendungen hast, bist Du hoffentlich so aufrichtig, mir nichts zu verschweigen. Ich unterwerfe alles Deinem weisen Urteil.

Der Philosoph Christian Wolff (Stich von Johann F. Rosbach)

Wilhelmine an Friedrich

20. Dezember 1735

.... Da ich ... nichts Besonderes zu berichten habe, will ich wenigstens versuchen, Dich mit meiner Philosophie zu unterhalten. Ich unterwerfe sie völlig Deiner Kritik und wiederhole, daß ich mich für eine sehr unwürdige Philosophin halte.

Meine Grundsätze sind also die folgenden: Alles besteht aus Atomen, die teils krumm, teils spitz und von verschiedener Gestalt sind. Diese Atome befinden sich in steter Bewegung. Sie treffen aufeinander, stoßen, verhäkeln und vereinigen sich, und so entstehen die Körper. Nun aber können sie ihre Bewegung nicht von selbst haben; denn sie sind keine absoluten Wesen, sondern hängen voneinander ab. Da sie nach den Grundsätzen der Philosophie nicht unbeweglich sein können, muß es mithin ein absolutes, unabhängiges Wesen geben, das ihnen die Bewegung verleiht. Dies Wesen ist also Gott. Denn sage mir, woher kommt es, daß diese Atome bei ihrem Aufeinandertreffen eine Blume und nicht einen Menschen bilden? Zufall kann das nicht sein; denn durch Zufall hätte es geschehen können, daß es nur Blumen oder Tiere, aber gar keine Menschen gibt. Danach muß man notgedrungen ein Grundprinzip aller Dinge annehmen, das durch seine Allmacht die Ursache zweiter Ordnung lenkt, um sie nach seinen Zwecken zu gebrauchen.

Das ist mein System, lieber Bruder. Ich bitte Dich um Nachsicht mit meiner armseligen Philosophie, der gelegentliche Aufklärungen von Dir sehr zugute kommen werden.

Friedrich an Wilhelmine

Berlin, 27. Dezember 1735

Liebste Schwester! ... Dein System über das Dasein Gottes ist wohl durchdacht, aber ich bin kein Anhänger von den krummen und würfelförmigen Atomen; das ist unmöglich, sonst gäbe es eine Leere in der Natur. Sobald ich Zeit finde, schreibe ich darüber ausführlicher. Morgen ist Kirchtag; aus diesem Grunde lasse ich es heute dabei bewenden.

6

Januar 1736 – September 1737

Friedrich steht Pesne Modell – Ausbau des Rheinsberger Schlosses – Die Wolffsche Philosophie – Briefwechsel mit Voltaire – Wilhelmines Kur in Ems

Schloß Rheinsberg mit der Hofgesellschaft des Kronprinzen, um 1737 (Georg Wenzeslaus von Knobelsdorff)

Nach der Ostpreußenreise Friedrichs war der König von der Beobachtungsgabe, den Berichten und Verbesserungsvorschlägen seines Sohnes so angetan, daß er ihn wohlwollend beim Ausbau eines eigenen Sommersitzes, des Schlosses Rheinsberg, unterstützte. Dort sollte der Kronprinz erstmals gemeinsam mit seiner jungen Ehefrau, der Kronprinzessin Elisabeth Christine, leben.
Während Friedrich die Gestaltung seines Refugiums in Rheinsberg unter anderem mit dem Architekten Georg Wenzeslaus von Knobelsdorff und dem Maler Antoine Pesne vorantrieb, baute Wilhelmine in Bayreuth ihr Schloß Eremitage aus.

Wilhelmine an Friedrich

14. Januar 1736

Der Kapitän Schultze hat mir Deinen Palast beschrieben und mir gesagt, Du hättest die Marmorplatten, die ich Dir verehrt habe, darin anbringen lassen. Es würde mir eine große Freude sein, Dir noch mehr davon zu senden. Sage mir doch ganz offen, ob Du Kamine oder was anderes haben willst. In diesem Fall schicke mir, bitte, Maß und Zeichnung; ich werde nicht verfehlen, sie anfertigen zu lassen, so gut es geht.

7. Februar 1736

… Ich habe bereits zwei weiße Marmorplatten nach Deiner Anweisung bestellt und werde mir erlauben, sie Dir zu senden, sobald sie fertig sind. Da du so gütig bist, auch für mich Bestellungen zu übernehmen, so bitte ich Dich um Dein Bildnis von Pesne als Kniestück; das Bild, das ich von Dir habe, ist Dir gar nicht mehr ähnlich. Dann habe ich wenigstens den Trost, Dein Abbild zu sehen.

Friedrich an Wilhelmine

Berlin, 10. März 1736

Liebste Schwester! … Pesne bietet seine ganze Kunst auf, um Deinem Befehl gemäß ein gutes Bild von mir zu malen. Ich bitte ihn stets, nicht so viel Gewicht auf die Gesichtszüge zu legen, sondern vielmehr die Gefühle auszudrücken, die ich für Dich hege, damit sie Dir stets gegenwärtig sein mögen. Herr von Brandt leistet mir dabei Gesellschaft, und damit ich anmutiger dreinschaue als sonst, erzählen mir beide von Dir. »Vorwärts, Königliche Hoheit«, sagt Pesne zu mir, »denken Sie an Ihre Frau Schwester. Ah! so ist der Mund richtig; jetzt sehen Sie zufrieden aus.« Ich antworte ihm: »Wäre meine Schwester selbst hier, dann wäre es ganz etwas anderes, aber schon ihr Name und die Erinnerung an sie stimmen mich zufrieden.«

Der kleine Suhm ist mein gewöhnlicher Gesellschafter und La Chétardie der außergewöhnliche. Wir philosophieren nach Herzenslust. Jetzt sind wir bei der Metaphysik des berühmten Wolff, unstreitig dem vollendetsten philosophischen Werk, das wir besitzen. …

Wilhelmine an Friedrich

[März 1736]

Ich bin entzückt, daß Du Deine Zeit angenehm verbringst; ich möchte wohl an Deiner Gesellschaft teilnehmen und in Deiner Schule Philosophie lernen. Ich glaube, daß der kleine Diablotin – so nannten wir Suhm ja früher – seine eigene Philosophie nötig hat; denn er ist bei Hofe schlecht angeschrieben und in schlechter Vermögenslage. Da wird ihm sein Geist Ersatz für die erlittenen Verluste bieten. Ich kenne das Buch nicht, von dem Du schreibst, und glaube, es geht über meinen Horizont. Ich wünschte hier jemand zu haben, der mich unterrichten könnte. Gewiß werde ich die Philosophie wieder vornehmen; mir dünkt, sie ist das einzige auf Erden, was den Geist bildet. Aber leider sind hier nur dickwänstige Deutsche, ebenso pedantisch wie blöde, die sie mir verekelt haben. Ich besitze die Werke von Descartes und die Geschichte der antiken Philosophie, sehr gut geschriebene Bücher.

[Mitte April 1736]

… Wir gehen etwas aufs Land, um das Schloß herrichten zu lassen. Wir haben noch alle Abende Musik, … und nachmittags lese ich, soviel ich kann. Kürzlich hörte ich von einem Buche, das mich sehr geärgert hat. Der Verfasser will beweisen, daß die Frauen keine denkenden Wesen sind, und daß nur Männer Vernunft besitzen. Damit sind wir also zu Schafen erniedrigt. Bitte sage mir Deine Ansicht darüber. Ich hoffe, Du wirst gerechter sein. …

Friedrich an Wilhelmine

Ruppin, 29. April 1736

… Auch ich vertreibe mir die Zeit mit Musik. Graun hat für Dich eine Kantate auf Apollo verfaßt. Ich glaube, sie wird Dir sehr gefallen. Was die neue Philosophie betrifft, so glaube ich, daß der Mann betreffs der Frauen sehr Recht hat. Verzeih meine Offenheit! Du, Wilhelmine, gehörst nicht zu diesem Geschlecht; die erlauchte Elisabeth hat nur seine Reize. Der Himmel, der Dich Deinem Land bescherte, hat Dich uns allen als Muster hingestellt, und Europa zählt Dich zu den größten Männern. …

Kronprinz Friedrich von Preußen, 1736 (Antoine Pesne)
(vgl. Brief, Berlin 10. März 1736)

Wilhelmine an Friedrich

[Anfang Mai 1736]

Liebster Bruder! Endlich erhielt ich zu meiner Freude Dein reizendes Solo, das hier allgemein bewundert wurde. Wir hatten gerade drei kaiserliche Offiziere hier ..., die nach jedem Adagio und Allegro so in Begeisterung ausbrachen, daß wir kaum zu Ende spielen konnten ...

Grauns Kantate wird am Freitag aufgeführt, wo ich ein Fest zum Geburtstag des Markgrafen gebe. Der Saal stellt den Parnaß mit den neun Musen dar. Unser Sänger gibt den Apollo. Nach der Musik sollen die Musen ein Ballett tanzen. Viele Gäste werden da sein, alle als Götter und Göttinnen gekleidet. Wie glücklich wäre ich, könntest Du daran teilnehmen; dann könnten wir Dich gleich als den Apollo unseres Zeitalters feiern.

Nur wegen Deiner schlechten Theorie über das schöne Geschlecht muß ich Dich etwas schelten. Es wäre zuviel Ehre für mich, mich allein von meinen Mitschwestern auszunehmen. ...

Friedrich an Wilhelmine

Berlin, 29. Mai 1736

Liebste Schwester! Ich stehe im Begriff, meine militärische Laufbahn abzuschließen. Morgen findet die Revue und mein Urteil statt. Ob es gut oder schlecht ausfällt, ist mir gleich; denn sobald alles vorüber ist, kehre ich nach meinem lieben Ruppin zurück, von wo ich Dir lange Briefe schreiben kann. Es gibt nichts öderes als das Leben, das wir hier führen. Ich habe es bis zum Halse heraus und bin froh, wenn ich es hinter mir habe. Immerfort exerzieren, immerfort auf den Beinen, auf der Revue oder auf der Paroleausgabe – ach! wie segne ich mein Schicksal, wenn ich erst in Rheinsberg bin, wenn ich mein eigener Herr und zufrieden sein kann, weitab von einem Orte, wo nur Undank, Hochmut und Roheit herrschen!

Wilhelmine an Friedrich

5. Juni 1736

Liebster Bruder! Meinen herzlichen Glückwunsch zum Ende Deiner Revue und Deines Verdrusses. Wie froh werde ich sein, wenn Du wieder in Ruppin bist! Denn Deine Zufriedenheit hängt davon ab, und ich bekomme dann öfter Briefe von Dir.

Am 6. Juni ging der Kronprinz nach Rheinsberg, das er nach einer vermeintlich alten Chronik auch Remusberg nannte. Im Scherz behauptete er, Remus wäre auf der Flucht vor seinem Bruder Romulus bis über die Elbe gelangt und hätte schließlich Rheinsberg, sein Remusberg, gegründet.
Im Schloß traf Friedrich alle Vorbereitungen für seine endgültige Übersiedlung Mitte August. Kronprinzessin Elisabeth Christine sollte Ende August folgen. Die Philosophie beschäftigte den Kronprinzen nach wie vor, besonders die Publikationen Christian Wolffs, dessen Ideen zur Willensfreiheit, zum Ursprung von Gut und Böse, vom Dasein Gottes. Der Philosoph Wolff, ursprünglich Professor in Halle, war aufgrund der Aktivitäten seiner pietistischen Gegner Francke und Lange »als Religionsfeind und Determinist« seines Amtes enthoben und von Friedrich Wilhelm I. 1723 des Landes verwiesen worden. Er wurde zunächst Professor in Marburg. Friedrich berief ihn nach seinem Regierungsantritt 1740 wieder nach Halle.

Friedrich an Wilhelmine

Berlin, 13. August 1736

Liebste Schwester! … So bist Du denn in der Eremitage! Ich stelle mir vor, daß Du dort liest und Dir die Zeit vertreibst. Der »Bericht« von Wolffs angeblichen Irrtümern und seine »Beantwortung«, die Dir die Königin gesandt hat, machen unseren Muckern … wenig Ehre. Es gibt nichts Armseligeres und Erbärmlicheres als die Beweisführung des

Doktors Lange. Seine Unwissenheit geht aus jeder Seite seiner Anklage hervor. Es ist traurig zu sehen, welch dunkler Schleier hierzulande auf Wissenschaft und Kunst liegt. Es ist das Zeitalter der Unwissenheit, seinen Anhängern flicht man Lorbeeren. … Die Philosophie ist das einzige Gegenmittel gegen die Vorurteile und Leichtgläubigkeit des Volkes, also muß sie gestürzt werden. Das ist der leitende Gedanke unserer Frömmler; er läßt sie so hitzig gegen die Philosophie und ihre Bekenner vorgehen.

Wilhelmine an Friedrich

[Mitte September 1736]

… Wolff hat Deinen Beifall. Danach stände es mir schlecht an, seine Lehre zu verwerfen. Trotzdem erscheint sie mir hinsichtlich der Moral recht gefährlich; denn hat Gott seit Erschaffung der Welt einem jeden die Gedanken eingegeben, die er haben soll, so hat der Mensch keinen freien Willen und Gott ist der Urheber des Bösen. Damit würden alle Grundsätze des Christentums und alle bestehenden Gesetze umgestürzt.

Friedrich an Wilhelmine

Rheinsberg, 23. September 1736

Liebste Schwester! … Du bringst mich in die größte Verlegenheit, indem Du von mir eine Antwort über die Wolffsche Philosophie verlangst. Ich habe Dir einfach berichtet, was ich davon studiert habe, und weiß zur Genüge, wie unwissend ich bin und wie wenig es mir ansteht, den Lehrer zu spielen. Ich fühle mich Deinen Kenntnissen in keiner Weise gewachsen und würde nie wagen, meine Meinung zu äußern, wenn Du sie für maßgebend ansiehst.

Wenn ich diesmal für Wolff eintrete, so bitte ich Dich, mir zu glauben, daß es lediglich aus Liebe zur Wahrheit geschieht.

Wolff und die Vernunft lehren uns, daß Gott alle Dinge geschaffen hat; folglich hat er sie so geschaffen, wie es ihm gut dünkte. Steht dies grundsätzlich fest, so folgt daraus, daß Gott … gleichzeitig der Urheber des Guten wie des Bösen ist. … Nun glaube ich und bin überzeugt, daß die Sünde zur Erhaltung der Gesellschaft notwendig war, – denn im Grunde besteht das Böse in uns in den Leidenschaften –, somit muß der Mensch, damit er nicht zeitlebens gleichmäßig handelt, die Neigung zum Bösen haben, und überdies hätten wir ohne Laster auch keine Tugenden. All diese Gründe und andere, für uns unerforschliche, können Gott bestimmt haben, die Welt so zu machen, wie sie ist. …

… Laß mich einen Augenblick über alle religiösen Sekten herziehen, in die sich die Welt seit so vielen Jahrhunderten geschieden hat. Leichtgläubigkeit war von jeher das Erbteil der großen Masse, und auf ihr beruhen gleichsam alle Religionen. Ist es denkbar, daß vernünftige Menschen in ihrer Glaubenswut so weit gegangen sind, ihre eigenen Kinder dem Gotte Moloch zu opfern? Wer hielte es für möglich, daß die Juden zu Ehren der Gottheit und zur Sühne für ihre Sünden den Bock Asasel (der verbrannt wurde) dem Gott Himmels und der Erde zum Opfer darbrachten? Ist die Vorstellung von der Fürbitte der Heiligen in der katholischen Kirche nicht erbarmungswürdig? Ist das Fasten weniger lächerlich? Und ganz abgesehen von den kleinen Sekten, in die wir zerfallen, wie die Sozinianer, die Quäker usw., ist das Dogma der Lutheraner voller Widersprüche. Welche wirren und unklaren Begriffe vom Abendmahl! Sie glauben, ohne zu wissen, was sie glauben, und sind außer Stande, Rechenschaft davon abzulegen. Und doch haben alle diese verschiedenen Bekenntnisse ebensoviele verschiedene Glaubenslehren, und jede verschreibt sich dem Teufel, daß ihre die beste sei. Wenn ein Ungebildeter, der nie etwas von Religion gehört hätte, diese verschiedenen Fanatiker miteinander disputieren hörte, er könnte nie entscheiden, wer von ihnen Recht hat. Jede von diesen Religionen, die von allen anderen verdammt wird, verspricht ihm die Seligkeit. Wolff hat die Mängel dieser Sekten sehr richtig erkannt. Er führt uns zur Gottesfurcht, die des höchsten Wesens weit würdiger ist, und bei der wir ehrliche Leute bleiben.

Wilhelmine an Friedrich

[Oktober 1736]

Liebster Bruder! ... Wie soll ich Dir für die Güte danken, mit der Du mir Deine Ansicht über Wolff auseinandergesetzt hast. Ich erhielt erst heute sein Buch von der Königin geschickt und schiebe mein Urteil über sein System auf, bis ich es gelesen habe.

[November 1736]

Liebster Bruder! ... Ich habe jetzt die »Logik« von Wolff ausgelesen und finde sie belehrend und völlig einwandfrei. Ich habe mit etwas begonnen, das weit schwerer zu begreifen ist, zumal für mich, die ich nichts von Mathematik verstehe. Es ist »die Prüfung des Skeptizismus« von Crussaz und eine Widerlegung Bayles. Ich bin überzeugt, daß es Deinen Beifall findet; denn diese Beweise sind für meinen schwachen Geist sehr stark.

Was Du mir von Lockes Ansicht über die Seele schreibst, deckt sich mit dem System unseres hiesigen skeptischen Philosophen. Wie Du sagst ist das Thema sehr schwierig und übersteigt unser Begriffsvermögen. Je mehr man darüber nachdenkt, um so mehr verliert man sich darin. Mein System bleibt nach wie vor, daß die Seele immateriell ist, daß wir aber bisher nicht wissen, wie sie auf die Materie wirkt.

Friedrichs Wunsch war es, sich mit den besten Philosphen und Schriftstellern zu umgeben, dazu gehörte Voltaire. Unmittelbar nach dem Einzug in sein Rheinsberger Schloß schrieb der Kronprinz ihm einen äußerst schmeichelhaften Brief. Er bezeichnete Voltaires Dichtungen als »Kompendium der Moral, aus dem man lernen kann, wie man denken und handeln soll«. Der 42jährige Voltaire, dem in Frankreich wegen seiner Schriften Verfolgung drohte und der bereits an Flucht dachte, war entzückt, und ließ Friedrichs Brief in Paris stolz in Umlauf bringen.

Wilhelmine an Friedrich

[Mitte Januar 1737]

… Es heißt, daß Herr von Voltaire nach Berlin kommt, um Dir seine Aufwartung zu machen. Er muß als Mensch nicht so angenehm sein wie in seinen Schriften, sehr überspannt und geckenhaft. Trotzdem wird er Dich unterhalten, sei es durch seinen Geist, den er unstreitig besitzt, sei es durch seine Torheiten. Ich bin stark dabei, mir eine französische Bücherei anzulegen. Sie ist schon ziemlich beträchtlich; ich krame den ganzen Tag darin herum.

Friedrich an Wilhelmine

Rheinsberg, 24. Januar 1737

… Voltaire kommt nicht her. Er selbst hat das Gerücht ausgesprengt, um seine Flucht aus Frankreich besser zu verschleiern. Er ist wegen seiner Schriften schätzenswert; im übrigen kenne ich ihn nicht. …
Für das Konzert, das ich Dir versprochen habe und noch verspreche, warte ich nur Apollos Eingebung ab, um es zu schreiben. …

Remusberg, 3. Februar 1737

Liebste Schwester! … Wir haben hier ziemlich zahlreiche Gesellschaft. Wenn wir alle beisammen sind, besteht unsere Tafel gewöhnlich aus zwei- bis vierundzwanzig Gedecken. Brandt, Kannenberg mit Frau, Keyserlingk, der junge Grumbkow, ein Kapitän Kalnein, ein paar Offiziere meines Regiments, Chasot und ein gewisser Jordan, ein studierter, kenntnisreicher Mann, bilden unseren Kreis. Wir unterhalten uns mit Nichtigkeiten und kümmern uns nicht um Dinge, die einem das Leben verleiden und die Freuden verekeln. Wir spielen Tragödie und Komödie, haben Bälle, Maskenfeste und Musik jeder Art. … Dabei geht die Philosophie stets ihren Gang; ist sie doch die sicherste Quelle unseres Glückes. …
Voltaire steht in Briefwechsel mit mir, daraufhin hat man wohl angenommen, er käme hierher. Tatsächlich ist er in Holland und arbeitet

an der Drucklegung seiner Werke in stark erweiterter Form. Außerdem studiert er Newtons Philosophie bei dem berühmten Professor s'Gravesande und will sie auf französisch übersetzen. Dem Verkehr mit ihm verdanke ich alle seine neuen Stücke und die vollständigste Sammlung aller seiner bisher erschienenen Schriften. Seine »Pucelle« soll nicht erscheinen, da sie Stellen enthält, die er wegen der heftigen Angriffe auf die Mönche nie zu drucken wagen würde. Das französische Ministerium hat ihm sehr unzweideutig und sehr streng verboten, irgend ein Stück dieser Dichtung ans Licht zu bringen. …

Wilhelmine an Friedrich

[Mitte Februar 1737]

Liebster Bruder! Tausend Dank für Deinen lieben Brief sowie für die schöne Kantate. Du kannst Dich darauf verlassen, daß ich sie nicht aus der Hand gebe; denn ich bin in musikalischen Dingen so eifersüchtig.

…

Dein Briefwechsel mit Voltaire muß sehr reizvoll sein, wenn seine Briefe ebenso hübsch sind wie seine Bücher. Ich hörte schon viel von seiner Dichtung »La Pucelle« erzählen. Es ist sehr schade, daß er sie nicht zu drucken wagt, zumal sie unserem Geschlecht ja nur Ehre machen kann. Ich weiß nicht, ob Du den »Paysan parvenu« gelesen hast, er ist auch in seiner Art. Er ist sehr gut geschrieben und voller guter Moral.

…

Euer Kreis muß reizend sein. Gott, wie glücklich wäre ich, daran teilzunehmen! Ich glaube, dort herrscht das goldene Zeitalter. In Dingen der Philosophie bin ich nicht so glücklich wie Du. Ich vergesse das wenige, was ich davon gelesen habe; denn hier habe ich niemanden, mit dem ich darüber reden könnte, außer unserem Arzte, der sehr gelehrt und ein feiner Kopf ist. Wir disputieren täglich gewaltig, aber sein Skeptizismus stößt mich sehr ab, … wenn ich eine Stunde mit ihm disputiert habe, sagt er zu mir, er zweifle, ob ich mit ihm gesprochen hätte! Ich möchte Dich einmal mit ihm diskutieren hören.

Friedrich an Wilhelmine

Rheinsberg, 25. Februar 1737

… Der »Paysan parvenu« ist nicht von Voltaire, sondern von Marivaux, einem ziemlich schlechten Schriftsteller. …
Ich beklage Dich, liebste Schwester, daß Du einen Skeptiker zum Arzte hast. Wenn ihm nun einfällt, an Deiner Krankheit zu zweifeln, wer gibt Dir dann Arzneien? Der Skeptizismus ist an sich nicht so übel, aber man muß nicht bis zum äußersten gehen und sich nicht dem Augenschein verschließen. Der Zweifel führt zur Wahrheit. … Nur Toren glauben stumpfsinnig an alles, was man behauptet. Aber es ist ein unendlicher Unterschied, ob man nichts oder alles glaubt.

Wilhelmine an Friedrich

[Ende Februar 1737]

Liebster Bruder! … Hier ist nichts Neues vorgefallen. Wir haben wöchentlich zweimal Maskerade – zum großen Ärger der Geistlichen. Wir haben hier einen von der berühmten Sekte des Herrn Francke, der uns mit seiner gespielten Heiligkeit sehr erbost. Er mischt sich in Liebschaften ein und schnüffelt selbst unseren harmlosesten Handlungen nach. Der König war so gnädig, uns einen dieser Leute vom Leibe zu schaffen. Ich beglückwünsche Dich zu dieser Errungenschaft für Euer Land und uns dazu, daß wir ihn los sind. Unter uns gesagt, wird hier behauptet, die Königin versänke ganz in Pietismus und verurteile auch die harmlosesten Vergnügungen. Danach muß sie sehr verändert sein seit den drei Jahren, wo ich Berlin verließ. Ich für meinen Teil halte es für durchaus erlaubt, sich zu vergnügen, wenn man es nicht übertreibt, und sein Herz nicht an die Eitelkeiten dieser Welt hängt, die so flüchtig und hinfällig sind. Nun, da bin ich mitten in der Moral angelangt und fürchte, Du schläfst beim Lesen dieses Briefes ein. …

Erlangen, 30. März 1737

... Mir war es sehr lieb, Herrn von Knobelsdorff hier zu sehen. Sei nicht böse, wenn ich ihn ein paar Tage hier behalte. Es macht mir soviel Freude, mit ihm über Dich, liebster Bruder, zu plaudern, daß ich ihn nicht sobald fortlassen mag. Er hat einen recht feinen Geist und scheint Dir sehr ergeben.

Friedrich an Wilhelmine

Berlin, 9. Juni 1737

Liebste Schwester! Trotz des Fiebers und der hier herrschenden Seuche, die auch mich ergriffen hat, wollte ich Pöllnitz nicht abreisen lassen, ohne ihm einen Brief an Dich mitzugeben.

Ich wünsche Dir von Herzen, daß der Emser Brunnen Dir gut tut und Deine Gesundheit vor Erschütterungen bewahrt. ...

Bitte nimm Dich mit Pöllnitz in acht. Er ist geistvoll und sehr gewinnend, wenn man ihn nicht kennt, aber sein Herz ist schlecht. ...

Wilhelmine an Friedrich

Ems, 15. Juni 1737

Liebster Bruder! Dein Brief ... hat mich sehr beunruhigt; denn ich ersah daraus, daß Du krank warst. ... Ich glaube, die scheußlichen Krämpfe sind ein Familienleiden. Ich habe sie sehr häufig am ganzen Leibe und im Kopfe. Das war der einzige Grund, daß ich mich vor acht Tagen entschloß, hierher zu reisen.

Ich langweile mich hier ausgiebig. Ems ist ein elendes Nest mitten in den Bergen. Eine armselige kleine Allee dient als Wandelgang für die Brunnentrinker, den sie noch mit Gänsen und Schweinen teilen müssen, die ungestraft darin umherlaufen. In der Gesellschaft sind nur zwei vernünftige Wesen. Sie besteht aus vier Damen und sechs Herren. Die eine Dame ist ewig krank, und die beiden anderen sind, soweit ich sehe, stumm und suchen hier Heilung von der Krankheit, nichts als Ja und Nein zu sagen. So ist Pöllnitz sehr zur Zeit gekommen, um uns zu unterhalten. Trotzdem werde ich den Rat befolgen, den Du mir im Hinblick auf ihn gabst.

Ems, 24. Juni 1737

... Was soll ich Dir von hier berichten? ... Die Unterhaltung dreht sich stets darum, ob der Brunnen gut bekommen ist, wieviel es war, wie lange man im Bade war, ob es heiß oder kalt war. Nach diesen schönen Gesprächen herrscht Schweigen. Zum Teufel mit allen Stummen! Willst Du stumme Frauen finden, so brauchst Du nur herzukommen. Du kannst Dir denken, wie ich mich dabei langweile. Da ich nicht sprechen kann, suche ich wenigstens meine Ohren zu entschädigen und habe häufig Musik, aber alsbald erleide ich das Schicksal Sancho Pansas auf der Insel; denn mitten in einem schönen Adagio oder Allegro faßt mich ein mitleidiger Arzt am Arme und sagt: »Vorwärts, Hoheit, Sie müssen spazieren gehen!« Ich antworte ihm: »Nieder mit den Ärzten und der Medizin!« Aber da der Hippokrates es so will, gehorche ich.

Friedrich an Wilhelmine

Remusberg, 2. Juli 1737

... Es tut mir herzlich leid, liebste Schwester, daß Du Dein Leben in so langweiliger Gesellschaft verbringst. Die Beschreibung, die Du mir davon machst, lockt mich nicht nach Ems zu kommen. Die Herren Ärzte sind Quälgeister, lästig, wenn es einem gut geht, und unerträglich, wenn man krank ist. Suche Dich möglichst bald aus ihren Händen zu befreien.
Was ich Dir von hier berichten könnte, ist so unerquicklich, daß ich lieber schweige.

Wilhelmine an Friedrich

Eremitage, 31. Juli 1737

... Hoffentlich bist Du glücklich nach Rheinsberg zurück, wo ich Dich zu meiner Freude stets vor unliebsamen Ereignissen geborgen weiß. Trotzdem Du mir versicherst, daß es Dir wieder ganz gut geht, bin ich stets in Angst und Sorge um Dich. ... Offen gesagt, fürchte ich, daß der Champagner und das allzu stark Gewürzte zu Deinem Unwohlsein beitragen. In diesem Falle solltest Du Dich aus Eigenliebe wie aus Rücksicht auf soviele Andere, die an Dir hängen, etwas in Acht nehmen. ... Ich bin in ein paar Tagen wieder zu Hause und ergötze mich an dem Fortschreiten meiner Bauten. Es geht zwar etwas langsam; denn ich muß auf meinen Geldbeutel Rücksicht nehmen, aber nächstes Jahr hoffe ich, hier wohnen zu können. ...

Friedrich an Wilhelmine

Remusberg, 10. August 1737

Liebste Schwester! So sind wir denn beide wieder in unserer Eremitage. Du läßt bauen, wie Du schreibst, und auch wir wissen, was das kostet. Ich lasse jetzt einen Platz zum Garten herrichten, und das ist keine Kleinigkeit. Wenn ich einen tüchtigen Gartenbaumeister finde, werde ich ihn Dir schicken.

Das Landleben sagt mir tausendmal mehr zu als das Stadt- und Hofleben. Es ist natürlicher, behaglicher, ehrlicher und ungezwungener. Wahrhaftig, es hat keinen Sinn, um eines Titels willen zu bluten, wo das Leben so kurz ist! Vergiß mich bitte nicht in Deinen Zaubergärten. ...

Wilhelmine an Friedrich

[August 1737]

Lieber Bruder! Wie ich sehe, treiben wir fast das Gleiche: Du hast Deinen Garten und ich mein Labyrinth und eine Grotte, die ich anlegen lasse und die sehr hübsch wird. Das schöne Wetter lädt zu Spaziergängen ein, und ich kann Dir versichern, daß Du stets dabei bist; denn ich denke stets an Dich und rede von Dir. …

Friedrich an Wilhelmine

Remusberg, 15. August 1737

… Im Geiste folge ich Dir auf die Jagd, und wir erlegen eine Menge Hirsche, Dammwild und anderes Getier, und nach der Heimkehr ergötzen wir uns an Musik. Das ist, wenn ich nicht irre, Deine Lebensweise. Die unsere ist weniger blutdürstig. Wir sind träger, weniger jagdlustig und seßhafter. Spät stehen wir auf, spät essen wir zu Mittag und zu Abend, und noch später gehen wir zur Ruhe. Ich habe an meinem Garten arbeiten lassen und sehe das Werk zu meiner Freude täglich, wenn auch langsam vorrücken. Wir machen Lustfahrten auf dem See oder gehen spazieren, lesen ein wenig oder treiben Musik; das ist alles.

Wilhelmine an Friedrich

[Ende September 1737]

… Wir sitzen hier bis über die Ohren in den Bergen, und ich … bin von Steinen umgeben. Ich finde ihr Schicksal sehr glücklich. Weder die Unbilden des Wetters noch ein Element ist im Stande, ihnen etwas anzutun. Ich dagegen sorge mich um meine Lieben, bald wegen ihres Befindens, bald wegen ihres Leichtsinns oder wegen der Trennung von ihnen und was weiß ich noch. Ich möchte hier selbst zu Stein werden und ein schönes Standbild im Garten zu Rheinsberg. …

7

Dezember 1737 – Juni 1740

Der unberechenbare Friedrich Wilhelm I. – Wilhelmines und Friedrichs Krankheiten – Der Arzt Superville in Bayreuth – Erneute Erkrankung des Königs – Wilhelmine komponiert »Argenore« – Brand in Rheinsberg – Tod des Soldatenkönigs

Königin Sophie Dorothea in Preußen, nach 1737 (Georg Wenzeslaus von Knobelsdorff)

König Friedrich Wilhelm I. in Preußen, nach 1737 (Georg Wenzeslaus von Knobelsdorff)

Wilhelmine und Friedrich inspirierten sich gegenseitig beim Aufbau ihrer eigenen »Welten« in Rheinsberg und Bayreuth. Die politischen Verhältnisse ließen sie jedoch nicht unberührt. Der Tod Augusts des Starken 1733 hatte zu Erbauseinandersetzungen der europäischen Großmächte um den polnischen Thron geführt. Friedrich Wilhelm I. hatte dabei an der Seite des Habsburger Kaisers gegen Frankreich gekämpft. Als Gegenleistung erwartete er die Unterstützung Österreichs bei seinem Anspruch auf Lothringen. Vergeblich. Dementsprechend konnte Kaiser Karl VI., als er 1736 an der Seite Rußlands in Ungarn Krieg gegen die Türken führte, auch nicht mehr mit der Unterstützung des Soldatenkönigs rechnen.

Enttäuschungen und die schweren Krankheiten hatten den König verändert; er entwickelte ein wachsendes Interesse an den schönen und musischen Seiten des Lebens und begann sogar selbst zu malen.

Wilhelmine an Friedrich

[Anfang Dezember 1737]

Am letzten Posttag hatten wir den Grafen Colloredo hier, so daß ich nicht zum Schreiben kam. … Seine Unterhaltung hat mich für fünfzig langweilige Zeremonien entschädigt, die mich sonst sehr verstimmt hätten. Ich hasse all solchen Zwang und fliehe ihn, soviel ich vermag.

Ich suche ein stilles Leben zu führen und meine Freiheit zu wahren, und das ist undurchführbar, wenn man jenen eitlen Respekt fordert, der an den meisten Höfen Brauch ist.
Der König soll ganz der Musik verfallen sein. Er hat Simonetti angestellt und die Königin dahin gebracht, dessen Frau anzunehmen. Seine Stimmung muß völlig verändert sein. Bitte schreibe mir, ob das wahr ist; denn Simonetti hat sich dessen gerühmt. Ferner heißt es, und ich zweifle nicht daran, Du hättest zwei vorzügliche Sängerinnen aus Italien kommen lassen. Dein Orchester muß prachtvoll sein.
Der Markgraf hat mir endlich die Leitung unserer Oper übertragen, und ich habe ganz arg damit begonnen, alles, was nichts taugt, zu entlassen. Dafür habe ich einen Sänger und eine Sängerin aus Italien verschrieben und gebe mir alle Mühe, einen guten Geiger zu bekommen, den wir sehr nötig brauchen, und einen anderen zur Begleitung. Wie Du siehst, bin ich sehr geschäftig. Ich halte täglich Ratsversammlung ab und schlichte die Streitigkeiten meines kleinen Reiches, dessen Mitglieder leider sehr uneinig sind. Mißgunst und Neid herrschen darin, wie in den großen Staaten. …

Friedrich an Wilhelmine

Berlin, 10. Dezember 1737

… Ist's möglich, habe ich mir gesagt, daß die Wahrheit von Berlin bis Baireuth derart entstellt werden kann, daß die Tatsachen völlig verdreht werden und selbst die Charaktere ein anderes Gepräge erhalten! Nein, liebste Schwester, alles, was Simonetti und seine Frau sagen und was man sonst Dir von den Sängerinnen geschrieben hat, die ich aus Italien hätte kommen lassen, alles ist völlig falsch. Der König liebt die Musik nicht mehr als früher. Er begnügt sich mit seinen elenden Oboisten, die, wie Du weißt, feine Ohren nicht befriedigen können. Die Königin wollte allerdings die Simonetti annehmen; denn sie und ihr Gatte sind stellungslos; aber dabei ist es geblieben. Und was mich be-

trifft, so begnüge ich mich mit der – ganz guten – Musik, die ich habe, und denke nicht daran, die Zahl der Musiker zu vermehren, es sei denn, daß ich eine ganz außerordentliche Kraft finde, die nichts ihresgleichen hat.

Die Herren Musiker sind zumeist launisch und zänkisch. Können zwei gleich viel, so werden sie sofort zu Nebenbuhlern. Keiner will ein gleichwertiges Talent dulden, ganz wie Pompejus, der seine Macht nicht mit einem Ebenbürtigen teilen wollte. Meine Künstler stellen meine Geduld oft auf die Probe. Stets ist ein Aufruhr zu dämpfen und irgendeine Laune zu besiegen. Benda ist von allen der unverträglichste. Deshalb habe ich ihn Dir letztes Jahr nicht nach Baireuth geschickt. Er ist der Hauptaufrührer, und ich muß ihn am meisten im Auge behalten. Da wundert es mich nicht, daß es mit Euren Künstlern ebenso steht. Um sie zur Vernunft zu bringen, ist das beste Mittel, ihnen nicht zu sehr zu schmeicheln und ihnen klar zu machen, daß die Musiker von der allgemeinen Regel keine Ausnahme bilden, und daß jedermann vernünftig zu sein hat. …

Wilhelmine an Friedrich

[Dezember 1737]

Liebster Bruder! Eine scheußliche Erkältung hat mir den Kopf vernagelt, daß ich Dir am letzten Posttag nicht schreiben konnte. Obwohl Geist und Nase doch sehr leiden, wollte ich Dir doch für Deine … Briefe danken. … Ich ersehe daraus, daß alles, was man mir über die Musiker erzählt hat, falsch war, und daß Du auch Deinen Ärger mit diesen Querköpfen hast. Wir haben hier inzwischen einen offenen Krieg erlebt, aber ich habe soviel erreicht, daß der Friede wiederhergestellt ist. Der Kaiser wäre gewiß froh, mit den Türken ebenso rasch fertig zu werden. Die Dinge sollen für ihn schlecht stehen.

Friedrich an Wilhelmine

Ruppin, 31. März 1738

... Ich lese gegenwärtig ein neues Werk von Voltaire; es ist voller Feuer und Schönheit. Ich lege es eben aus der Hand, um mit Dir zu plaudern. Die Tagesgeschichte, mit der ich Dich unterhalten könnte, ist nicht sehr inhaltsreich, außer einer für Friseure wichtigen Nachricht. Der König hat eine neue Frisur erfunden; sie besteht aus einer großen Locke, die in die Stirn hinein gekämmt wird und sie gleichsam umrahmt. Diese neueste Mode erfahre ich soeben aus Berlin. Der König muß recht wenig zu tun haben, wenn er sich mit solchem Krimskrams abgibt. Trotzdem arbeitet er in seinen Staatsgeschäften ebenso emsig wie früher.

Der nächste Erbfolgestreit zwischen den europäischen Mächten stand mit dem Tod des hochbetagten Kurfürsten von der Pfalz um die Herzogtümer Jülich und Berg an. Friedrich Wilhelm I. erhob aufgrund des Clevischen Erbvergleiches von 1666 Anspruch auf die Herzogtümer, doch die Großmächte England, Frankreich, Holland und – zu seiner erneuten Enttäuschung – auch Österreich lehnten sein Anliegen ab und forderten ihn auf, sich ihrem Schiedsspruch vom Februar 1738 zu unterwerfen. Doch nach dem kampflosen Verzicht auf Lothringen wollte der Soldatenkönig Berg und Jülich so einfach nicht aufgeben.

Friedrich an Wilhelmine

Ruppin, 21. April 1738

... Man rüstet hier allen Ernstes zum Kriege. Soweit ich beurteilen kann, ist es leicht möglich, daß wir schon so weit sind, daß wir nicht mehr zurück können. Der nächste Herbst wird Klarheit darüber bringen und gewissermaßen über unser Schicksal entscheiden. Sonst ist von hier nicht das Geringste zu berichten, was Deine Beachtung verdiente. ...

Selbstportrait Friedrich Wilhelms I., um 1737

Wilhelmine an Friedrich

Erlangen, 28. April 1738

Liebster Bruder! Vor zwei Tagen sind wir endlich hier angelangt. Wir sind recht ermüdet von den Wegen und haben unsere elenden Berge tausendmal verwünscht. … Ich verbringe meine Tage mit dem Einstudieren der Oper »Dido«. Sie ist sehr schön, und die Dekorationen sind prächtig. … Unsere Musiker sind jetzt sehr vernünftig; es herrscht nicht mehr der geringste Zwist. Dir wünsche ich ein Gleiches für die Deinen. Unser Hauptkrakehler ist Pfeiffer, aber ein paar kräftige Vermahnungen werden ihn zur Vernunft bringen. Ich beginne heute mit meinen Damen die Romanheldin zu spielen; denn wir wollen täglich reiten, um uns Bewegung zu machen. Gib acht, daß ich nicht eines Tages mit Extrapost nach Rheinsberg komme.

Friedrich an Wilhelmine

Ruppin, 30. April 1738

… Ich sprach mit einem berühmten Arzt von Deiner Krankheit. Er heißt Superville. … Er versicherte mir, er werde Dich gesund machen, wenn Du ihn kommen läßt. Bitte schreibe an den König, daß er ihm die Reise erlaubt; denn ich bin so gut wie gewiß, daß er Dich völlig wiederherstellt. …

[Mai 1738]

… Wir sind bisher ganz in militärischen Dingen aufgegangen. Morgens Exerzieren und Revuen, nachmittags Besichtigungen der Festungsanlagen und abends die unerläßlichen Gastereien. Das ist in kurzem unsere hiesige Lebensweise.

Es wird viel vom Kriege gesprochen, und ich glaube, wir erhalten bald Befehl zum Ausrücken.

Mitten in diesen kriegerischen Gedanken erhielt ich gestern den reizendsten Brief, den Du mir geschrieben hast, und sofort ward ich anderen Sinnes.

Potsdam, 2. Juli 1738

... Ich danke Dir, daß Du meinen Vorstellungen Gehör gabst und Superville kommen ließest. Besser konntest Du mir Deine Freundschaft nicht beweisen. Der König sprach mit Tränen in den Augen von Deinem Zustand. Er glaubt, Du liegst im Sterben, und schien sehr gerührt, daß es Dir so schlecht geht. Bitte vertraue Dich ganz Superville an und kümmere Dich nicht weiter um Deinen Arzt, der, unter uns gesagt, ein großer Ignorant ist. ...

Berlin, 20. Januar 1739

... Sechs Wochen lang war ich die Zielscheibe der bitteren Spöttereien des Königs und der Prügelknabe seines Zorns. Es ist recht unmenschlich, seinen Zorn an Leuten auszulassen, die sich aus Furcht und Ehrerbietung nicht beschweren können. ... Diese Leute spielen weit lieber die Hofschranzen, indem sie der Meinung des Herrn beipflichten, als daß sie die Partei der Wahrheit und Gerechtigkeit ergreifen, indem sie die verfolgte Unschuld in Schutz nehmen. Ich habe mit einigen Personen deutlich gesprochen; anderen habe ich schriftlich die Wahrheit gesagt. Den Hasenfüßen habe ich gedroht, und so habe ich die entstehende Feuersbrunst, wo nicht gelöscht, so doch gedämpft. ...

Berlin, 26. Januar 1739

... Ich bin schließlich unter all meinem Kummer zusammengebrochen und zwei Tage sehr krank gewesen. Ich hatte einen Magenkrampf, der mich fast ins Jenseits befördert hätte. Eller hat mir das Leben gerettet und mir versprochen, mich weit gesünder zu machen als vordem. ...

Remusberg, 12. Februar 1739

... Endlich kann ich Dir aus meiner friedlichen Einsamkeit schreiben, ohne Aufregung, ohne Furcht und Schmerz. ... Wären die Menschen vernünftig, wie sie es sein sollen, so wäre gewiß niemand so töricht, sich

zu grämen, zumal wenn er weiß, daß er absichtlich verfolgt wird. Aber ich denke vom menschlichen Geschlecht ganz anders. Wir alle sind Zeit unseres Lebens für Eindrücke leicht empfänglich und daher von dem Quietismus der modernen Stoiker weit entfernt. Wir können nicht sein, was wir sind, ohne eine Unmenge von Leidenschaften zu besitzen, die uns Freude, Trübsal, Liebe, Haß, Verlangen, Ekel usw. empfinden lassen. Diese verschiedenen leidenschaftlichen Gefühle sind bei uns so natürlich, ja so notwendig, daß ein Mensch, dem sie fehlten, ein lebloser Stein wäre. Somit ist die Vernunft nur eine schöne Phrase der Eitelkeit. … Nach diesem Geständnis wirst Du es hoffentlich nicht verwunderlich finden, daß ich mich über die schlechte Behandlung, die mir zuteil ward, gegrämt habe … und so habe ich mir leider eine schmerzhafte Krankheit zugezogen, die mich fast umgebracht hätte. Mein Befinden ist noch recht kläglich; ich bin so schwach, daß ich mich kaum erheben kann, und mein Magen ist noch nicht ganz wieder in Ordnung. …

Wilhelmine an Friedrich

14. März 1739

… Es ist mir wieder sehr schlecht gegangen. Ich hatte einen neuen, ganz ungewöhnlichen Anfall, einen Erstickungsanfall, bei dem ich dreiviertel Stunden besinnungslos war. Das hat mich sehr geschwächt, aber so lange ich mich hinschleppen kann, bleibe ich auf und habe Gesellschaft, um mich zu zerstreuen. Kummer habe ich gottlob keinen, außer der Trennung von Dir, aber ich fürchte sehr, wir werden bald welchen durch den König erfahren. … Es handelt sich um Ansprüche, die der Markgraf auf die Herzogtümer Jülich und Berg erhebt. Sie sollen ebenso begründet sein wie die des Königs. … Wenn Du glaubst, daß dies eine arge Verstimmung gegen uns zur Folge haben wird, so bin ich für mein Teil unschuldig daran, aber jeder sucht seine Rechte zu wahren.

Friedrich an Wilhelmine

Ruppin, 20. März 1739

Liebste Schwester! Der Anfall, den Du hattest, hat mich in größte Sorge versetzt. …

Was die angeblichen Ansprüche des Markgrafen auf die Herzogtümer Jülich und Berg betrifft, so finde ich, daß er recht spät damit herauskommt. Offen gesagt handelt er verkehrt; denn um solche Ansprüche zu verfechten, muß man entweder Verbündete wie Frankreich oder Geld und Truppen wie der König haben. Ist das nicht der Fall, so muß ich Dir als Bruder und Freund sagen, daß der Markgraf nur Schimpf und Schande davon ernten wird. Er wird sich den König zum Feinde machen und sein Ziel in keiner Weise erreichen. … Kannst Du ihm Vernunft beibringen, so wirst Du ein wahrhaft christliches Werk tun.

Remusberg, 7. April 1739

Liebste Schwester! … Sehr gekränkt hat mich, was der Markgraf über Jülich und Berg an den König geschrieben hat. Ich habe mich darüber schon in meinem letzten Brief ausgelassen. Du wirst sehen, daß ich ein guter Prophet war.

Heute findet die Beisetzung von Grumbkow statt. Sein Andenken wird fast allgemein verflucht. Ich gewinne durch seinen Tod außerordentlich und hoffe, daß ich jetzt nach langem Unwetter aufatmen werde.

Wilhelmine an Friedrich

14. April 1739

… Du schreibst mir gar nicht, wie der König Grumbkows Tod aufgenommen hat. Heute las ich in der Zeitung von seiner Beerdigung. … Ich gratuliere Dir, daß Du einen so bösen Menschen los bist. Leider bleiben noch andere genug übrig, um rechtschaffene Menschen rasend zu machen.

Sehr leid tut es mir, daß Du den Schritt des Markgrafen mißbilligst. Ich mische mich hier in keine Staatsgeschäfte ein; das ist nicht meines Amtes. Ich habe nur den Wunsch, daß alles gut endet. …

Friedrich an Wilhelmine

Berlin, 1. Juni 1739

Die Nachricht von Deiner Genesung hat mich über alle Maßen erfreut. … Schicke lange Kerls her, und ich verspreche Dir, Du kannst Superville behalten, so lange Du ihn brauchst. Nur verlange ihn nicht für immer; denn das hieße die Sache wieder verderben. Der König war in diesem Jahr sehr zufrieden mit meinem Regiment und hat mir das sogar sehr sinnfällig bewiesen; denn er hat mir vierzigtausend Taler Schulden bezahlt – alles infolge von Grumbkows Tod und des Ansehens, zu dem ich jetzt gelange. …

Wilhelmine an Friedrich

23. Oktober 1739

Von hier kann ich nichts Neues melden. Der König soll wieder krank sein. Superville, der seine Konstitution kennt, hat mir rechte Sorge eingeflößt. …

Ich erlaube mir, Dir ein kleines Tischchen für Deinen Musiksaal zu schicken. Der Entwurf stammt von mir, und es sieht recht hübsch aus. Ich habe den kleinen hiesigen Parnaß darauf anbringen lassen, obwohl er dieses Namens noch nicht würdig ist. Unsere arme Kapelle ist sehr lückenhaft geworden. Fast alle sind abwesend oder todkrank, und meine hungrigen Ohren haben seit langem nichts Gutes gehört.

Ich vertreibe mir jetzt die Zeit mit der Sammlung aller möglichen Kuriositäten. Deine schönen Gedichte bilden die Hauptzier. … Verzeih mir, wenn ich Dich von neuem bitte, mir alle Deine Werke zu schicken. …

Konzert bei der Markgräfin Wilhelmine (verschollenes Gemälde auf einer Tischplatte)
(vgl. Brief der Markgräfin Wilhelmine, 23. Oktober 1739, und Antwort des Kronprinzen, Ruppin, 1. November 1739)

Friedrich an Wilhelmine

Ruppin, 1. November 1739

… Wie danke ich Dir für den schönen Tisch, den Du mir gesandt hast. Ganz gewiß gibt es in Baireuth einen Parnaß, und die auf ihm thront, verdient die Bewunderung aller ehrlichen Leute. …
Da Du Verse von mir haben willst, so muß ich Dir gehorchen und sende Dir welche mit der nächsten Post. Gegenwärtig arbeite ich an einem ernsten Werke, das Deine Beachtung hoffentlich mehr verdienen wird als diese Reimereien. …

Ruppin, 9. November 1739

… Es ist zu gütig von Dir, an Remusberg zu denken. Alles ist dort möbliert, zwei Zimmer mit Bildern, die anderen mit Spiegelscheiben und vergoldeter oder versilberter Täfelung. Die Mehrzahl meiner Bilder ist von Watteau oder Lancret, zwei französische Maler der Brabanter Schule. Anbei eine Zeichnung von Remusberg, wie es jetzt aussieht; es ist die Innenseite, die auf den Garten und auf einen See geht. Gegenwärtig zeichnet Knobelsdorff die andere Fassade.

Wilhelmine an Friedrich

17. November 1739

Liebster Bruder! Zu meiner großen Freude erhielt ich gestern Deinen reizenden Brief nebst dem Plan von Rheinsberg, den ich reizend finde. Die Kolonade auf der Frontseite des Schlosses muß sehr schön wirken. Der Bau scheint ganz im italienischen Stil zu sein. Doch einerlei, welcher Stil, es ist nichts dagegen zu sagen. …

Friedrich an Wilhelmine

Berlin, 14. Februar 1740

… Dem König geht es sehr schlecht. Es ist nicht mehr die Gicht, sondern Wassersucht in den Füßen, die furchtbar geschwollen sind, pech-

dickes Blut, Verstopfung in den Unterleibsorganen und häufige Atemnot, dazu furchtbare Wutanfälle und hin und wieder Geistesgestörtheit. Dabei ist nichts mehr zu hoffen; es sind zu viele Krankheiten auf einmal. An manchen Tagen fühlt sich der König zwar wohler, aber es ist nicht von Dauer.
Auch mir ging es neuerdings nicht gut. Ich litt an Schlaflosigkeit und hatte die ganze Nacht Herzklopfen, jedoch ohne Kolik. An Zerstreuung ist hier nicht zu denken. Wir sind in einer furchtbaren Lage, und was das Schlimmste ist, es ist noch kein Ende abzusehen. Lebe wohl, liebste Schwester! Nimm die guten Tage dort wahr, aber vergiß die nicht, die im Fegefeuer sind und sich nach Erlösung sehnen.

Wilhelmine an Friedrich

23. Februar 1740

Liebster Bruder! Diese Zeit ist wohl die traurigste meines ganzen Lebens. Ich bin stets hundeelend, in Sorge um den König, und um das Maß voll zu machen, willst Du auch noch krank werden, und ich weiß nicht einmal, was Dir fehlt. Bald fürchte ich, es ist Deine gewohnte Kolik, bald hoffe ich, Du bist nur krank, um der schlechten Luft zu entgehen, die bisweilen in Berlin herrscht. Kurz, ich zermartere mir das Hirn. Bitte gib mir Nachricht von Dir, damit ich wieder ins Gleichgewicht komme. Gestern erhielt ich einen sehr rührenden Brief vom König. Er zählt mir all seine Krankheiten und Leiden auf und sagt, Gott allein könne ihn aus diesem Zustand erlösen. Er muß sich sehr schlecht fühlen, wenn er dergleichen schreibt.

25. März 1740

… Ich bin schwer gestürzt und mußte acht Tage das Bett hüten, konnte aber vor Schmerzen kein Auge zutun. Um das Unglück voll zu machen, habe ich mir die Ader schlagen lassen, aber der Arzt hat mir eine ellenlange Wunde beigebracht. So bin ich denn in einer üblen Lage und humpele nur im Zimmer umher. …

»Argenore, Tragedia in drei Akten«, Wilhelmines handschriftliche Partitur (vgl. Brief der Markgräfin Wilhelmine, 25. März 1740, und Antwort des Kronprinzen, Ruppin, 3. April 1740

In acht Tagen erwarte ich unsere Truppe aus Italien, die das neue Theater hier einweihen soll. Ich fürchte, sie werden sich wenig Mühe geben; denn der Komponist verdient den Zutritt zum Parnaß nicht. Ich hoffe nur, man wird ihm … aus Achtung vor dem schönen Geschlecht Gnade erweisen; denn mit derartigen Dingen haben die Frauen sich bisher noch nicht befaßt. Sobald die Aufführung stattgefunden hat, werde ich Dir ein paar Arien senden, unter der Bedingung, daß Du mir offen sagst, was Du davon hältst; denn ich bin durchaus nicht eingebildet auf meine Kunstleistungen.

Wie ihr Bruder komponierte Wilhelmine, außerdem schrieb sie Libretti. Ihre erste Oper »Argenore« wurde am Geburtstag des Markgrafen uraufgeführt. In diesem Trauerspiel tyrannisiert der grausame König Argenore ein Liebespaar, Euromondo und Palmide, das sich im Laufe des Stückes als Geschwister erkennt. Ganz offenbar verarbeitete Wilhelmine in »Argenore« die eigenen Erfahrungen mit dem despotischen Vater.

Friedrich an Wilhelmine

Ruppin, 3. April 1740

… Da es dem König etwas besser geht, habe ich mich aus dem Staube gemacht. Lange werde ich dies holde, friedliche Leben nicht mehr führen können. …

Du wirst mir eine Freude und Ehre machen, wenn Du mir Arien aus Deiner Oper schickst. Sie werden mir lieber sein als alle von Hasse und Graun; denn Gedanken, die Deinem Hirn entsprossen sind, können in meinem Wurzel schlagen, wenn der Ausdruck erlaubt ist. …

Berlin 18. April 1740

Liebste Schwester! Über den Zustand des Königs kann ich Dir nichts Besonderes melden, außer daß seine Beine aufbrechen und daß eine Kleinigkeit gelben, leicht geröteten Eiters herauskommt.

Deine Oper werde ich ehrerbietig empfangen und sie wie Du befiehlst so streng beurteilen, wie die Ägypter ihre toten Könige.
Das arme Rheinsberg ist fast zu Asche verwandelt. Nur das Schloß und eine Straße ist gerettet. Benda hat durch die Feuersbrunst viele Konzertsolos und all seinen Hausrat verloren, meine anderen Musiker im Verhältnis. Alle Maßregeln zum Wiederaufbau der Stadt sind bereits getroffen. Im Herbst wird nichts mehr zu sehen sein. Sie bestand aus Strohhütten und soll in Stein wieder aufgebaut werden.

Wilhelmine an Friedrich

23. April 1740

... Der Brand von Rheinsberg hat mich sehr erschreckt. Ich bin froh, daß das Schloß keinen Schaden gelitten hat, und hoffe, daß dies Unglück Dich wenigstens für ein paar Tage aus Berlin abberuft.
Unsere lustige Truppe ist endlich eingetroffen. ... Ich wünschte, ich könnte Dir alle diese Künstler senden, um den Verdruß aus Deinem Schloß zu vertreiben. ...

Friedrich an Wilhelmine

Ruppin, 3. Mai 1740

Du bist zu gütig, an dem Schicksal der armen Rheinsberger Anteil zu nehmen. Das Unglück war groß, aber die Verluste sind fast alle wieder wett gemacht, und die Häuser werden schöner wiederaufgebaut als zuvor. Das Schloß war während des Brandes in großer Gefahr; zum Glück blieb es von den Flammen verschont.
Ich glaube, Du mußt mir dankbar sein, daß ich Dir von Deiner Reise unter den jetzigen Verhältnissen abriet. Ich bin sicher, daß der Kummer, den Du erfahren hättest, Dein Leben stark verkürzt hätte. Der König ist trotz seines Zustandes nach Potsdam übergesiedelt. Es geht ihm schlimmer denn je. Die Symptome werden immer ernster, und wir rechnen nicht mehr mit Monaten, sondern nur mit Wochen. Das Ex-

erzieren hat mich von der Galeere befreit, aber wohl nicht für lange. Ich genieße die Freiheit mit vollen Zügen; vielleicht werde ich für lange darauf verzichten müssen.

Ruppin, 11. Mai 1740

... Die Nachrichten aus Potsdam werden immer schlechter. Der König wird von Tag zu Tag kränker und schwächer. ...
Ich bin hier friedlich beim Exerzieren und führe das frühere Leben weiter, ohne irgendetwas daran zu ändern, bis der Himmel es anders bestimmt. ...

Berlin, 1. Juni 1740

Liebste Schwester! Durch Gottes Ratschluß ist unser teurer Vater gestern um drei Uhr heimgegangen. Er starb mit engelhafter Gefaßtheit, ohne viel zu leiden. Ich kann den Verlust, den Du durch ihn erfahren hast, nur gut machen durch die aufrichtige Freundschaft und innige Liebe, mit der ich Dir zeitlebens verbleibe
Dein getreuer Bruder Friedrich.

Wilhelmine an Friedrich

[Juni 1740]

Liebster Bruder! Nachdem ich dem König gegeben habe, was des Königs ist, gestatte mir, etwas offenherziger mit einem Bruder zu reden, der mir teurer ist als mein Leben, und Dir alles Gute für Deinen neuen Stand zu wünschen. Offen gestanden ist des Königs Tod mir sehr nahe gegangen, obwohl er vielleicht nicht immer mit väterlicher Liebe gegen mich gehandelt hat. Aber sei es Vorurteil der Erziehung, sei es die Regung der Natur oder die Ehrfurcht, die man ihm als einem zweifellos großen Fürsten schuldet, sein Verlust hat mich tief erschüttert. Doch meine Freude, Dich aus Deiner traurigen Lage befreit zu sehen, beruhigt meinen Geist, und da fühle ich, daß der Bruder in meinem Herzen über alles andere geht. Möge der Himmel Dich jetzt durch alles er-

denkliche Glück für den vergangenen Kummer entschädigen! Ich sehe schon eine der ruhmvollsten Regierungen voraus, die wir seit langem gehabt haben, und mein Vaterland als das glücklichste Land der Welt. Laß mir gütigst Einzelheiten über den Tod des Königs mitteilen. Seine Gefaßtheit und Standhaftigkeit haben mich um so mehr gerührt, als ich sie nicht erwartet hatte.

Von dem Offizier, den Du uns gütigst gesandt hast, liebster Bruder, habe ich mit Freuden gehört, daß der König Dir vor seinem Tode volle Gerechtigkeit hat widerfahren lassen. Er hat sich dazu beglückwünscht, daß er die Regierung in so guten Händen zurückließe. Das ist eine Art Genugtuung, die er Dir gegeben hat. …

8

Juni 1740 – Juli 1742

Reformen des neuen Königs – Wilhelmine und der Markgraf zu Gast bei Friedrich II. – Der Erste Schlesische Krieg

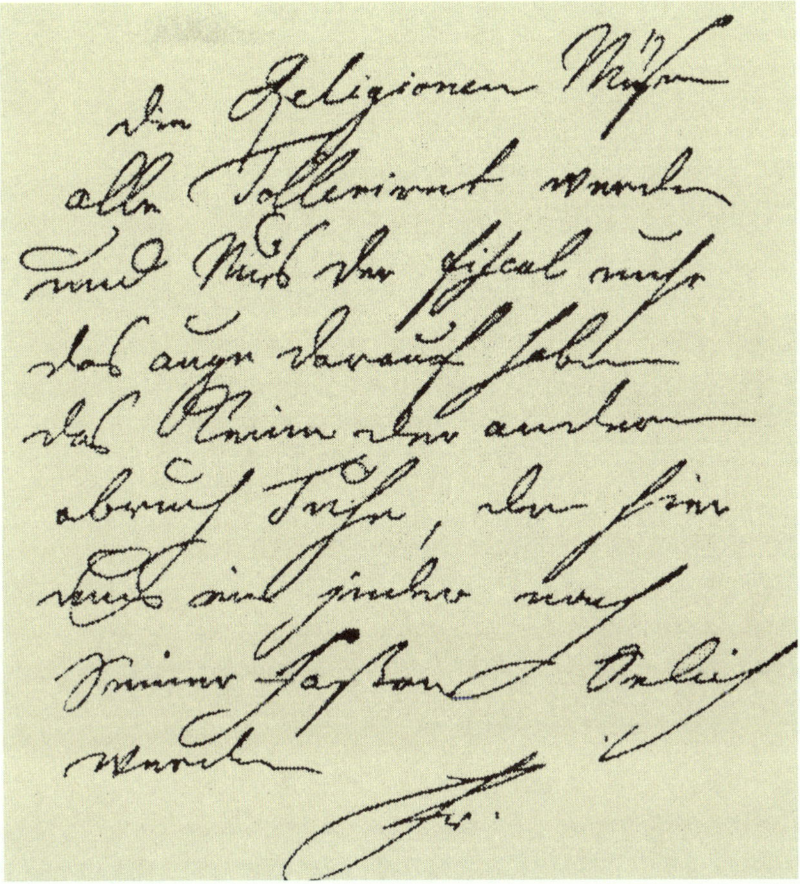

die Religionen Müsen
alle Tolleriret werden
und Mus der fiscal nuhr
das auge darauf haben
das keine der andern
abruch Tuhe, den hier
mus ein jeder nach
Seiner Fasson Selich
werden

Fr.

»Jeder muß nach seiner Facon selig werden.« Eigenhändiges Marginal des Königs Friedrich II. vom 22. Juni 1740

Am Sterbebett Friedrich Wilhelms I. kam es zur Aussöhnung mit Kronprinz Friedrich. Am Ende seines Lebens äußerte der Soldatenkönig: »Mein Gott, ich sterbe zufrieden, da ich einen so würdigen Sohn und Nachfolger hinterlasse«. Der 28jährige Kronprinz wurde als Friedrich II. preußischer König. Dem zuvor in ihren Briefen stets als »liebster Bruder!« angesprochenen Kronprinzen erwies Wilhelmine nach dem Tode des Vaters die ihm nun zustehende Ehre.

Wilhelmine an Friedrich

Baireuth, 4. Juni 1740

Majestät! In der Niedergeschlagenheit und dem Schmerze, in die mich die Trauerbotschaft vom Tode des Königs versetzt hat, bildet die Versicherung Eurer Majestät, mir Ihre Huld zu erhalten, meinen einzigen Trost. Den Verlust, der mich betroffen hat, empfinde ich tief. Muß doch der Tod des Vaters Kindern sehr nahe gehen, die jederzeit eifrig bestrebt waren, den Eltern die schuldige Ehrfurcht zu erweisen. Doch hier gibt es keine Abhilfe, und so richten sich alle meine Gedanken und Wünsche auf das Wohl Eurer Majestät und die Wohlfahrt Ihrer Regierung. …

Friedrich an Wilhelmine

Ruppin, 10. Juni 1740

Der Titel Bruder ist mir ruhmreicher als der sämtlicher allerchristlichsten oder katholischen Könige oder Verteidiger des Glaubens, und

Deine Freundschaft gilt mir mehr als alle knechtische Ehrerbietung von Sklaven und die kriecherische Unterwürfigkeit der Untertanen. Ich bitte Dich, liebste Schwester, mich stets nur als Deinen Bruder und als weiter nichts zu betrachten. …

Wilhelmine an Friedrich

[28. Juni 1740]

Liebster Bruder! Das Evangelium sagt: Gehorsam ist besser denn Opfer. Ich gehorche also. Du gebietest mir, nur den Bruder in Dir zu sehen. Dies Wort ist mir so hold, daß ich Deinem Willen mit größter Freude folge. König und Bruder – beides ist mir teurer als das Leben, und ich kann nichts tun als mich über die Lobeserhebungen freuen, die man Dir spendet. Doch ich käme nie zu Ende, wollte ich bei diesem Thema verweilen. So verschließe ich denn all meine Gedanken in meinem Herzen, in dem Du schon ziemlich despotisch schaltest. …
Der Marquis du Châtelet kehrt jetzt nach Frankreich zurück und soll seine Cousine heiraten. … Diese hat ihm geschrieben, Voltaire sei unterwegs nach Berlin. Sie schildert ihn als einen sehr hageren und wortkargen Mann, dem man jedes Wort aus dem Munde ziehen muß. Bevor seine Theaterstücke in Paris aufgeführt werden, spielt man sie auf dem Landgut der Marquise; sie und Voltaire geben die ersten Rollen, aber er soll ein sehr schlechter Schauspieler sein, so groß er auch als Dichter ist.
Du warst so gütig, mir alle Deine Werke zu versprechen, aber ich fürchte, Du hast wenig Zeit, um wie früher zu arbeiten. …

Als König arbeitete Friedrich unermüdlich an der Umsetzung seiner politischen Ideen. Drei Tage nach seinem Amtsantritt ließ er per Kabinettsorder die Folter in Preußen abschaffen. Einen Tag zuvor hatte er bereits aus den staatlichen Lagern zu niedrigsten Preisen Getreide an die nach einer Mißernte hungernde Bevölkerung abgegeben. Am 6. Juni bemühte er sich darum, den auf Betreiben der Pietisten aus Halle vertriebenen Philosophen Christian Wolff nach Brandenburg-Preußen zurückzuholen. Die privilegierten Lieblinge seines Vaters, die kostspieligen »Langen Kerls«, wurden abgeschafft und stattdessen sollten 16 neue Bataillone aufgestellt werden. Die gewaltsame Rekrutenwerbung wurde verboten. Im Staat Friedrichs II. sollte jeder nach seiner Façon selig und die Religionen sollten alle toleriert werden. Die »Berlinischen Nachrichten« wurden gegründet, an denen der König selbst mitarbeiten wollte. Wenzeslaus von Knobelsdorff entwarf ein neues Opernhaus Unter den Linden. Und die Erneuerung der unter Friedrich Wilhelm I. verkümmerten Akademie der Wissenschaften war vorgesehen.

Friedrich an Wilhelmine

Charlottenburg, 29. Juli 1740

… Ich plage mich noch sehr, und nach Lage der Dinge kann ich erst im nächsten Herbst hoffen, etwas Ruhe zu finden. … Ich hoffe in Berlin alle Berühmtheiten des Jahrhunderts zu versammeln. Zur Krönung dieses Werkes fehlt nichts als Deine teure Person; das beweist, daß auf dieser Welt nichts vollkommen ist. …

Rheinsberg, 7. August 1740

… Ich sehne mich so sehr nach einem Wiedersehen mit Dir wie ein Verliebter nach der Rückkehr seiner Geliebten. …

Darf ich Dich fragen, ob der Markgraf mir, ohne daß es ihm zur Last fällt, die Freude machen würde, mir ein paar hundert Mann zur Verstärkung meiner Truppen auszuheben? Ich würde ihm dafür zehn Taler pro Kopf und die laufende Löhnung vom Tage der Anwerbung zahlen. Schreibe mir bitte offen, ob die Sache sich machen läßt oder nicht; denn es fällt mir ziemlich schwer, soviel Leute zusammenzubringen, wie ich brauche.

Wilhelmine an Friedrich

[Anfang August 1740]

... Man hat mir die Liste einiger berühmter Gelehrter gesandt, die sich in Berlin niederlassen wollen. Wohl dem Lande, dessen Herrscher den Wissenschaften huldigt und sie zur Blüte bringt! Nichts bringt den Menschen der Gottheit näher als die geistige Betätigung. Ich widme mich ihr so viel, als meine Gesundheit es zuläßt. Auch mit den Regeln der Baukunst habe ich mich etwas zu beschäftigen begonnen und baue prächtige Schlösser, die aber nach aller Wahrscheinlichkeit auf dem Papier bleiben werden. Dann komponiere ich eine neue Oper, deren Plan ich selbst entworfen habe. Den Vormittag widme ich der Physik und der Philosophie, und ein paar Nachmittagsstunden lese ich Geschichtswerke. Bei dieser Lebensweise verfliegt die Zeit so rasch, daß ich wünschte, die Tage hätten vierundzwanzig Stunden.
Aber das alles berührt meine Seele nicht, und ich könnte nur dann vollkommen zufrieden sein, wenn ich das Glück hätte, einen Bruder wiederzusehen, der mir tausendmal teurer ist als mein eigenes Leben. ...

Mitte August besuchte Friedrich II. seine Bayreuther Schwester drei Tage lang in ihrem Schloß Eremitage. Für beide ein bewegendes Erlebnis. Der junge König bat Wilhelmine und den Markgrafen anschließend zu sich nach Rheinsberg, seinem »Remusberg«, und nach Berlin. Sieben Jahre war Wilhelmine nicht mehr dort gewesen.

Friedrich an Wilhelmine

Wesel, 29. [August 1740]

... Schreibe mir, ob es Dir paßt, am 4. oder 5. Oktober nach Berlin zu kommen. Teile mir auch offen die Reisekosten mit, die Summe soll Dir rechtzeitig zugestellt werden. In Berlin wirst Du Tisch und die beste Wohnung finden, die ich ausfindig machen kann, dazu alle erdenkliche Liebe und Freundschaft in der Aufnahme.

Remusberg, 24. Oktober 1740

... Ich richte hier die Zimmer etwas ein, um Dich angemessen empfangen zu können. In Berlin war ich offen gestanden deshalb etwas in Not; wenn ich es aber nur zwei Tage vorher erfahre, lasse ich Oranienburg zu Deinem Empfang herrichten. ... Gott gebe, daß ich Dir alle möglichen Annehmlichkeiten und Unterhaltungen bereiten kann! Ich habe noch das Fieber, aber es geht schon besser, und ich habe bei weitem nicht so zu leiden wie vorher.

Während des Besuches der Schwester in Rheinsberg traf Ende Oktober die Nachricht vom unerwarteten Tod Kaiser Karls VI. ein, der keinen männlichen Erben hatte. Nachfolgerin war seine Tochter, die 23jährige mit Franz Stephan Herzog von Lothringen verheiratete Maria Theresia. Zwar hatte Friedrich Wilhelm I. mit der Anerkennung der sogenannten Pragmatischen Sanktion auch die weibliche Erbfolge in den habsburgischen Landen akzeptiert, die Gegenleistung, die der Vater Friedrichs II. von den Österreichern erhalten sollte, die Unterstützung der preußischen Nachfolge in Berg und Jülich, war jedoch ausgeblieben. Noch zu Lebzeiten des enttäuschten Soldatenkönigs wurde das österreichisch-preußische Bündnis in Frage gestellt. 1736 hatte Friedrich Wilhelm in Anwesenheit seiner Generäle auf seinen Sohn gedeutet und gerufen: »Hier steht einer, der mich rächen wird.«
Der Sohn war nun König und sah den Tod des Kaisers als die Chance, Ansprüche auf das reiche und bevölkerte Schlesien zu stellen. Dieser Anspruch ging auf eine Denkschrift des Großen Kurfürsten zurück. Zudem war Österreich geschwächt, hatte gerade 1739 im Krieg gegen die Türken Serbien und die Walachei verloren. Friedrich II. hingegen hatte von seinem Vater einen finanziell und militärisch starken Staat übernommen. Daß neben politischen und ökonomischen auch persönliche Gründe den Krieg gegen die Erzherzogin

Maria Theresia, die zugleich Königin von Ungarn und Böhmen war, motivierten, schrieb Friedrich später seinem Freund und Vertrauten Jordan: »Meine Jugend, das Feuer der Leidenschaft, das Verlangen nach Ruhm, ... die Genugtuung, meinen Namen in den Zeitungen und dereinst in der Geschichte zu lesen, hat mich verführt.«
Am 13. Dezember verließ Friedrich Berlin, am 16. marschierte er mit seinen Truppen in Schlesien ein. Wilhelmine war noch zu Gast am Berliner Hof.

Wilhelmine an Friedrich

[Berlin] 17. Dezember 1740

Da ich Dir nicht mündlich meinen lebhaften Dank für all die Güte ausdrücken konnte, mit der Du mich während meines hiesigen Aufenthaltes überhäuft hast, bitte ich Dich, es schriftlich tun zu dürfen. Nur mit schwachen Worten kann ich meinen Dank für soviel Güte stammeln. Ich bete für den Erfolg Deiner Waffen und vor allem für die Erhaltung Deines Lebens, die mir mehr am Herzen liegt als alles auf Erden. Der Kummer, meinen geliebten Bruder nicht wiederzusehen, hat mir das Blut schon so verdorben, daß ich mir gestern welches abzapfen lassen mußte. Maupertuis und Jordan waren so freundlich, mich etwas zu zerstreuen.

[Berlin] 20. Dezember 1740

... Schon hast Du den Rubikon überschritten, und Glogau ist allem Anschein nach bereits in Deiner Gewalt. Du bist also Sieger im ganzen Lande und läßt die armen ungarischen Pompejusse, wenn nicht in den Netzen einer Kleopatra, so doch nackt und bloß. Ich kann mir den Anblick dieser armen Pompejusse vorstellen, denen nur ein Hut und ein Stiefel als trauriger Rest ihres einstigen prunkvollen Aufzugs bleibt. Heute bin ich voller Mitleid für die Unglücklichen; denn ich rechne mich zu ihnen. Ein eben eingetroffener Kurier bringt mir meinen

Urteilsspruch. Der Markgraf … ist außerstande, wieder herzukommen. Er rechnete darauf, in vierzehn Tagen hier zu sein, aber neue Betrügereien und Ränke verbieten seine Abwesenheit; es hat sich gleichsam ein neuer Klüngel von Schurken gebildet, … der ganze Ministerrat ist kassiert; daher muß er selbst alles allein machen. Zudem zwingen ihn die Zerwürfnisse im Kreise mehr denn je, auf seine Interessen zu sehen. …

Friedrich an Wilhelmine

Herrndorf bei Glogau, 23. Dezember 1740

… Wir werden bald auf Breslau rücken; am 10. Januar hoffe ich, dort zu sein. Die Tore werden sich mir öffnen; der Widerstand wird zu gering sein, um Anspruch auf wahren Ruhm erheben zu dürfen. Die Truppen und alles, was diesen Marsch betrifft, befindet sich in der besten Verfassung. Hielten uns die mährischen Berge nicht auf, wir könnten wohl bald vor Wien stehen. …

Breslau, 2. Januar 1741

Heil und Segen zum neuen Jahr. … Zu meiner Genugtuung kann ich Dir melden, daß Breslau unser ist. Nachdem ich mich in Besitz der Vorstädte und der Dom-Insel gesetzt hatte, hat die Stadt kapituliert. Wir marschieren alsbald nach Ohlau und Brieg; Neiße muß sich täglich ergeben. In vierzehn Tagen hoffe ich ganz Niederschlesien bezwungen zu haben. Es tut mir sehr leid, daß Du im Begriff bist, abzureisen, aber ich sah voraus, daß ich nicht die Genugtuung haben würde, Dich noch in Berlin anzutreffen.

Wilhelmine an Friedrich

4. März 1741

… Ich habe einen schlimmen Krieg auf dem Halse. Man hat mir meine kleine Herrschaft überfallen und dort furchtbare Verheerungen

Einzug Friedrichs II. in Breslau (Richard Knötel, 19. Jahrhundert)

angerichtet. Ich bin um so betrübter, als all mein Mut vor dem Feind schwindet, mit dem ich zu kämpfen habe. Er ist mehr zu fürchten als ein Heer von 100 000 Mann. Es ist nämlich der Sturm. Dieser unerbittliche Feind hat mir meinen ganzen Wald zerstört. Ich hatte die traurige Überraschung, meine schönsten Untertanen durch seine Wut vernichtet zu sehen: es sind 800 Tote und 200 Verwundete. Stelle Dir meinen Kummer vor! Ich tue mein möglichstes, um mit diesem furchtbaren Gegner ein Bündnis zu schließen, bis jetzt erfolglos. Nun habe ich viel Arbeit; denn ich versuche mein Land nach Möglichkeit wieder zu bevölkern, indem ich neue Siedlungen anlege. Ich wünschte, dieser verdammte Sturm machte sich über die Truppen der Königin von Ungarn her und bliese sie weit über Schlesien hinaus!

1. April 1741

… Ich erhielt einen langen Brief von Voltaire nebst einer Epistel, die mit den Worten beginnt: »Schwester Apolls, der Mars geworden ist.« Diese Wandlung ist ihm sehr auf die Nerven gegangen. Aber er hat wohl seine Philosophie nicht recht zu Rate gezogen; für ein paar tausend Dukaten täte er alles auf der Welt. Ich habe ihm versichert, Apollo und Mars würden künftig nur Eins sein, und die Milde dieses Gottes würde dem Kriege all seine Schrecklichkeit nehmen.

Friedrich an Wilhelmine

Ohlau, 12. April 1741

Zu meiner Genugtuung kann ich Dir melden, daß wir die Österreichischen Truppen … völlig geschlagen haben. Ihr Verlust beträgt über 5000 Mann an Toten, Verwundeten und Gefangenen. Verloren haben wir Markgraf Friedrich, den Bruder des Markgrafen Karl, den General Schulenburg, Wartensleben von den Karabiniers und viele andere Offiziere. Unsere Truppen haben Wunder vollbracht; der Erfolg beweist es. Es war eine der heftigsten Schlachten seit Menschengedenken. Ich bin sicher, daß Du an diesem Glück teilnimmst.

Wilhelmine an Friedrich

24. April 1741

Unmöglich vermag ich Dir meine Freude bei der Nachricht von Deinem Sieg über die Österreicher auszudrücken. In jenem Augenblick empfand ich alle Leidenschaft, die die stärkste Liebe einflößen kann. Der unsterbliche Ruhm, den Du Dir erworben hast, namentlich durch den Sieg über einen im Waffenhandwerk ergrauten Feldherrn, und mit einer Handvoll Truppen, die glücklichen Folgen, die diese Schlacht haben wird – das alles hat in mir eine solche Umwälzung hervorgerufen, daß Du unmöglich zufriedener sein kannst als ich. Wenn ich aber bedenke, in welcher Gefahr Du geschwebt hast, so bin ich offen gesagt ganz außer mir und kann nicht daran denken, ohne mich aufzuregen. …

Anfang Juni 1741 besiegelte Friedrich II. ein Abkommen mit Ludwig XV., das ihm die Unterstützung durch 40 000 französische Soldaten garantierte. Auch die Bayern und die Sachsen schlossen sich dem Feldzug gegen Österreich an. Die Streitkräfte rückten entlang der Donau vor, erreichten am 14. September Linz und standen damit nur drei Tagesmärsche vor Wien. Am selben Tag erhielt Wilhelmine ein Schreiben der Mutter Maria Theresias, der Witwe des Kaisers. Sie leitete es umgehend an ihren Bruder weiter.

Wilhelmine an Friedrich

14. September 1741

Ich glaube, die Einlage wird Dich ebenso überraschen wie mich. Der Wiener Hof muß in äußerster Not sein und nicht mehr aus noch ein wissen, wenn er sich an mich wendet. Ich hätte unweigerlich sofort geantwortet, ich mischte mich nicht in solche Angelegenheiten, hätte ich es nicht für meine Pflicht gehalten, zunächst Deine Befehle einzuholen. Ich bitte Dich, mir die Antwort so zu schicken, wie ich sie an die Kai-

serin senden soll. In Zukunft wird sie mich hoffentlich mit dergleichen Aufträgen verschonen. Es ist, offen gesagt, unglaublich, in welcher Unkenntnis sie sich noch über den traurigen Stand ihrer Sache befindet; besonders die Angabe, sie erwarte Hilfe von Frankreich, ist mitleidswürdig. Da liegen Dir nun eine Kaiserin und eine Königin zu Füßen. Dieser Gedanke erheitert mich; ich möchte, daß Pesne dieses Bild malt. Ich wünsche von ganzem Herzen, daß das österreichische Heer bald ebenso weit ist. Nichts könnte mich mehr freuen.

Friedrich an Wilhelmine

Lager bei Neiße, 22. September 1741

Ich bin hocherfreut über Deinen Brief, aber zugleich falle ich aus den Wolken angesichts des Briefes, den die Kaiserin an Dich gerichtet hat. Es steht dort sehr schlecht; ich weiß nicht, wie man sich einbilden kann, man würde ihr unter den jetzigen Verhältnissen zu Hilfe eilen. Am besten antwortest Du sehr höflich, berufst Dich aber auf die schwierigen Postverbindungen, die weiten Entfernungen und auf den Unterschied des schriftlichen und mündlichen Verkehrs. Auf diese Weise entlastest Du Dich völlig, und niemand kann Dir irgend welche Vorwürfe machen.

Wir sind hier im Begriff, Neiße einzunehmen und Herrn Neipperg mit seinem Heere abziehen zu sehen. Leb' wohl, liebste Schwester!

[25. September 1741]

Morgen gehen wir über die Neiße, um danach die Stadt zu belagern. Ist dies geschehen und sind unsere Winterquartiere bezogen, so kehre ich nach Berlin zurück, um die Oper zu hören, die Tänzer springen und die Komödianten lachen zu sehen. Denn es ist recht und billig, daß die Freude auf den Schmerz folgt, und daß es nach all den Zeiten der Mühsal auch eine für die Ruhe gibt.

Mit militärischen Mitteln gelang es Friedrich nicht, die Festung Neiße zu erobern. Aber auch Österreich war, von allen Seiten unerwartet attackiert, in einer äußerst ungünstigen Position. Diese Schwäche nutzte der preußische König aus und schloß unter englischer Vermittlung mit dem österreichischen Feldmarschall Graf Neipperg am 9. Oktober ein Geheimabkommen. Um die verbündeten Franzosen und Bayern zu täuschen, sollte Neiße erst nach einer 14tägigen Scheinbelagerung kapitulieren und Graf Neippergs Truppen schließlich unbehelligt abziehen.

Die Preußen hatten das Problem Neiße militärisch nicht lösen können; nicht viel besser erging es der französisch-bayerischen Armee vor Linz. Sie verharrte wochenlang bei Krems.

Wilhelmine an Friedrich

Kaiserhammer, 13. Oktober 1741

Man verbreitet in Wien dauernd das Gerücht, der Friede sei geschlossen. Alle Welt wundert sich über die Langsamkeit des Kurfürsten von Bayern. Man sagt, wäre er stracks auf Wien marschiert, statt in Linz haltzumachen, so hätte er nicht nur die Stadt, sondern ganz Österreich ohne Schwertstreich genommen. Da er aller Geldmittel bar ist, herrscht in seinem Heere Elend. Den bayrischen Truppen, die hier in der Nähe sind, fehlt es meist am Notwendigsten. All meine Gedanken sind stets nach Schlesien gerichtet und umschweben beständig seinen Eroberer.

Die französisch-bayerischen Truppen wandten sich schließlich gen Prag und eroberten die Stadt am 26. November 1741. Karl Albrecht Kurfürst von Bayern ließ sich von den böhmischen Ständen huldigen, doch trotz der Unterstützung eines sächsischen Korps wurde seine militärische Position immer schwächer. Dennoch wurde er drei Monate später auf Druck Preußens und Frankreichs zum neuen Kaiser des Deutschen

Reiches gewählt. Unmittelbar nach seiner Krönung im Februar 1742 rückten die österreichischen Truppen in München ein.
Die schwache französische Kriegführung und die ungenügende Zusammenarbeit mit den Bayern und Sachsen ließen Friedrich II. erneut seine begrenzten militärischen Möglichkeiten in diesem Krieg, der als Erster Schlesischer Krieg in die Geschichte eingehen sollte, erkennen.

Friedrich an Wilhelmine

Znaym, 4. März 1742

Liebste Schwester! … Ich kann Dir nichts von Bällen und Maskenfesten erzählen, sondern nur von Strapazen, schlechten Wegen, Fouragierungen und Husaren. Ich wäre fast glücklich, könnte ich irgendwie zu Deiner Befriedigung oder Annehmlichkeit beitragen.

Selowitz, 18. März 1742

… Ich bin hier, um die bayrischen und französischen Dummheiten wieder gutzumachen. Die Aufgabe ist groß und nicht so leicht, wie man wähnt. Binnen kurzem wird man sehen, was daraus wird.

Wilhelmine an Friedrich

Baireuth, 19. März 1742

… Ich bete unablässig für das Gelingen Deiner Pläne und sage mit einem für göttlich ausgegebenen Buche: »Aller Augen sehen auf Dich, Herr.« Mein Herz ist stets in Böhmen.

Baireuth, 5. [April] 1742

… So machst Du denn die Fehler der Bayern und Franzosen wieder gut. Die Aufgabe ist nicht gering, aber um so ruhmvoller. Die Kreistruppen werden sich gleichfalls bei Nürnberg versammeln. Der Markgraf wird sie führen. Ich werde den Feldzug mitmachen; es wird

wohl ein Krieg mit Weinflaschen werden. Gebe der Himmel Dir nur Erfolg, damit ich Dich bald zu einem neuen Siege beglückwünschen kann!

Friedrich an Wilhelmine

Chrudim, 29. April 1742

… Ehrlich gesagt, bin ich sehr in Sorge wegen des Vertrages, den der Markgraf mit dem Kaiser geschlossen hat. Offen gesagt, fürchte ich, Ihr werdet Verdruß davon haben. Du weißt über das Räderwerk der jetzigen europäischen Politik nicht Bescheid, und so kannst Du Dich über die Konjunkturen täuschen. Ich bitte Dich aber, schenke mir so viel Zutrauen. … Der Markgraf kann natürlich tun, was er für richtig hält; ich kann nur vor der Gefahr warnen, in die er sich begibt.

Wilhelmine an Friedrich

Baireuth, 15. Mai 1742

… Ich habe Deinen Brief dem Markgrafen gezeigt. Er ist … tief betrübt, daß Du seinen Vertrag mit dem Kaiser mißbilligst, da Du ihm den Wunsch ausgedrückt hattest, dem Bündnis beizutreten. Wie er mir sagte, hat er Dir ausführlich darüber geschrieben. Er beauftragt mich, Dich seiner Hochachtung und Anhänglichkeit zu versichern, und läßt Dir sagen, er werde nie einen Schritt tun, der Deinen Interessen nachteilig sein kann. …

Friedrich an Wilhelmine

Brieg, 2. Juli 1742

… Zu meiner Genugtuung kann ich Dir mitteilen, daß ich Frieden mit der Königin von Ungarn geschlossen habe. Der Mangel an gutem Willen bei den Franzosen, die Treulosigkeit der Sachsen und eine Unmenge ähnlicher Gründe haben mich dazu genötigt. Deshalb hätte ich gewünscht, der Markgraf hätte sich dem Kaiser nicht so rasch angeschlossen; denn das kann ihm übel bekommen. …

9

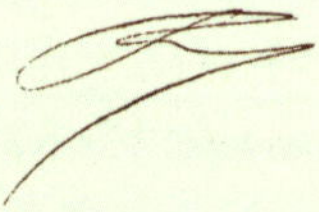

Juli 1743 – Januar 1745

Krisenjahre der Geschwister – Die Verlobung Friederikes – Wilhelmine arrangiert die Hochzeit ihrer Hofdame und Nebenbuhlerin von der Marwitz – Zweiter Schlesischer Krieg – Der Erlanger Zeitungsschreiber

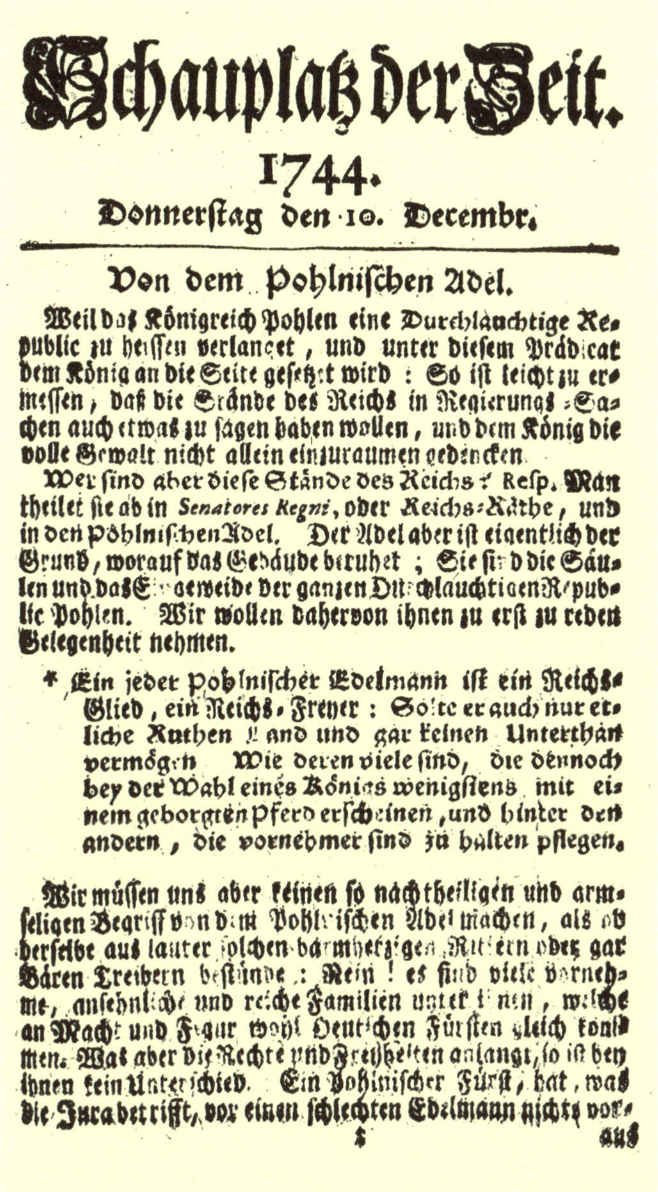

Schauplatz der Zeit.

1744.

Donnerstag den 10. Decembr.

Von dem Pohlnischen Adel.

Weil das Königreich Pohlen eine Durchlauchtige Republic zu heissen verlanget, und unter diesem Prädicat dem König an die Seite gesetzet wird: So ist leicht zu ermessen, daß die Stände des Reichs in Regierungs-Sachen auch etwas zu sagen haben wollen, und dem König die volle Gewalt nicht allein einzuraumen gedencken.

Wer sind aber diese Stände des Reichs? Resp. Man theilet sie ab in *Senatores Regni*, oder Reichs-Räthe, und in den Pohlnischen Adel. Der Adel aber ist eigentlich der Grund, worauf das Gebäude beruhet; Sie sind die Säulen und das Eingeweide der ganzen Durchlauchtigen Republic Pohlen. Wir wollen daher von ihnen zu erst zu reden Gelegenheit nehmen.

* Ein jeder pohlnischer Edelmann ist ein Reichs-Glied, ein Reichs-Freyer: Solte er auch nur etliche Ruthen Land und gar keinen Unterthan vermögen. Wie deren viele sind, die dennoch bey der Wahl eines Königs wenigstens mit einem geborgten Pferd erscheinen, und hinter den andern, die vornehmer sind zu halten pflegen.

Wir müssen uns aber keinen so nachtheiligen und armseligen Begriff von dem Pohlnischen Adel machen, als ob derselbe aus lauter solchen barmhertzigen Rittern oder gar Bären Treibern bestünde: Nein! es sind viele vornehme, ansehnliche und reiche Familien unter ihnen, welche an Macht und Figur wohl Deutschen Fürsten gleich kommen. Was aber die Rechte und Freyheiten anlangt, so ist bey ihnen kein Unterschied. Ein Pohlnischer Fürst, hat, was die Jura betrifft, vor einen schlechten Edelmann nichts vor-

* aus

»Schauplatz der Zeit«: Preußenfeindlicher Artikel der »Erlanger Zeitung«

Im Jahr 1743 deuteten sich erste Mißstimmungen in der Korrespondenz der Geschwister an. Es ging zunächst um die Zukunft von Wilhelmines elfjähriger Tochter Friederike. Friedrich plante für seine Nichte die Vermählung mit dem jungen Herzog Karl Eugen von Württemberg. Der 15jährige Sohn des verstorbenen Herzogs Karl Alexander von Württemberg lebte mit seiner Mutter und seinen jüngeren Brüdern in Berlin und wurde am preußischen Hof erzogen. Im Machtkampf um die Vorherrschaft in Deutschland, den Friedrich weiterhin auf allen Ebenen mit dem Hause Habsburg führte, wünschte er möglichst viele deutsche Fürsten in seinem Lager. Das Ehebündnis zwischen Bayreuth und Württemberg sollte den jungen Herzog fester an Preußen binden. Doch am Württemberger Hof gab es auch andere Interessen.

Friedrich an Wilhelmine

Hundsfeld, 23. Juli 1743

Liebste Schwester! … Wie ich höre, hat ein gewisser Despars und ein anderer, den ich nicht nennen will, mich mit der Herzogin von Württemberg entzweien wollen, indem er Dir eingeredet hat, ich beabsichtigte die Heirat Deiner Tochter mit dem jungen Herzog von Württemberg zu hintertreiben. Sie sind in ihrer Bosheit so weit gegangen, der Herzogin einzureden, sie müsse ihre Söhne aus Berlin

zurückkommen lassen. Aber ich halte Dich für zu verständig, um in eine so grobe Falle zu gehen, und bin überzeugt, daß Du mir mehr vertraust als einem Despars … und daher versuchst, der Herzogin ihre Absicht auszureden, ihre Söhne von hier fortzunehmen, zumal sie in Deinem Interesse nirgends besser aufgehoben sind als hier.
Ich weiß nicht, ob es Dir Spaß machen würde, diesen Winter zu Deiner Zerstreuung einen Abstecher nach Berlin zu machen. Doch das hängt ganz von Deinem Belieben ab; denn wie Du überzeugt sein darfst, wäre ich untröstlich, Dir Zwang anzutun.

Wilhelmine an Friedrich

[Ende Juli 1743]

Dein letzter Brief hat mich aufs äußerste überrascht; denn ich weiß nicht, wer Dir etwas so völlig Sinnloses berichtet haben kann. Solltest Du wirklich annehmen, daß ich den angeblichen Einflüsterungen betreffs der Heirat meiner Tochter Glauben schenke, wo doch der Plan von Dir ausgeht, und ein Verzicht darauf Dir ebenso unangenehm sein müßte wie mir? Ich kann Dir bei allem Heiligsten beteuern, daß mir nie solche Reden gehalten worden sind. Wie ich zu Dir stehe, ist so bekannt, daß kein Mensch wagen würde, mir etwas für Dich Nachteiliges vorzuschlagen; zudem würde ich in diesem Fall Dir geschrieben und Dich um Aufklärung gebeten haben. …
Die Rückkehr der Prinzen nach Württemberg beruht teils auf ihrer Unzufriedenheit, teils auf der der Herzogin, die sich beklagt, Du hättest nicht Rücksicht genug für sie gezeigt. Sie beschwert sich vor allem über folgendes: Trotzdem Du in Berlin ausgemacht hättest, daß sie dorthin zurückkehren und daß die Verlobung des Herzogs dort stattfinden sollte, hättest Du es Dir anders überlegt. Du kannst es ihr nicht verübeln, daß sie darüber böse ist; denn sie hat nicht das Glück, Dich zu kennen, und somit kennt sie Deine Herzensgüte nicht, die Dich früher oder später zu denen zurückführt, die Du bisweilen etwas vernachlässigen solltest.

Andererseits muß ich Dir gestehen, daß diese Heirat zunächst nur ein Luftschloß ist. Auch wenn der Herzog mit den Jahren Zuneigung für meine Tochter faßt, so sehe ich die Sache noch nicht als völlig gesichert an, da ich nicht weiß, ob er ein paar Jahre später noch geneigt sein wird, sie zu heiraten, oder ob er sich eines anderen besinnt; denn auf Erden ist alles wandelbar. In diesem Falle wäre es für den Markgrafen und mich sehr ärgerlich, gute Partien, die sich bieten könnten, auszuschlagen und Friederike zwischen zwei Stühlen zu sehen. Du kannst es also nicht mißbilligen, daß ich in dieser Sache ein Ende zu sehen wünsche und auf die Verlobung hinwirke, damit ich sicher gehe und mir nichts vorzuwerfen habe. Ich verspreche Dir jedoch, wenn Du die Herzogin umstimmen kannst, mich dem ferneren Aufenthalt der Prinzen in Berlin nicht zu widersetzen.

Im übrigen, lieber Bruder, würde ich zwar gern jede Gelegenheit wahrnehmen, Dir meine Aufwartung zu machen und Dir meine Anhänglichkeit zu bezeigen, aber ich kann Dir nichts Festes versprechen; denn meine Gesundheit ist sehr zart, und ich weiß nicht, ob sie sich so weit bessern wird, daß ich im Winter eine so große Reise unternehmen kann.

Friedrich an Wilhelmine

Charlottenburg, 16. August 1743

… Allerdings geht der Gedanke der Ehe meiner Nichte mit dem jungen Herzog von mir aus, und ebenso habe ich ihr auch eine Aussteuer zugesagt. Den jungen Herzog behalte ich hier als Pfand der Treue seiner Mutter. Vielleicht hat sie Dir in ihrer Ränkesucht und Unbeständigkeit einreden wollen, sie wolle ihre Söhne nur von Berlin fortnehmen, um sie Dir zu geben; ihre eigentlich Absicht aber war die, sie nach Straßburg zu schicken.

Glaube mir, liebste Schwester, die alten Freunde sind stets die besten, und neue Freundschaften kommen ihnen nie gleich. Dann wirst Du mir auch die Gerechtigkeit widerfahren lassen, daß Du von meiner Liebe und meiner aufrichtigen Freundschaft überzeugt bist.

Wilhelmine an Friedrich

27. August 1743

… Nichts wird mich völlig beglücken als die Hoffnung, daß Du mir noch einen Rest der alten Freundschaft bewahrst. … Ich kann Dir versichern, ich habe nie von dem angeblichen Plane der Herzogin gehört, die Prinzen nach Straßburg zu schicken, noch weniger davon, daß sie sie hier lassen wolle. Das wird sicherlich nie geschehen; denn die Herzogin ist fest entschlossen, ihre Kinder bei sich zu behalten, zumal ihr viel daran liegt. Ich mische mich in diese Sache also nicht mehr ein. …

Friedrich an Wilhelmine

Charlottenburg, 3. September 1743

Liebste Schwester! Ich gehe nicht weiter auf die Vorwürfe ein, die Du mir betreffs unserer alten Freundschaft machst. Wer sich unschuldig fühlt, bedarf keiner Verteidigung. … Die Angelegenheiten der jungen Prinzen ist völlig geregelt: sie bleiben hier, und ich lege alle Eisen ins Feuer, damit die Zusage der Herzogin betreffs der Heirat ihres Sohnes in Erfüllung geht. … Im übrigen war ich um das Gelingen der Sache nicht besorgt; sie ist an sich nur eine große Kleinigkeit.

Da ich weiß, daß Du Ungarwein gern hast, werde ich daran denken, Deinen Vorrat zu erneuern.

Die Konflikte zwischen den europäischen Großmächten nahmen Friedrich unvermindert in Anspruch – trotz seines Friedens mit der Erzherzogin Maria Theresia im Sommer 1742. Zwischen den europäischen Staaten aber auch innerhalb der deutschen Länder gab es intensive diplomatische Aktivitäten. Die Verhandlungsreisen zu den süddeutschen Reichsfürsten nutzte Friedrich zu zwei Besuchen bei seiner Schwester in Bayreuth, wohin ihn auch Voltaire begleitete. Friedrich begegnete dem Franzosen zwar herzlich, doch mit wenig Vertrauen, denn er hielt ihn für einen Informanten der französischen Regierung. Voltaire blieb mehrere Wochen am Bayreuther Hof, an dem auch die Herzogin von Württemberg zu Gast war. Während seines Aufenthaltes bei der Schwester gelang es Friedrich zumindest die familiären Konflikte aus der Welt zu schaffen.

Friedrich an Wilhelmine

[Eremitage, 22. September 1743]

Meines Sehnens vergebliche Pein
Möge Dein Herz offenbaren:
Nicht die Feste, die wunderbaren,
Dich entbehr' ich allein.
Losgerissen – ein halbes Ich!
Eins gewähre, Geliebte mein:
Diese Stätte laß ewiglich
Uns zum Tempel der Freundschaft weihn!

Wilhelmine an Friedrich

24. September 1743

Keine Feder der Welt vermochte Dir den Schmerz zu schildern, mit dem ich das Liebste auf Erden scheiden sah. … Mein einziger Trost sind Deine Freundschaftsbeteuerungen. Schier tausendmal habe ich Deine reizenden Verse geküßt und sie mit meinen Tränen benetzt. Mein Herz wird immerdar der Freundschaftstempel sein, von dem Du sprichst, und er wird stets Dir geweiht bleiben.

Voltaire lebt hier wie gewöhnlich; seine Pillen halten ihn an sein Zimmer gebannt, und man bekommt ihn kaum zu sehen. Chasot hat den Wildschweinen den Krieg erklärt, und die Herzogin singt immerfort Dein Lob und schwärmt von dem Kuß, den Du ihr gabst, und der Brüderschaft mit Dir. Wäre sie Voltaire, sie dichtete ein Epos darauf. Ich für mein Teil dichte nur Elegien.

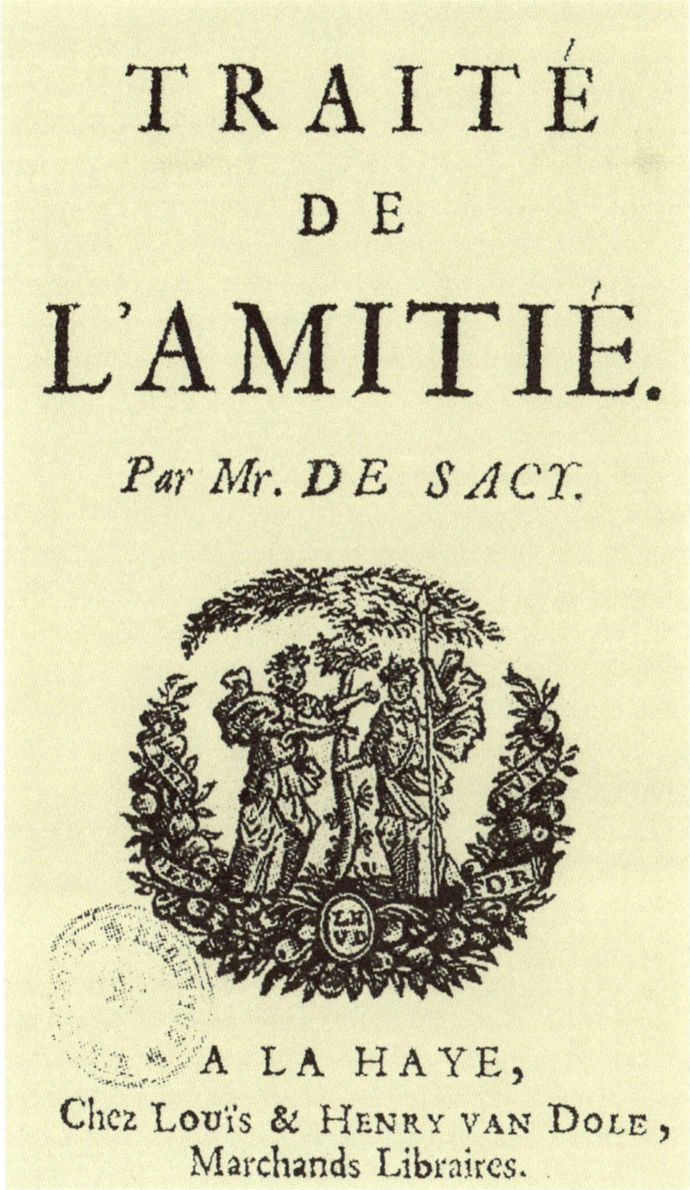

TRAITÉ
DE
L'AMITIÉ.

Par Mr. DE SACY.

A LA HAYE,
Chez LOUÏS & HENRY VAN DOLE,
Marchands Libraires.

Titelblatt aus »Traité de l'Amitié« von Louis de Sacy, Den Haag 1703

Friedrich an Wilhelmine

Charlottenburg, 3. Oktober 1743

Liebste Schwester! Chasot hat mir Deinen freundlichen Brief überbracht und in mir die rührende Erinnerung an alles wachgerufen, was ich in Baireuth erlebte, oder vielmehr, er hat mir neue Tränen entlockt. Die Königin-Mutter, die von Deinem freundlichen Gedenken sehr gerührt war, hat mir tausend Fragen über Dich gestellt; auch die kleinste bewies, welchen Anteil sie an allem nimmt, was Dich betrifft. … Am 8., dem Namenstag meiner Schwester Amalie, haben wir Oper und Redoute im Opernsaal. Alle diese Freuden füllen die Lücken in der Freundschaft nicht aus.

Die von Knobelsdorff entworfene Berliner Oper Unter den Linden war soeben fertiggestellt worden. Auch Wilhelmine plante in Bayreuth den Bau eines Opernhauses. Ihr war die Verantwortung für das Musik- und Theaterleben vom Markgrafen übertragen worden. Ihre besondere Leidenschaft galt der Oper.
Neben ihren künstlerischen Tätigkeiten förderte Wilhelmine auch die Wissenschaften und übernahm die vielfältige Organisation des Opernbetriebes.

Wilhelmine an Friedrich

Himmelkron, 15. [Oktober] 1743

… Ich lerne vier Tragödienrollen, bestelle Kostüme, komponiere für die Oper und treibe den ganzen Tag nichts als Kindereien. Das sind meine Staatsgeschäfte. Ich versichere Dir, ich muß sehr ernsthaft erwägen, ob Ferragu ein Mohrenkleid oder ein persisches bekommen soll; denn ich halte sehr auf das Äußere, selbst wenn Ariost nichts davon sagt. Man müßte die Frage Wolff zu Erörterung vorlegen, damit er ergründet, welche Leute damals die Kleider erfanden. Unser Tragödienheld kommt soeben aus Straßburg; es ist ein ungemein geistvoller Franzose.

11. November 1743

... Soeben kommen wir aus Erlangen zurück, wo wir die Universität eingeweiht haben. Ich fand sie sehr bereichert an Professoren und Studenten. Sehr tüchtige Leute sind da, und so hoffe ich, die Universität wird gedeihen. Aus Neugier wohnte ich einer deutschen Disputation über die Teilbarkeit der Materie bei. Der Verteidiger der These war ein Anhänger von Newton, sein Opponent Wolffianer. Beide haben ihr System sehr gescheit und ohne Pedanterie verteidigt, was bei diesen Leuten eine Seltenheit ist. ...

Friedrich an Wilhelmine

Potsdam, 21. November 1743

Liebste Schwester! Es freut mich sehr, daß Eure Universität Dich unterhalten hat. Ich zittere bereits im voraus vor all den Gelehrten, die daraus hervorgehen werden. Wenn sie schon mit Disputationen über die Teilbarkeit der Materie anfangen, welche Fortschritte werden sie dann erst machen! Trotzdem hast du nichts erreicht, ehe nicht die Herzogin von Württemberg gegen Euren Kanzler und Eure Professoren disputiert hat.

Potsdam, 26. November 1743

... Ich habe Dir unsere Opernarien bisher noch nicht senden können, weil die Kopisten noch beim Abschreiben der Rollen und Ballette sind. Sobald sie aber Zeit haben, werde ich jedenfalls dafür sorgen. Ebenso werde ich Knobelsdorff befehlen, Dir den Plan des Opernhauses zu schicken. Es ist jetzt ganz vollendet; das Gebäude wird hoffentlich Deinen Beifall finden; denn es ist von außen schön und im Inneren bequem.

Berlin, 19. Januar 1744

Soeben habe ich Dir durch Pöllnitz den gewünschten Plan des Opernhauses schicken lassen. ... In vierzehn Tagen ist unser Karneval zu

Ende. Der junge Herzog von Württemberg soll großjährig erklärt werden; danach wird er heimkehren und zwar, wie ich glaube, über Baireuth.

Bei diesem Aufenthalt in Bayreuth fand die Verlobung der 11jährigen Friederike mit dem jungen Herzog statt. Die Mißstimmung zwischen Wilhelmine und Friedrich schien behoben. Doch die nächste Krise zeichnete sich schon ab. Grund waren die drei Töchter des preußischen Generals von der Marwitz, die Nichten von Wilhelmines Oberhofmeisterin Freiin von Sonsfeld. Alle drei lebten seit vielen Jahren am Bayreuther Hof.

Wilhelmine an Friedrich

[Erlangen] 21. Januar 1744

... Das Vertrauen auf Deine Güte gibt mir auch den Mut Dich um eine Gnade zu bitten. Ich habe Dir nichts von der Heirat der jüngsten Marwitz berichtet, da sie nicht in meinen Diensten steht und die Sache mich nichts angeht. Ich habe ihr Benehmen stark verurteilt und teile Deinen gerechten Groll. Es ist eine Liebschaft, die schon acht Jahre währt, ohne daß die Angehörigen ihr ein Ende machen konnten. Verliebte Mädchen zu hüten ist, wie Du weißt, schlimmer als des Argus Dienst in der Fabel. ... Daher lege ich auch keine Fürsprache für die Schuldige ein, sondern nur für ihre beiden Schwestern, die schon so lange in meinen Diensten sind und gar nichts für die Streiche ihrer jüngsten Schwester können. Nicht genug kann ich anerkennen, daß sie mir, seit sie bei mir sind, ihre Anhänglichkeit bewiesen haben. Die älteste habe ich sozusagen erzogen und betrachte sie wie mein eigenes Kind, von dem ich mich nur mit tödlichstem Kummer trennen könnte. Ihr Vater schreibt ihnen die härtesten Briefe und will sie zwingen, sich zu verheiraten, wie er sagt, auf Deinen Befehl. Die älteste ist mir so zugetan, daß sie entschlossen ist,

auf jede Heirat zu verzichten, um in meinen Diensten zu bleiben. … Ich verbürge mich dafür, daß keine von beiden hier eine Liebschaft hat. Und Du läufst keine Gefahr, lieber Bruder; denn wollten sie ohne Deine Erlaubnis heiraten, … so bleibst Du ja stets der Herr ihres Vermögens. …

In der Tat durften Erbtöchter des Lehnadels aufgrund eines Gesetzes Friedrich Wilhelms I. nicht außer Landes heiraten. So sollte verhindert werden, daß deren Vermögen oder Grundbesitz dem preußischen Staat verloren ging.
Nach der heimlichen Heirat seiner jüngsten Tochter plante General von der Marwitz nun die Verlobung der ältesten Tochter Wilhelmine Dorothea mit dem preußischen Gesandten in Holland, Graf von Podewils. Die Marwitz widersetzte sich dem Vater, sie wollte den Bayreuther Hof nicht verlassen. Mit Unterstützung Wilhelmines plante sie ihre Hochzeit mit dem österreichischen Grafen Burghauß, der im Dienst des kaiserlichen Regiments des Markgrafen stand. Was Wilhelmine allerdings nicht wußte: Ihre Hofdame wollte nicht aus Treue zu ihr am Bayreuther Hof bleiben, sie war die Geliebte ihres Mannes, des Markgrafen.

Friedrich an Wilhelmine

Potsdam, 6. April 1744

Verehrte Frau Schwester! Zu meinem großen Befremden ersehe ich aus dem Schreiben des Generals von Marwitz, daß Du an einer Heirat seiner ältesten Tochter mit dem Grafen Burghauß arbeitest und sogar die Einwilligung des genannten Generals forderst. Dies Unternehmen ist um so erstaunlicher, als Du Dich gewiß des ausdrücklichen Willens des verstorbenen Königs, unseres vielgeliebten Vaters, erinnerst, wonach die Fräulein von Marwitz, als er sie Dir mitgab, unter keinen Umständen außer Landes heiraten und mit der Zeit zurückkehren sollten. Somit hoffe ich, Du wirst bei Deiner Klugheit und Deiner Freundschaft für mich in dieser Sache nicht weitergehen, sondern Dich offen dieser Heirat widersetzen, die mir aufs höchste mißfällt, und die der General von Marwitz nie genehmigen wird. Er wird vielmehr über alle Maße darunter leiden; ja sein tödlicher Kummer kann ihn ins Grab bringen, so daß ich einen so tapferen und würdigen General verliere. Ich glaube überdies, Du besitzt zuviel Herzensgüte und Zuneigung für mich, um nicht von diesem verhängnisvollen Unternehmen abzusehen, das ich stets mißbilligen werde. Sollte die Marwitz sich aber durch ihre Leidenschaft derart verblenden lassen, daß sie den Grafen Burghauß gegen meinen ausdrücklichen Willen heiraten will, so kann sie darauf rechnen, daß ich sie für unwürdig und unfähig erkläre, die beträchtliche Erbschaft ihres Vaters anzutreten. …

Wilhelmine an Friedrich

Eremitage, 9. April 1744

Liebster Bruder! Die Staffette, die Du mir sandtest, ist gestern abend hier eingetroffen. Aus Deinem Briefe ersehe ich, daß der General Marwitz Dir Mitteilung von der Heirat gemacht hat, die ich für seine älteste Tochter plante. Es überrascht mich, liebster Bruder, daß Du mich jetzt an den Willen des verstorbenen Königs erinnerst. Ich habe das Wort, das ich ihm betreffs der Marwitz-Töchter gab, nicht gebrochen; sie haben zu seinen Lebzeiten nicht geheiratet. Aber der Tod des Königs hat mich von allen Versprechen entbunden, die ich ihm zu seinen Lebzeiten gegeben habe; somit kannst Du mir in dieser Hinsicht nichts vorwerfen. Nie hast Du mit mir über diese Sache gesprochen noch mir davon geschrieben; somit trage ich Dir gegenüber keine Schuld, zumal Du mir auf meine eindringliche Bitte, mir die Älteste zu lassen, die auf das Heiraten verzichtet hatte, nicht einmal eine Antwort erteilt hast, obwohl dies die einzige Gnade war, die ich seit Deiner Thronbesteigung erbeten habe. Ich habe nicht geglaubt, liebster Bruder, daß Du solchen Anteil am Schicksal dieses

Mädchens nähmest, und da ich weiß, daß meine Denkweise der Deinen entspricht, und da ich viele Vorurteile abgetan habe, vor allem die Ansicht, daß eine großjähriges Mädchen von 27 Jahren sich durch die Heirat mit einem ihr unbekannten Manne unglücklich machen müsse, nur um die Launen ihres Vaters zu befriedigen, und da zudem der Kurier, den ich geschickt hatte, nicht zurückkam, so habe ich sie gestern früh in Gegenwart weniger Zeugen und ohne Wissen ihrer Tante verheiratet, die nichts von alledem weiß, da sie schon seit acht Tagen krank ist. Deine Staffette ist zu spät gekommen; die Sache war schon geschehen. Mir bleibt also nichts übrig, als Deine Gnade für die arme Frau anzuflehen, deren Anhänglichkeit an mich der einzige Grund ihres Schrittes ist. Ich kann mir nicht vorstellen, daß Dein Herz so hart ist, daß Du ihr all ihr Hab und Gut nehmen willst, noch daß Du einer Schwester zürnen wirst, die Dir soviel Zeichen von Anhänglichkeit und Freundschaft gegeben hat. Bitte bringe mich nicht zur Verzweiflung, indem Du mir Deine Freundschaft entziehst. …

18. April 1744

… Der General Marwitz kann zufrieden sein; denn ich schicke ihm seine zweite Tochter zurück. Wenn die älteste gegen seinen Willen geheiratet hat, so trägt er selbst die Schuld daran; denn hätte er sie nicht zur Ehe zwingen wollen, so wäre das nicht geschehen, und sie wäre bei mir geblieben. … Und was mich angeht, so ist es ganz natürlich, daß ich bei dieser Gelegenheit an mich selbst gedacht habe und nicht an ihn, den ich kaum kenne, und auf diese Weise die Freude habe, seine Tochter bei mir zu behalten. …

Brandenburger, 29. April 1744

Der Brief, den mein Bruder Wilhelm mir auf Deinen Befehl schrieb, hat mich schmerzlich berührt. Ich hätte es nie für möglich gehalten, daß Du eine Schwester, die Dich so geliebt und die keine Gelegenheit versäumt hat, es Dir zu beweisen, so hart behandeln kannst. … Fin-

dest Du also den geringsten Gefallen daran, von mir geliebt zu werden, so müßtest Du Dich anders gegen mich benehmen; denn ich habe mir nichts gegen Dich vorzuwerfen, ich bin stets bereit und werde es stets sein, mein Blut für Dich zu vergießen. …

5. Mai 1744

Trotz all Deines Schweigens und Deiner Strenge gegen mich kann ich mich nicht entschließen, Dich in Ruhe zu lassen, und werde nicht aufhören, Dich durch die Versicherung meiner Liebe zu belästigen. …

Friedrich an Wilhelmine

Potsdam, 15. Mai 1744

Liebe Schwester! Ein altes Sprichwort sagt, man soll die Menschen nach ihren Taten, nicht nach ihren Worten beurteilen. Trifft das zu, so kannst Du Dir leicht denken, was ich von Deiner Tat halten muß. Auf Einzelheiten gehe ich nicht ein und kann Dir weiter nichts sagen, als daß ich verbleibe usw.

Ich gehe ins Bad, von dort zu schreiben ist mir verboten.

Wilhelmine an Friedrich

Eremitage, 22. Mai 1744

Mit unendlicher Freude erhielt ich Deinen letzten Brief. Trotz seiner Kälte hat er mein Herz wieder beruhigt, das sich über den Verlust Deiner Freundschaft nicht trösten konnte. Du sagst, liebster Bruder, man solle seine Gesinnung durch Taten zeigen. Mein Gott, habe ich Dir denn nicht hinreichende Beweise meiner Liebe gegeben? Und allein die eben vorgefallene Geschichte sollte Dich alles andere vergessen lassen? … Ich flehe zum Himmel, daß Dir die Brunnenkur in Pyrmont denkbar gut bekommen möge. Ich weiß wohl, daß man während der Kur nicht schreiben darf, aber lesen darf man, und so werde ich mir erlauben, Dir so oft wie möglich zu schreiben.

Während seines Kuraufenthaltes hatte Friedrich zunächst einen Bündnisvertrag mit Bayern, der Pfalz und Hessen-Kassel ratifiziert, wenige Tage darauf mit Frankreich. Ziel war die Stärkung des Kaisers und eine Schwächung Österreichs, denn in einem geheimen Vertrag hatten die Engländer Österreichs Grenzen vor dem Ersten Schlesischen Krieg anerkannt. Als die Truppen Maria Theresias am 30. Juni 1744 mit 70 000 Mann über den Rhein setzten, um ins Elsaß einzudringen, handelte der preußische König – wie er es selbst ausdrückte – zum Schutz der deutschen Freiheiten und zum Schutz Schlesiens.
Mitte August 1744 setzte sich das preußische Heer über Dresden mit dem Ziel Prag in Bewegung, der Zweite Schlesische Krieg hatte begonnen. Die von nur 14 000 Mann verteidigte Festung Prag ergab sich nach kurzer Belagerung. Nach diesem Sieg überbrachte man Friedrich eine Erlanger Zeitung des Verlegers Groß aus dem Markgrafentum seiner Schwester, in der die preußische Politik kritisiert wurde.

Friedrich an Wilhelmine

Lager bei Bohdanetz, 13. November 1744

Hoffentlich hat Deine Unpäßlichkeit keine schlimmen Folgen. ... Der Erlanger Zeitungsschreiber spricht davon; er hält sich auch über mich auf. Ich weiß nicht, womit ich seine Ungnade verdient habe; wohl aber weiß ich, daß ich in meinem Lande nicht gestatte, daß Frechheiten gegen meine Verwandten gedruckt werden.

Berlin, 20. Dezember 1744

Was den unglücklichen Erlanger Zeitungsschreiber betrifft, der die Stirn hat, gekrönte Häupter so frech zu beleidigen, so beziehe ich mich auf die Schreiben, die ich am 4. Juli und am 1. August an Deinen Gemahl, den Markgrafen, gerichtet habe, und will auf ein so widerwär-

tiges Thema hier nicht weiter eingehen. Besser ist's mich Deinem zärtlichen Gedanken zu empfehlen.

Potsdam, 2. Januar 1745

… Im Verfolg meines letzten Briefes schicke ich Dir nur zwei Proben der letzten Veröffentlichungen Eures streitbaren Zeitungsschreibers. Sie werden Dich ein wenig über seine Denkweise und über seine Rücksichtslosigkeiten gegen mich aufklären. Wie dem aber auch sei, entschuldige bitte, daß ich Dich mit solchen Lappalien unterhalte.

Wilhelmine an Friedrich

12. Januar 1745

Ich erhielt diese Woche zwei Briefe von Dir, liebster Bruder, die ich nebst den beigelegten Erlanger Zeitungen sogleich dem Markgrafen übergeben habe. Der Herr Zeitungsschreiber ist sofort verhaftet worden. Auf Grund Deiner Briefe an den Markgrafen war seine Zeitung schon einmal verboten worden. Da weder er noch ich jemals solches Zeug liest, haben wir sein unehrerbietiges Benehmen nicht erfahren.

Friedrich an Wilhelmine

Berlin, 19. Januar 1745

Liebste Schwester! Ich erhielt Deinen Brief über den Erlanger Zeitungsschreiber. Meine Rache geht nicht so weit, wie Du annimmst; ich bitte Dich, ihn freizulassen. Wenn irgend ein Zensor verhindert, daß er das Volk, dem Du entstammst, lächerlich macht, so bin ich ganz zufrieden.

Meine schwedische Schwester ist guter Hoffnung, die Braunschweigerin wird bald niederkommen und meine Schwägerin ihr bald nachfolgen: das sind die Neuigkeiten aus Berlin. Ferner ist heute Ridotto, strenger Frost herrscht, viele Leute sind erkältet, und in den Kirchen wird viel gehustet. Das ist alles, was ich Dir bisher melden kann.

Wilhelmine an Friedrich

[28.] Januar 1745

… Aus Deinem letzten Briefe ersehe ich zu meiner Freude, daß Du Dich wohl befindest und Dich von Deiner mühevollen Beschäftigung im Schoß der Vergnügungen erholst. …

Es ist sehr hochherzig von Dir, daß Du Dich für den kecken Sterblichen interessierst, der Dein Mißfallen erregen konnte. Der Herr ist verschwunden und hat, glaube ich, die Lust verloren, Zeitungen zu schreiben. …

10

Juni 1745 – Mai 1746

Sieg bei Hohenfriedberg – Friedensschluß mit Maria Theresia – Aussprache und Versöhnung zwischen Wilhelmine und Friedrich

Allegorie auf den Frieden von 1745 mit August III. von Sachsen-Polen, Maria Theresia und Friedrich II. (Johann David Schleuen)

Friedrich fürchtete, daß der Bayreuther Hof mit den Österreichern sympathisierte, gegen die er seit Sommer 1744 erneut Krieg führte. Durch diesen Krieg wollte er sich den Besitz des Teils von Schlesien sichern, den er zwei Jahre zuvor von der Erzherzogin Maria Theresia, Königin von Ungarn und Böhmen, erobert hatte. Auf erste Erfolge im August 1744 folgten Niederlagen, und die Preußen, die schon weit nach Böhmen vorgedrungen waren, mußten sich wieder nach Schlesien zurückziehen. Ende Januar 1745 starb Karl VII., der von Friedrich gegen die Habsburger unterstützte römisch-deutsche Kaiser. Sein Sohn erklärte, daß er sich nicht um die Kaiserkrone bewerben wolle und schloß mit den Österreichern Frieden. Auch Frankreich, ein weiterer Bündnispartner Friedrichs, zog nicht wie erhofft gegen Wien. Allen Widrigkeiten zum Trotz gewannen die Preußen bei Hohenfriedberg im Sommer 1745 eine entscheidende Schlacht.

Friedrich an Wilhelmine

Lager bei Rohnstock, 5. Juni 1745

Das Österreichische Heer nebst 30 000 Sachsen unter dem Befehl des Prinzen Karl von Lothringen und des Herzogs von Sachsen-Weißenfels ist seit einigen Tagen in Schlesien eingedrungen, um diese Provinz zu erobern. Zu meiner Genugtuung kann ich Dir melden, daß ich gestern

Gott sei Dank einen vollständigen Sieg über dasselbe davongetragen habe. Ich habe zwar noch keine Zeit, Dir Einzelheiten zu berichten, aber der Verlust des Feindes läßt sich auf 20 000 Mann beziffern. Die Siegesbeute beträgt 56 Kanonen, 4 Haubitzen, 6 Paar Pauken, 66 Fahnen, 6 Standarten und annähernd 5000 Gefangene, unter Ihnen Feldmarschall-Leutnant Berlichingen, die Generale Saint-Ignon und Forgách, der sächsische Generalmajor Schlichting sowie zahlreiche höhere Offiziere, deren Aufzählung die Zeit nicht erlaubt. Auf meiner Seite ist nur der Generalleutnant Graf Truchseß gefallen; der Verlust an Toten und Verwundeten geht nicht über 2000 Mann. Der Feind ist zwei starke Meilen verfolgt worden. Gott sei Dank befinde ich mich sehr wohl, ebenso meine Brüder, die bei mir sind. Da ich weiß, Frau Schwester, welchen Anteil Du an allem Erfreulichen nimmst, was mir begegnen kann, wollte ich nicht verfehlen, Dir dies Ereignis mitzuteilen.

Wilhelmine an Friedrich

5. Juni 1745

Obwohl ich mich aus Deinem Gedächtnis ganz ausgelöscht glaube, läßt mich doch mein zärtliches Interesse an allem, was Dich betrifft, nicht die Freude verhehlen, die Deine großen Erfolge in Schlesien mir bereitet haben. Niemand nimmt lebhafter Anteil daran als ich. Ich flehe zum Himmel für die Fortdauer Deiner Erfolge und Deiner Zufriedenheit. Aus Furcht, Dir lästig zu fallen, habe ich Dir nicht regelmäßig geschrieben. Sei jedoch überzeugt, daß meine Gefühle für Dich trotz meines Schweigens unwandelbar sind.

Friedrich an Wilhelmine

Lager an der Mettau, 18. Juni 1745

Liebste Schwester! Ich bin so an Deine Ungerechtigkeiten gewöhnt, daß ich mich über den Vorwurf der Vergeßlichkeit nicht wundern kann.

Wie Du weißt, habe ich bei meinem Aufbruch von Berlin Abschied von Dir genommen, und seitdem war ich ständig beschäftigt. Überdies habe ich seit drei Monaten keine Zeile aus Baireuth erhalten. Ich meinerseits werfe Dir nichts vor. Ich bin überzeugt, daß Du mir trotz kleiner Wolken gut bleibst, und auf dies Vertrauen verlasse ich mich völlig. Meine Brüder befinden sich sehr wohl. Wir hatten furchtbare Stürme und Regengüsse.

Soor, 2. Oktober 1745

Liebste Schwester! Soeben haben wir die Österreicher geschlagen, oder Deine Kaiserlichen, wie Du sie nennen willst. Ich glaube, sie haben genug. Meine Brüder sind wohlauf. Wir denken jetzt an die Winterquartiere.

Potsdam, 30. Dezember 1745

Liebe Schwester! Der Anteil, den Du an allem nimmst, was die Königin von Ungarn betrifft, gibt mir Gelegenheit, Dir mitzuteilen, daß wir Frieden miteinander geschlossen haben. Ich hoffe, das wird Dir um so angenehmer sein, als Deine Vorliebe für diese Fürstin nicht mehr durch einen Rest alter Freundschaft behindert wird, den Du mir vielleicht bewahrt hast. Ich benutze diese Gelegenheit auch, um Dir zum Neuen Jahr viel Glück und Segen zu wünschen.

Am 25. Dezember 1745 war der Friedensvertrag zwischen Friedrich und Maria Theresia in Dresden unterzeichnet worden. Wenige Monate zuvor hatten die Reichsfürsten Franz Stephan von Lothringen, Maria Theresias Gemahl, zum neuen Deutschen Kaiser gewählt – gegen die Stimmen Brandenburgs und der Pfalz. Im Friedensvertrag akzeptierte Friedrich nun die Wahl Franz von Lothringens, und damit die österreichische Vorherrschaft im Reich. Die Österreicher mußten dafür die Abtretung Schlesiens anerkennen.

Maria Theresia als Königin von Ungarn 1743 (um 1745)

Wilhelmine an Friedrich

15. Januar 1746

Liebster Bruder! Dein Friedensschluß mit der Königin von Ungarn ist eins der glücklichsten Ereignisse. Ich bezweifle, ob all Deine Siege Dir mehr Ehre machen als die Mäßigung, die Du in einer Zeit beweist, wo Du das Gesetz diktieren könntest.

Was die Königin von Ungarn betrifft, so habe ich nie eine Vorliebe für sie noch besondere Anhänglichkeit für ihre Interessen gehabt. Ich werde ihren Vorzügen gerecht und halte es für erlaubt, alle Menschen zu schätzen, die solche besitzen. Meine Freundschaft und Anhänglichkeit für Dich, liebster Bruder, ist darum nicht minder ehrlich, und obwohl Du mir hinreichend zeigst, daß Du nicht daran glaubst, habe ich wenigstens für mich den Trost, mein möglichstes getan zu haben, um in dieser Hinsicht nichts zu wünschen übrig zu lassen.

22. März 1746

Ich müßte fürchten, daß Du mir mein langes Schweigen, die Folgen meiner Kränklichkeit, zu meinem Nachteil auslegst, wäre ich nicht überzeugt, daß Du zu gerecht bist, um mir die geringste Gleichgültigkeit gegen alles, was Dich betrifft, zuzutrauen. Weit gefehlt, lieber Bruder! Ich kenne keine größere Genugtuung, als wenn ich Dich der zärtlichen Gefühle versichern kann, die ich zeitlebens für Dich bewahren werde. Ich suche nur nach Gelegenheiten, um Dich davon zu überzeugen, daß die alte Freundschaft, die ich für Dich hege, zu tief in mein Herz gegraben ist, um daraus je verschwinden zu können.

Friedrich an Wilhelmine

Potsdam, 29. März 1746

Liebe Schwester! Ich habe Deinem Herzen nie die Mitschuld an all den Widerwärtigkeiten zugeschrieben, die Du mir seit drei Jahren bereitet hast. Dazu kenne ich Dich zu gut, um mich darin zu irren, und werfe alle Schuld auf die Unseligen, die Dein Vertrauen mißbrauchen und eine boshafte Freunde daran finden, Dich mit Menschen zu entzweien, die Dich stets zärtlich geliebt haben. So denke ich darüber, da Dein Brief mir Anlaß gibt, es Dir zu sagen. Ich beklage Dich von ganzem Herzen, daß Du Deine Freundschaft einer Unwürdigen geschenkt hast. Die ganze Welt kennt den niedrigen Charakter der Kreatur, deren Namen ich nicht nennen will, um meine Feder nicht zu besudeln. Du allein warst blind gegen sie. Ohne Vergleiche zu ziehen, liebe Schwester, Du kommst mir vor wie die Hahnreie, die stets zuletzt erfahren, was in ihrem Hause vorgeht, während die ganze Stadt von ihrem Abenteuer redet. Verzeih mir, wenn ich Dich kränke, indem ich mein Herz entlaste! Aber nach Deinem letzten Briefe konnte ich nicht länger schweigen.

Wilhelmine an Friedrich

9. April 1746

Liebster Bruder! Ich vermag Dir nicht zu sagen, wie sehr mich Dein letzter Brief erfreut hat. Du wirst den Gefühlen gerecht, die ich stets für Dich gehegt habe; das ist alles, was ich wünschte. Mein höchstes Verlangen ist, Dich immer tiefer in mein Herz sehen zu lassen, das zu Veränderlichkeit und Wankelmut unfähig ist. Du warst mir teurer als das Leben; je mehr ich Dich liebte und schätzte, um so schmerzlicher war mir Deine zunehmende Kälte. Verzeihe mir, wenn ich offenherzig rede: seit einigen Jahren fand ich in Dir nicht mehr den so angebeteten und so zärtlichen Bruder. Ich hielt Deine Freundschaft für völlig erloschen. Ich habe darüber gestöhnt, ich habe umsonst alles versucht, um Dein Herz wiederzugewinnen. In meinem Kummer habe ich vielleicht Fehler begangen, aber auch in meinem tiefsten Verdruß habe ich stets gemerkt, daß ich im Grunde die alte blieb, daß ich warmen Anteil an allem nahm, was Dich betraf, besonders an dem unsterblichen Ruhm, den Du Dir errungen hast.

Ich entschuldige Dich in vielem, liebster Bruder; ich kenne alle Gerüchte, die über mich und über unseren Hof umlaufen. Man erweist mir große Ehre, wenn man mich als Kind hinstellt, das sich von jedermann leiten läßt und dem man alles aufreden kann. Seit langem habe ich mich mit all den Verleumdungen abgefunden, die man über mich ausstreut. Vor einigen Jahren sollte Superville hier alles lenken, dann du Châtelet; jetzt ist es die Burghauß, und sollte sie mich eines Tages verlassen, so käme jemand anders dran. Ich müßte jedem Verkehr entsagen, wollte ich dergleichen Behauptungen ein Ende mache.

Da man mir verschiedentlich aus reiner Freundschaft mitteilte, was man über meine nächste Umgebung ausstreut, müßte ich das einfältigste Geschöpf gewesen sein oder noch sein, wäre ich den Dingen nicht auf den Grund gegangen und hätte mich nach so vielen Warnungen zum besten halten lassen. Ich weiß, man wirft mir Schwachheit, unerträglichen Hochmut, Ränkesucht und unersättliche Vergnügungslust vor. Solche Gerüchte schwirrten in Berlin schon zur Zeit meines dortigen Aufenthalts, und es wundert mich nicht, daß ein so schönes Charakterbild Dich mir entfremdet hat. Wer mich aber kennt, kann beurteilen, ob der geringste Zug von mir diesem schönen Bilde entspricht.

Im übrigen will ich Dir meine Lebensart und Denkweise im einzelnen schildern. Ich bin jetzt in einem Alter, in dem einem nichts mehr an rauschenden Vergnügen liegt. Meine Gesundheit, die täglich abnimmt, erlaubt mir nicht mehr viel. So ziehe ich denn die Gesellschaft geistvoller Leute diesem Vergnügungstaumel vor. Weder von irdischen Herrschern noch von Ränken ist in unseren Gesprächen irgendwie die Rede; sie sind bald aufgeräumt, bald ernst. Dummköpfe bleiben davon ausgeschlossen. Aus Eifersucht auf die Talente wollen sie sich vielleicht an unserem kleinen Kreise rächen und ihm schlimme Streiche spielen, die er nicht verdient. Kurz, liebster Bruder, ich und meine Umgebung, wir müssen das Gerede über uns ergehen lassen. Man braucht bei Hofe nur gut angeschrieben zu sein, um sich Feinde zu machen, und wer Feinde hat, der hat auch Verleumder – das ist der Lauf der Welt.

Friedrich an Wilhelmine

Potsdam, 16. April 1746

Liebe Schwester! Wenn es zu einer Erkaltung zwischen uns gekommen ist, so habe ich sicherlich nicht den Anfang gemacht. Es waren die schändlichen Heiraten jener unwürdigen Geschöpfe, die zuerst den Apfel der Zwietracht zwischen Geschwister geworfen haben, die sich zärtlich liebten. Dann hast Du es geduldet, daß ein schuftiger Zeitungsschreiber in Erlangen mich wöchentlich zweimal zerpflückte; statt ihn zu bestrafen, ließ man ihn entkommen. Seitdem hat der Markgraf eine ausgesprochene Parteinahme für alles Österreichische gezeigt, und schließlich bist Du selbst hingegangen, um meiner Todfeindin, der Königin von Ungarn, tausendfache Unterwürfigkeit zu bezeigen – zu einer Zeit, als sie auf meinen Untergang sann. Das Korps Grünne ist bei Baireuth vorbeimarschiert. Hättest Du noch einen Funken von Freundschaft für eine ehrwürdige Mutter und für Deine Familie gehabt, warum hast Du uns nicht mit einer Zeile vor dem gewarnt, was da angesponnen wurde? Aber nein! Das Geschöpf, das ich nicht nennen kann, ohne daß mir das Blut zu Kopfe steigt, diese Medea, genoß den Vorzug vor allem, und da sie nichts als Rache atmet, hat sie Dich angesteckt.

Wärest Du gegenwärtig unparteiisch, so fändest Du es nicht seltsam, daß so viele verletzende Handlungen mich abgekühlt haben. Jeder andere als ich hätte wohl offen gebrochen; ich aber habe nie vergessen, daß Du meine Schwester bist, und daß ich Dich zärtlich geliebt habe. Ich habe mich bei niemandem über Dich beklagt. Ganz Deutschland war Zeuge des Schimpfes, den Du mir antatest, aber auch Zeuge der Mäßigung, von der ich nie abgewichen bin.

Bitte mache Dir keine falschen Gedanken über das, was man von Dir sagt. Ich kann Dir versichern, daß ich in dieser Hinsicht von größtem Zartgefühl bin. Wer sich über Dich in unehrbietiger Weise auslassen wollte, der würde schlecht bei mir ankommen. Niemand verurteilt Deine Vergnügungen; im Gegenteil, man wünscht Dir noch mehr, nebst allen Reizen des Lebens, die Du verlangen magst. Man wünscht

Dir viele geistvolle Leute, die würdig sind, Dich zu unterhalten, aber zugleich wünscht man in die Hölle und zu allen Teufeln das verfluchte Gesindel, das Dich mit allen Deinen Angehörigen entzweit, und dem ich, der ich nicht grausam bin, die Haut bei lebendigem Leibe abziehen möchte. Kurz, liebe Schwester, man hält Dich weder für ehrsüchtig noch für ränkevoll, und wer Dir diese Eigenschaften beigelegt hat, ist allzu freigebig gewesen, aber in Berlin ist es keinem Menschen eingefallen. Alles in allem genommen: wenn Du mich zum Äußersten treibst, wenn Du mir weder Freundschaft noch Rücksicht noch die mindeste Achtung bezeigst, dann ist es natürlich, daß man sich abkühlt; denn lieben kann man nur Menschen, die uns lieb haben, und Kummer, den uns geliebte Angehörige bereiten, ist stets am schmerzlichsten. Ich habe Dich nicht gekränkt, ich habe mir nichts vorzuwerfen und liebe Dich noch trotz allem, was geschehen ist. …

Wilhelmine an Friedrich

3. Mai 1746

Liebster Bruder! … Ich bin entzückt davon, daß Du mir ganz offen sagst, was für Beschwerden Du gegen mich hast. Meine Freundschaft zu Dir, aber auch meine innere Ruhe erfordern, daß ich mich gegen Deine Anschuldigungen rechtfertige. Das ist der letzte Brief, den ich Dir in dieser Sache schreibe. Ich fühle, daß fortwährende Wiederholungen Deine Geduld erschöpfen würden, und da ich hoffe, Dir meine Unschuld zu beweisen, halte ich es nach diesem Briefe für zwecklos, ein für mich so kummervolles Thema noch weiter abzuhandeln.

Du sagst, die Heirat der Burghauß hätte unser Zerwürfnis verursacht. Erinnere Dich gütigst, daß ich mir erlaubt hatte, Fürsprache für sie bei Dir einzulegen und Dich inständig zu bitten, sie von der Tyrannei ihres Vaters zu schützen, indem ich mein Wort verpfändete, daß sie nicht außerhalb Deines Landes heiraten sollte. Darauf hast Du mir nicht geantwortet. Ich schloß daraus, daß Du die Angelegenheit als gleichgül-

tig betrachtetest. Ganz in Deiner Macht lag es damals, sie zurückzufordern, mit der Zusage, daß ihr Vater sie nicht zu einer Heirat wider Willen zwingen werde, und ich hätte nicht umhin gekonnt, sie nach Hause zu schicken, so schwer mir die Trennung von ihr auch gefallen wäre. Da ich jedoch sah, daß sie vor der Aussicht stand, sich durch eine ihr verhaßte Heirat unglücklich zu machen, und daß sie entschlossen war, lieber Hab und Gut zu verlieren, als sich dem zu unterwerfen, konnte ich sie nur retten, indem ich sie verheiratete. Am hiesigen Hofe bot sich keine passende Partie für sie, und so entschied sie sich für ihren Vetter, der Aussicht hatte, sein Glück zu machen und ihr eines Tages den Verlust zu ersetzen, den sie erleiden sollte. Hierbei mag ich unrecht gehandelt haben, aber mehr gegen ihren Vater als gegen Dich; denn ich konnte nicht annehmen, daß eine so geringfügige Sache Dich kränken könne. Da ich aber so falsch geurteilt habe, will ich mein Unrecht gern zugeben, besonders wenn Du dadurch milder gegen mich gestimmt wirst. Im übrigen kann ich Dir auf meine Ehre versichern, und das ist der höchste Schwur, den ich tun kann, daß weder meine Oberhofmeisterin noch Fräulein Sonsfeld an allem, was geschehen ist, irgendwelchen Anteil gehabt haben. Die erstere steht am Rande des Grabes und kann sich, trotzdem sie im Sterben liegt, nicht über Deine Ungnade trösten. Dürfte ich Dich wohl bitten, sie vor ihrem Tode zu trösten, indem Du ihr ihre Stiftstelle und die ihrer Schwester wiedergibst? Du wirst damit etwas Deiner Würdiges tun, wenn Du, nun über alles aufgeklärt, ihrer Unschuld Gerechtigkeit widerfahren läßt. Hältst Du sie dagegen für schuldig, so wirst Du damit großmütig an ihr handeln, wofür ich Dir meinerseits alle erdenkliche Dankbarkeit erzeigen werde. Nun komme ich zum zweiten Punkt, dem Erlanger Zeitungsschreiber. Hier fällt mir die Rechtfertigung nicht schwer. Meine Schwester in Schweden machte mich, lange bevor Dein Brief eintraf, auf sein freches Benehmen aufmerksam. Ich teilte es sofort dem Markgrafen mit, der ihm einen scharfen Verweis erteilen ließ und ihm mit der Festung drohte, falls er in seinen Frechheiten fortführe. Da wir beide keine Zeitungen lesen, konnten wir nicht voraussehen, daß er nach diesem Denk-

zettel dem Willen des Markgrafen zuwiderhandeln würde. Wir hätten ja närrisch sein müsse, wenn wir dergleichen Dinge hätten gutheißen wollen, die uns vor der Welt im Grunde mehr geschadet hätten und auch wirklich geschadet haben als Dir. Du siehst also, daß der Markgraf, statt ihn entlaufen zu lassen, sehr froh gewesen wäre, ihn in Händen zu haben, um Dir eine glänzende Genugtuung zu geben, den ihm angetanen Schimpf zu ahnden und das Publikum eines besseren zu belehren. Er hatte sogar Leute ausgeschickt, um ihn in sein Land zu locken, als Du mir schriebst und um seine Begnadigung batest.
Was meine Begegnung mit der Königin von Ungarn betrifft, so handelte es sich um einen bloßen Akt der Höflichkeit. Sie war auf der Durchreise, und da habe ich sie gesehen. Man setzte ihr ein Mahl vor, und es gehörte sich, daß ich dabei die Honneurs machte. Wir müssen Rücksicht auf diesen Hof nehmen, da wir ihn ringsum zum Nachbarn haben. Die Truppen marschieren in einem fort durch! Die Kaiserwahl hatte bereits stattgefunden! Alle diese Gründe schienen mir stark genug – zumal in einem neutralen Lande –, um diesen Schritt zu tun; ein anders geartetes Benehmen hätte uns übel ausgelegt werden können. In keiner Weise haben wir für den Wiener Hof Partei genommen. Wir haben ihm keine Truppen gestellt und uns nicht für ihn erklärt. Wenn irgendwelche Parteinahme bestand, dann eher für den verstorbenen Kaiser und für Deine Verbündeten, die Franzosen, denen wir bei jeder Gelegenheit dienlich zu sein versucht haben. Das ging sogar so weit, daß der Markgraf dabei seine eigenen Interessen zu ihrem Vorteil – oder besser gesagt, zu dem Deinen – aufs Spiel gesetzt hat. Ich verstehe sehr wohl, was Anlaß zu solchen Gerüchten gibt. Wir haben stets zahlreiche österreichische Offiziere hier. Um gerecht zu sein, einzelne darunter sind höchst geistvoll und gesellschaftlich sehr liebenswürdig. Mit einigen steht der Markgraf in freundschaftlichem Verkehr. Daraus schließt man dann, sie hätten politische Aufträge oder mischten sich in die Geschäfte.
Du beschwerst Dich über mein Schweigen beim Durchmarsch des Korps Grünne. Der ganze Feldzugsplan stand gedruckt in den Zeitungen; er konnte Dir also nicht unbekannt sein. Ich gestehe Dir, wir

sind in dieser Sache getäuscht worden; damals war nicht anzunehmen, daß ein so weitgehender Plan so wenig geheim gehalten würde. Wir waren überzeugt, man wollte Dich durch diese falsche Nachricht irreführen, damit Du Deine Truppen aus Schlesien zurückzögest. Grünnes Zug hat diese Meinung sogar bestärkt; denn er ist geraden Wegs nach Böhmen marschiert und nach Sachsen erst auf Umwegen abgeschwenkt, wobei sie uns sehr beschwerlich gefallen sind. Ich habe es sogar seinerzeit der Königin-Mutter berichtet, freilich ohne die umlaufenden Gerüchte zu erwähnen; denn ich hätte ihr nur Nachrichten mitteilen können, von denen die Öffentlichkeit ebensogut unterrichtet war wie wir.

Vielleicht findest Du meine Verteidigung zu lang, aber sie ist nötig. Ich fühle wohl, sie wird ihre Wirkung verfehlen, wenn Du in Deiner vorgefaßten Meinung gegen mich verharrst. Aber alles, was mir heilig ist, rufe ich zum Zeugen dafür an, daß ich Dir nur die lautere Wahrheit geschrieben habe. Schon längst hätte ich es getan, wenn Du Dich früher ausgesprochen hättest. Kurz, liebster Bruder, ich hoffe, daß alle meine Gründe etwas Eindruck auf Dich machen werden, und daß Du mir künftig mehr Gerechtigkeit erweist als bisher. Wie dem aber auch sei, meine Gesinnung gegen Dich wird sich nie ändern. Nur der Tod kann meiner Liebe und Hochachtung ein Ende setzen.

Friedrich an Wilhelmine

Potsdam, 10. Mai 1746

Liebe Schwester! Ich fühle, man ist leicht überzeugt, wenn man überzeugt sein möchte, und mein Herz, das für Dich spricht, würde Dich selbst dann schuldlos finden, wenn mein Geist Dich schuldig erklärte. Die Mühe, die Du Dir gibst, Dich zu rechtfertigen, genügt mir, und ich bin hocherfreut, eine Schwester anstatt einer Feindin wiederzufinden. Dies ist das letztemal, daß ich Dir über dies Thema schreibe, das mir so widerwärtig ist, daß ich seine Spuren gern aus meinem Gedächtnis tilge. …

11

November 1746 – Mai 1748

Friedens- und Musenjahre – Wilhelmines Krankheit – Kur in Karlsbad – Das Erbe der von der Marwitz – Korrespondenz der Hunde

Königlisches Lustschloß und Garten Sanssouci (Stich von Johann David Schleuen, um 1750)

Sanspareil, Parterre und Schlößchen (Radierung von Johann Thomas Köppel, Bayreuth, 1748)

Die Geschwister hatten sich nach spannungsreichen Jahren wieder versöhnt. Mit dem »Frieden von Dresden« vom 25. Dezember 1745 war der Zweite Schlesische Krieg beendet worden. Die nun beginnenden Friedensjahre gaben der Markgräfin von Bayreuth und dem König von Preußen wieder mehr Möglichkeiten, sich mit Wissenschaft und Kultur zu beschäftigen und ihren eigenen musischen Interessen nachzugehen. So entstand in Potsdam nach Friedrichs Entwürfen das Sommerschloß Sanssouci. In Bayreuth ließ Wilhelmine ein großes Opernhaus bauen, unter anderem aus Anlaß der geplanten Hochzeit ihrer Tochter Friederike mit Herzog Karl Eugen von Württemberg. Soweit es Wilhelmines Gesundheit zuließ, komponierte sie, schrieb Libretti, malte und führte Regie.

Friedrich an Wilhelmine

Potsdam, 1. November 1746

Ich bin tief betrübt zu hören, daß es Dir oft nicht gut geht, doch hoffe ich, es wird keine üblen Folgen haben. …

Wir lindern die Bitternisse des Lebens durch einfache Unterhaltung und Zerstreuungen und ohne allzuviel Lärm. Mein Bruder Ferdinand geht für die ganze Familie auf die Jagd, ich unterhalte mich mit Studien, Musik, Baukunst, Gartenanlagen und angenehmen Beschäftigungen aller Art und rüste mich, zum Winter in die Stadt zu-

rückzukehren, und zwar in Monatsfrist. Wir werden gute Schauspieler haben, die aus Paris kommen und die Opern »Cajo Fabricio« und »Arminio« aufführen.

Wilhelmine an Friedrich

12. [November] 1746

… Ich zweifle nicht, daß Eure Opern und Komödien gut sind. Du, Hasse und Graun, Ihr seid zweifellos Komponisten ersten Ranges. Die Künste und der gute Geschmack scheinen den Wohnsitz zu wechseln und sich in Deutschland niederzulassen. Italien ist gegenwärtig arm an Komponisten und Malern. Lustspiel und Tanz verfallen ganz in Frankreich. Dagegen halten sich die Künste in Deutschland, wo sie von Dir gefördert werden. Wie ich höre, läßt Du jetzt den berühmten Pastellmaler aus Paris kommen. Seine Arbeiten, in denen fast kein Schatten ist, müssen unvergleichlich schön sein.

Friedrich an Wilhelmine

Potsdam, 16. November 1746

… Ich glaube nicht, daß die Künste in Frankreich verkümmern; vielmehr bin ich überzeugt, sie finden dort den meisten Ansporn in ganz Europa. Zur Hochzeit des Dauphins hat man in Paris zwanzig neue Lustspiele und Trauerspiele verfaßt, während wir in Deutschland nicht ein einziges haben. Wir kommen soeben aus der Barbarei und liegen noch in der Wiege, aber die Franzosen sind schon auf dem besten Wege, und vor allem haben sie einen Vorsprung von hundert Jahren auf allen möglichen Gebieten. … Aus Paris erwarte ich Maler und Bildhauer für die Akademie. … Wir haben einen ausgezeichneten Dekorationsmaler namens Bellavita bekommen und erwarten noch die Astrua, eine sehr gute Sängerin. Das sind lauter Fremde. …

Wilhelmine an Friedrich

9. Januar 1747

Tausend Dank für das schöne Bild, das Du mir gütigst gesandt hast! Ich finde es sehr hübsch gemalt, aber wenn ich offen sein darf, das Kolorit ist nicht lebhaft genug. Die Schuld liegt mehr an den Farben als an dem Maler. Ich habe mich seit zwei Jahren sehr stark mit dieser Art Malerei befaßt. Auf Kosten meiner Börse habe ich mir meine Farben selbst zu bereiten gelernt, und zwar von einem Pinsler aus Nürnberg, der ein Geheimverfahren dafür erfunden hat und kein anderes Talent besitzt, als die schwierigsten Kolorite nachzuahmen. Ich erlaube mir, Dir ein Stück meiner Arbeit zu senden, das ich im letzten Sommer ganz allein gemalt habe; es ist eine Kopie nach van Dyck. …

Friedrich an Wilhelmine

Berlin, 11. Januar 1747

… Wir haben hier eine Schauspieltruppe und wollen weder Könige noch Königinnen haben; denn es sind ihrer zwölf, die sich diesen Rang streitig machen. Könntest Du uns jedoch ein junges Mädchen von siebzehn bis achtzehn Jahren verhandeln, schön wie Amor, nicht zu zimperlich, aber auch nicht zu gewöhnlich, mit gutem Gedächtnis, mit sanfter, silberheller Stimme und von guter Erscheinung, die Prinzessinnen und jugendliche Rollen spielt, so wäre Dein ergebener Diener und die ganze Stadt Berlin Dir zu großem Dank verpflichtet. Mit Männern sind wir wohl versehen, aber es fehlt uns an Frauen. Ich habe jedoch Aufträge gegeben, und so hoffe ich, daß wir zu einer jungen Melpomene gelangen werden. Berlin ist wie der arme Lazarus, der sich von den Brosamen nährt, die von des Reichen Tische fallen. …

Wilhelmine an Friedrich

23. Januar 1747

… Wenn Ihr in Berlin nur die Brosamen vom Tische des Reichen habt, so haben wir nur die Knochen der Fleischbänke, die die Hunde ver-

schmähen. Ohne Oper und Komödie hätten wir eine große Leere. Ich halte es für ebenso schwierig, Dir die gewünschte Melpomene zu verschaffen, wie es einst dem Rat von Blois schwierig war, eine Jungfer zu finden, zumal sie in Paris seltener sind als anderswo. Alle Französinnen, die ich bisher sah, waren sehr häßlich. …

Friedrich an Wilhelmine

Potsdam, 2. März 1747

Liebste Schwester! Ich erhielt das Gemälde, das Du mir gütigst gesandt hast. Zu meinem großen Leidwesen ist ein Stück seiner Schönheit durch die Reise verdorben, aber es bleibt doch genug davon, um zu sehen, daß es von einem großen Künstler stammt. Das ist zuviel für Dich, liebe Schwester; Du solltest nicht so viele Talente in einer Person vereinigen. Ich fürchte, die Malerei schadet Deiner Gesundheit; eine gebückte Haltung ist nicht gut, wenn man an Verstopfungen leidet. Glaube mir, die Gesundheit ist das Kostbarste, was wir auf Erden haben. Es ist ein gewaltiger Unterschied zwischen einem kranken und einem gesunden Menschen. Diese traurige Erfahrung mache ich selbst. Das Denken ist immer schwach, man arbeitet schlecht und leistet Minderwertiges, wenn eine kleine Ader springt oder ein kleines Ventil den Dienst versagt. Wir sind recht wenig, unser Leben hängt an einem Haar, und doch, wenn man uns reden hört, sollte man meinen die Natur habe uns einen Körper von Erz gegeben. Wir machen aus unseren Maschinen, was wir können, und unsere Einbildungskraft, die ins Blaue schwärmt und in die Zukunft stürmt, umklammert Jahrhunderte und läßt einen siechen Körper zurück, der sich dahinschleppt und zugrunde geht. …

Um zu erfreulicheren Dingen überzugehen, will ich Dir sagen, daß ich die Arien aus den »Fêtes galantes« gehört habe; sie sind reizend. Die Masi wird darin singen; die Astrua kommt erst Ende April. Aus Paris bekommen wir einen Bildhauer Adam, einen der besten unseres Jahrhunderts; ich erwarte noch einen Maler, der ihm an Talent nicht nach-

steht. So verbringe ich mein Leben und teile meine Mußestunden zwischen den Künsten; denn ich habe Freude an allen und mag keine ausschließen.

Wilhelmine an Friedrich

11. März 1747

... Deine Betrachtungen über das traurige Los der Menschen sind sehr richtig und sehr schön. ... Nur ein Kranker kann so naturwahr malen. Indem Du mir Deine Leiden schilderst, verdoppelst Du die meinen; könnte ich sie doch mit übernehmen, um Dich von dieser Last zu befreien! ... Ich bin ein armes Wesen, das für die Gesellschaft unnütz ist. Anders bei Dir. Das Glück und die Wohlfahrt eines ganzen Staates und Deiner ganzen Familie hängen von Deinem Wohlbefinden ab. Du kannst am meisten dazu beitragen, indem Du Dich mehr schonst als bisher. Ich glaube Dein Leiden kommt von den Hämorrhoiden. ...

Ich für mein Teil habe nur noch einen Hauch von Leben. Schlaf und Appetit habe ich verloren und schleppe mich nur so hin.

Ich war außerstande, den württembergischen Hof zu empfangen, der seit acht Tagen hier ist. Ich finde den Herzog sehr zu seinem Vorteil verändert. Er ist heiterer und weniger schüchtern. Sein Geist beginnt sich zu entwickeln. Er unterhält sich und spricht, wenn es nötig ist, mit Verstand. ... Er drängt sehr auf die Heirat, und ich suche sie möglichst hinauszuschieben, weil meine Tochter noch so jung ist. ...

Du wirst ja den ganzen Parnaß in Berlin vereinigen! Malerei, Bildhauerkunst, Musen, Lustspiel, Tanz – alles ist bei Dir vollkommen. Die Franzosen, denen Du das Beste nimmst, was sie in ihrer Art haben, trösten sich mit ihren Hampelmännern. Ich beneide dies Volk; es belustigt sich mit allem. ... Gegenwärtig beschäftigt sich ganz Paris mit solch einer kleinen federnden Pappfigur. Für jedermann ist es Ehrensache, den schönsten Hampelmann zu haben. Dadurch sind sie so teuer geworden, daß sie gegenwärtig 50 Pistolen kosten. Die

»Cimon und Pero«, gemalt von Wilhelmine Markgräfin von Bayreuth (Pastell auf Pergament)

Liebhaber spielen Komödie bei der Toilette ihrer Liebsten; der Hampelmann erklärt ihr die zärtlichen Gefühle dessen, der ihn an der Strippe zieht. Man stellt sie in Schlachtordnung auf, und mancher Stutzer hält sich zum mindesten für einen Cäsar, weil er den Sieg errungen hat. Hampelmänner streiten sich vor Gericht; kurz, sie sind das Orakel der Nation. Kann man dies Volk schelten? Es wendet die Vorschrift von Horaz an … und nutzt das Leben, während wir Deutsche mit unserem groben Menschenverstand uns immerfort Sorgen machen, weil wir zuviel nachgrübeln. Obwohl auch ich mir viel Gedanken mache und das sehr nützlich finde, scheint es mir doch, als ob sie unseren Blick auf unser Elend und unsere Hinfälligkeit richten, ohne uns jenen philosophischen Gleichmut zu geben, den man uns rühmt. …

Friedrich an Wilhelmine

[Potsdam] 19. [März 1747]

… Der Besuch des württembergischen Hofes ist zur Unzeit erfolgt; denn wenn man krank ist, liebt man die große Geselligkeit nicht. Schon allein von der Herzogin von Württemberg kann der gesündeste Mensch Fieber und Blutandrang nach dem Kopfe bekommen. Ich beklage Dich von ganzem Herzen, daß Du von dieser Furie angefallen wirst. Es ist erstaunlich, daß dies weibliche Ungeheuer so leidliche Söhne erzeugt hat. Ich mache mir keine Hoffnung, daß der Älteste meiner Nichte die Treue halten wird, und ich glaube, daß die Zeit, die Du durch den Aufschub der Hochzeit gewinnst, von seiner Beständigkeit abzuziehen ist. Sein Charakter ist mir zur Genüge bekannt. Ich hatte gehofft, er würde sich vielleicht noch ändern, aber er ist in einem Alter, wo gerade die Erziehung der Jugend beginnt, sein eigener Herr geworden. Er hat einen ganzen Hof von Schmeichlern und gefälligen Leuten gefunden – gefährlichen Verführern, die auch Herzen verderben könnten, die tugendfester sind, als das seine sein mag. …

Wilhelmine an Friedrich

Baireuth, 17. Juli 1747

Meine Kur hat mich während meines ganzen Aufenthaltes in Karlsbad verhindert, Dich meiner treuen Anhänglichkeit zu versichern. … Ich habe meine Zeit in Karlsbad ganz gut verbracht und dort vernünftige und närrische Leute gefunden wie überall, obschon die letzteren weit überwogen. …

Die Sächsinnen haben uns zum Lachen gebracht; sie sind allesamt überaus affektiert. Die Verbindung von Schöntuerei und bäurischem Benehmen bildet einen so recht lachhaften Gegensatz. … Die Böhmen sind in zwei Parteien gespalten, die sich gegenseitig hassen. Das sind die zwei Menschenklassen, von denen ich schon sprach. Ich habe mich zu der ersten gehalten und dort sehr wohlerzogene, sehr liebenswürdige und verständige Damen gefunden. Die andere Klasse hat ihre Vergnügungen für sich. Jede Dame besitzt sechs bis sieben Gatten und jeder Ehemann sechs bis sieben Frauen. Außerdem tun sie noch ihr möglichstes, um diejenigen, die nicht zu ihnen gehören, zu ihrem Kultus zu bekehren. Und als waschechte Christenseelen leisten sie den jungen Mädchen Beistand und verschaffen ihnen Liebhaber.

Im übrigen fand ich allgemeine Unzufriedenheit. Man klagt heftig über die Regierung und die schreiende Ungerechtigkeiten der Herrscherin, die nur aus Laune und Leidenschaft handelt. Dazu kommt, daß der Krieg die namhaftesten Familien zugrunde gerichtet hat; sie sind bis über die Ohren verschuldet. Vor allem klagt man über die schlechte Finanzverwaltung. Die Regierung bekommt nicht den vierten Teil der Riesensummen, die man ihnen abpreßt. Jetzt wird sogar das Glücksspiel besteuert. Wie mir scheint, neigt alles stark nach Sachsen. Ich bitte Dich aber, mich bei alledem nicht zu erwähnen; das könnte mir Unannehmlichkeiten bringen.

Friedrich an Wilhelmine

Sanssouci, 26. Juli 1747

... Die Originale aller Art, die die Bäder besuchen, kann ich mir gut vorstellen. Die Frauen mit mehreren Männern sind, entschuldige bitte, die klügsten ihres Geschlechts. Sie treffen rechtzeitig Vorsorge, um nach dem Tode des Mannes, dessen Namen sie tragen, nicht Witwe zu bleiben. Ihr Tugendbolde könnt kaum den Gedanken ertragen, mit einem Manne zu schlafen, aber diese kriegstüchtigen Frauen dehnen ihren Wirkungskreis aus und sind vielen dienlich. Ihr dagegen haltet Euch gewissenhaft nur an einen einzigen. Auch als Philosophinnen haben jene Damen einen Vorzug: sie wollen sich die Naturerkenntnis durch Experimente mit verschiedenen Gegenständen sichern, und das ist zweifellos die beste Weise, um sich zu unterrichten. Wer sich auf ein einziges Experiment beschränkt, wagt keine Entscheidung. Es ist ein Dämmerzustand zwischen Wissen und Nichtwissen, ein Zwitterzustand. Entschuldige, wenn ich eine Meinung verfechte, die der Deinen so zuwiderläuft. ...

Wilhelmine an Friedrich

4. August 1747

... Wie mir scheint, hat die Schilderung der Karlsbader Weibchen Deiner epikuräischen Moral Stoff gegeben. Ich sehe in meiner Tugend keinen großen Ruhm. Nach meiner Meinung besteht diese Eigenschaft nur darin, daß man den Verführungen widersteht. Da ich ihnen nicht ausgesetzt bin und die Eigenschaft besitze, dafür nicht empfänglich zu sein, so kann ich aus einem angeborenen Verdienst keine Eitelkeit schöpfen. Nichts macht mir mehr Vergnügen als eine schöne Oper; meine Ohren leiten die holden Töne bis in mein tiefstes Herz. Ein schöner Garten, prächtige Bauten bezaubern mein Auge. Aber wenn solche Freuden meiner Ehre Abbruch täten, so verzichtete ich auf sie. ...

Schon lange litt Wilhelmine unter der Untreue ihres Mannes. So war ihre Hofdame, Gräfin Burghauß, geborene von der Marwitz, seit Jahren die Geliebte des Markgrafen. Über die Scheinehe der Hofdame mit dem österreichischen Grafen Burghauß war es zum zeitweiligen Zerwürfnis zwischen Wilhelmine und Friedrich gekommen, denn die Ehe war gegen den Willen des Vaters – eines preußischen Generals –, aber mit Hilfe der ahnungslosen Wilhelmine geschlossen worden. In seinem Testament hatte General von der Marwitz seine zweite Tochter, Albertine von Podewils, als Alleinerbin eingesetzt. Zum Verwalter des Pflichtteils seiner ältesten Tochter hatte er Friedrich bestimmt, der nach dem Tod des Generals die Auszahlung an Wilhelmines Hofdame verbot. Wilhelmine, die viele Jahre die offene Konfrontation mit der Rivalin vermieden hatte, setzte nun alles daran, die Burghauß aus Bayreuth zu entfernen.

Wilhelmine an Friedrich

21. Februar 1748

Liebster Bruder! … Ich möchte Dir mein Herz öffnen und mit Dir vertrauensvoll und aufrichtig über ein Thema sprechen, das mir seit Jahren den tödlichsten Kummer bereitet hat. Wie oft habe ich mir nicht Vorwürfe über mein verkehrtes Benehmen gegen Dich gemacht! …
In Deiner Hochherzigkeit hast Du mein früheres Unrecht vergessen; nichtsdestoweniger denke ich unausgesetzt daran. Falsch angebrachtes Mitleid und allzu große Schwachheit gegenüber einer Person, die ich mir treu ergeben glaubte, haben mich straucheln lassen. … Ich habe das Schicksal vieler Großer erfahren: ich glaubte, eine wahre Freundin gefunden zu haben – ein Schatz ohnegleichen für Fürsten –, und mein Lohn war aller erdenklicher Undank. Meine Eigenliebe stöhnt auf, sich so getäuscht zu sehen, und mein Herz leidet, weil ihm das Einzige geraubt ist, was zum Lebensglück beitragen kann. Ich habe die ver-

hängnisvolle Ehe der Burghauß gestiftet, die ich so bitter bereuen muß. Sie hat all ihr Hab und Gut verloren und ist gegenwärtig im tiefsten Elend; denn ihr Gatte hat seit zwei Jahren keine Einkünfte mehr aus seinem Regiment, und eigenes Vermögen besitzt er nicht. Das Wenige, was ich geben kann, reicht bei weitem nicht hin, um sie außerhalb zu erhalten. Unserer beider Gemütsart paßt nicht mehr zusammen. Sage Dir selbst, lieber Bruder, ob ich sie in ihrer jetzigen Lage lassen und sie sozusagen ins Elend schicken kann, nachdem ich soviel Aufhebens von ihr gemacht habe.

… Ich lege Ruf und Ehre in Deine Hände. Nur Du kannst meinem Geist und meinem Herzen die Ruhe wiedergeben, indem Du ihr das auszahlst, war ihr Vater ihr vermacht hat. Unter diesen Bedingungen ist sie entschlossen, dies Land für immer zu verlassen. Ich beschwöre Dich mit gefalteten Händen, gewähre mir diese Gnade! …

Friedrich an Wilhelmine

[Potsdam] 27. Februar 1748

Liebste Schwester! … Die Anlässe zu unserem Zerwürfnis waren ursprünglich so gering, daß es eine Verkennung der Gesetze der Freundschaft gewesen wäre, sich wegen so bedeutungsloser Dinge ernstlich zu entzweien. …

Du kannst versichert sein, daß ich Dein Vertrauen nicht mißbrauchen, sondern alles tun werde, was in meiner Macht steht, um Dich über das Schicksal dieser Undankbaren zu beruhigen. Ich bitte Dich nur um acht Tage Zeit, um zu sehen, wie ich alles einrichten kann; ich werde Dir dann genaueres mitteilen. Du kannst aber darauf rechnen, daß Du zufriedengestellt werden sollst. Die Fürsten sind auf der Welt da, um Undank zu ernten. Hielte der Mißbrauch ihrer Wohltaten sie ab, darin fortzufahren, so gäbe es keine Wohltäter und Hochherzigen mehr.

… Verachte eine Person, die wegen ihrer Undankbarkeit verächtlich ist, und nimm Dir peinliche Dinge nicht zu sehr zu Herzen, die recht besehen nicht wert sind, Deinen Seelenfrieden zu trüben und die Ruhe

Wilhelmine Dorothea von der Marwitz (Antoine Pesne, um 1738)

Deines Lebens zu stören. Ich habe Schicksalsschläge erfahren, die um so schmerzlicher waren, als das Übel nicht wieder gutzumachen war; ich habe wahre Freunde gehabt, die der Tod mir entrissen hat; ich sehe täglich Menschen, die mein Glück anbeten und die nur an den Ehren und Gütern hängen, deren Verteilung das Schicksal in meine Hand gelegt hat. …

Potsdam, 2. März 1748

Liebste Schwester! Ich habe Podewils gesagt, er solle an die Schwägerin seines Neffen schreiben, falls sie entschlossen sei Baireuth zu verlassen, solle sie die Zinsen ihres Erbteils erhalten. Wahrscheinlich hat sie ihre Abreise an diese Bedingung geknüpft, die sie für unerfüllbar hielt; Du wirst sehen, daß sie unverzüglich neue Forderungen stellen wird. Außerdem bringen die Regimenter in Österreich stets eine bestimmte Summe ein, aber ihr Gatte ist ein Spieler. Er wird alles verloren haben und froh sein, für den Unterhalt seiner Frau nicht sorgen zu müssen. Wenn Du Dich aus Gutmütigkeit auf alles einläßt, was diese Leute Dir sagen, so wirst Du nie ein Ende finden. Deiner Gnade verdankt er ein Regiment; ferner hast Du ihnen ein Kapital aus Deinem Vermögen gegeben. Das scheint mir für Leute dieses Schlages genug und übergenug. Was kannst Du Dir vorwerfen? Wenn nun der österreichische General dreimal mehr ausgibt, als er einnimmt, und seine Gattin ein Gleiches tut, so liegt die Schuld doch nicht an Dir, sondern an ihrer schlechten Wirtschaft. Du kannst versichert sein, so denkt jedermann über diese Sache; ich berichte es Dir, ohne ein Wort hinzuzufügen oder fortzulassen. …

Wilhelmine an Friedrich

12. März 1748

Liebster Bruder! Alle Deine Briefe zwingen mich zu neuer Dankbarkeit, deren Ausdruck Dich nur langweilen kann. … Du hast mir soeben die schon gewährte Gnade bestätigt. Wie ich sehe, kennst Du die fraglich Person genau. Trotzdem sündige ich lieber durch zuviel Güte als durch zu große Strenge. Wohltaten können uns nicht zum Vorwurf gereichen; das gegenteilige Benehmen kann unsere Seelenruhe trüben. Die Burghauß will im Mai von hier fortgehen, zunächst nach Spaa, dann nach Wien. …

Wilhelmine und Friedrich verband vieles – auch eine große Liebe zu Hunden. Sie waren ihre ständigen Begleiter; selbst auf Feldzügen war das Windspiel Biche, der Lieblingshund des Königs, an dessen Seite. Wilhelmine ließ sich gemeinsam mit ihrem Zwergspaniel Folichon mehrfach portraitieren; das Tier wurde schließlich auf einem Deckengemälde in ihrem Musikzimmer verewigt.
Im Mai 1748 schrieb Wilhelmine als Folichon einen fiktiven Liebesbrief an Friedrichs Windspiel Biche.

Wilhelmine an Friedrich

[Baireuth, Mai 1748]

Folichon an Biche
Gestehe, liebe Biche, daß die Menschen recht töricht sind, und daß ihnen das wenig zum Bewußtsein kommt. … Staunst Du nicht mit mir über die Fülle von Philosophen, die es unternommen haben, unser Wesen zu ergründen, während sie keine Ahnung davon haben, was sie selbst sind. … Sind wir denn nicht bis auf die Gestalt genau wie die Menschen? Sind unsere Leidenschaften nicht die gleichen? Liebe, Eifersucht, Zorn und Eßlust sind unsere Tyrannen wie die ihren. Der einzige Unterschied ist dieser: Wir besitzen weniger Laster und mehr Tugenden. Die Menschen sind leichtfertig, wankelmütig, eigennützig und ehrsüchtig; diese Fehler sind uns unbekannt. …
Verzeih diese lange Rede; sie ist nur die Einleitung zu einem fesselnderen Thema. … Ja, allerliebste Hündin, ich liebe und bete Dich an. Dein Geist, Deine Anmut, tausend Eigenschaften, die an Dir glänzen,

Wilhelmines Zwergspaniel Folichon (Ausschnitt)

haben mich bezwungen. Ach, ich muß in Tränen ausbrechen, gedenke ich der allerliebsten Klapse, die Du mir mit Deiner Pfote gabst, als ich den verhängnisvollen Abschied von Dir nahm. … Und so schmachtete ich seit unserer Trennung nur nach Dir. Mager und eingefallen, verbringe ich meine Zeit schwermütig zu Füßen meiner Herrin. Ich hörte sie über die grausame Trennung von einem geliebten Bruder klagen und immerfort von der glücklichen Zeit reden, die sie mit ihm in Berlin verbracht hat, ohne, daß ich mich an ihren Gesprächen beteiligen konnte. Besorgt über meine Trübsal und um meine gute Laune wiederherzustellen, hat sie mir ein Serail der schönsten Hündinnen des Landes gegeben. Doch umsonst! … Schließlich wollte sie meine Traurigkeit durch die Reize des Reichtums verscheuchen. … Beim Anblick der reichen Geschenke meiner Herrin habe ich sofort beschlossen, sie Dir anzubieten. Wenigstens, so sagte ich mir, wird die schöne Biche jedesmal meiner gedenken, wenn sie auf diesen Kissen ruht. Sie wird aus diesem Napf auf mein Wohl trinken und über meine Abwesenheit vielleicht ein paar Tränen weinen. … Gedenke bisweilen Deines treuen Folichon, der Dich immerdar lieben und schätzen und täglich hundertmal mit dem Schwanz wedeln wird – Dir zur Ehre und zum Preis.
Folichon.

Friedrich an Wilhelmine

[Potsdam, Mai 1748]

Biche an Folichon
Ich bin nicht gewöhnt, Galanterien zu empfangen. Ich habe stets die strenge Keuschheit der Damen meines Landes und das romantische Heldentum gewahrt, bis auf ein kleines Abenteuer, das meine Taille verdorben hat; aber ich vergebe Folichon, was ich einem bürgerlichen Hunde nicht vergeben würde. Die große Liebe meines Herrn für Deine Herrin bestimmt mich, einen einzigen Hund zum Liebhaber zu nehmen. Ja, Folichon, ich nehme nicht allein Deine Geschenke, sondern

Friedrichs Windspiel Biche (Antoine Pesne)

auch Deine anmutige Pfote an, und ich schenke Dir um so lieber mein Herz, als ich stets der Meinung war, daß ein philosophischer Köter am besten zu mir paßt.

… Aber ich habe an Deinem Brief eins auszusetzen: Du hast zwar die Eigenliebe der Menschen gedemütigt, die so voller Dünkel und Eitelkeit sind, aber Deine Herrin nicht ausgenommen. Ja, Folichon, Du kannst mir sagen, was Du willst, ich habe Deine anbetungswürdige Herrin gesehen, und Du wirst mir nicht ausreden, daß sie von weit höherer Art ist als wir. Sie besitzt göttliche Tugenden, soviel Güte, Beständigkeit, Menschlichkeit und Nächstenliebe, daß ich gestehen muß, es geht über meinen Verstand. Wie Du weißt, können wir nur sehr wenige Gedanken verknüpfen. Du, mein Herr und ich, wir sind eines Schlages; nur aus Trägheit und weil er nicht auf allen Vieren laufen will, nennt mein Herr sich nicht ein Windspiel. … Wie anders ist Deine Herrin! Wie gütig war sie gegen meinen Herrn und mich! Wie geistvoll war ihre Unterhaltung! Und ihre unbestimmbare Grazie, ihre durch Leutseligkeit gemilderte Würde läßt sie mir vollends anbetungswürdig erscheinen. … Gott, was würde aus uns ohne Leidenschaft! Unser Leben wäre nur ein dauerndes Sterben; wir würden in dieser Welt nur dahindämmern wie die Pflanzen, die freudlos leben und schmerzlos sterben. Jetzt, wo ich liebe, erkenne ich eine neue Welt; die Luft, die ich atme, ist sanfter, die Sonne scheint leuchtender und die ganze Natur ist lebendiger. Aber, reizender Folichon, sollen wir nur in der Hoffnung unsere Freude finden? … Sollen wir so töricht sein wie die Menschen? Sie nähren sich mit Wünschen und leben von Hirngespinsten, und während sie ihre Zeit mit eitlen Plänen verlieren, packt sie hinterrücks der Tod und rafft sie mitsamt ihren Plänen dahin. Seien wir verständiger; jagen wir nicht dem Schatten nach, sondern packen wir den Gegenstand selbst. Ich schenke Dir diesen Schmuck als Pfand für mein Wort und zum Zeichen dafür, daß ich stets verbleibe

Deine getreue Biche.

12

Juli 1748 – April 1753

Wilhelmine im russischen Lager – Friederikes Hochzeit
mit dem Herzog von Württemberg – Intrigen am
Württembergischen Hof – Geburt der Enkelin –
Das Markgrafenpaar in Berlin – Wilhelmines Krankheit –
Arbeit an »Semiramis« – Brand im Bayreuther Schloß –
Friedrichs Zerwürfnis mit Voltaire

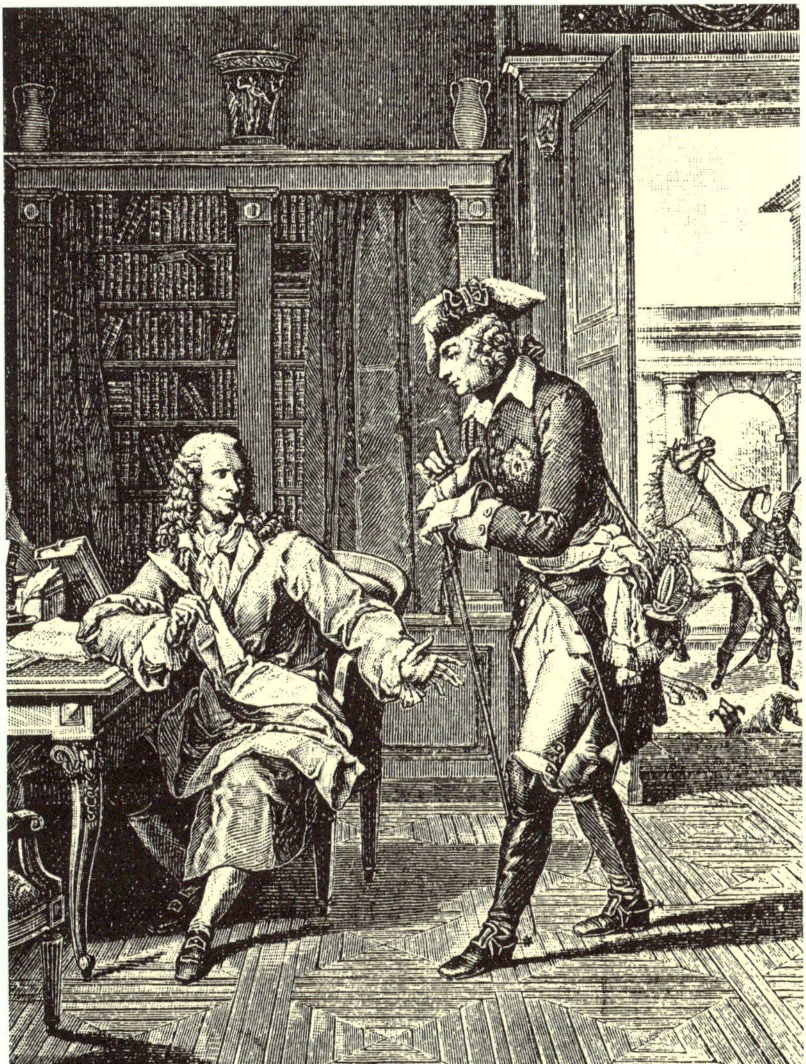

Friedrich II. besucht Voltaire (D. Chodowiecki)

Der preußische König Friedrich II. hatte im Dezember 1745 Frieden mit der Kaiserin Maria Theresia geschlossen und war damit aus dem Kriegsgeschehen ausgeschieden, das sich nun an den Rhein verlagerte und noch weitere drei Jahre andauern sollte. Seit dem Frühjahr 1748 bemühten sich auch die anderen europäischen Kriegsparteien, den Österreichischen Erbfolgekrieg zu beenden. Obwohl der endgültige Friedensvertrag erst am 18. Oktober 1748 in Aachen unterzeichnet wurde, traten die Russen mit ihren gefürchteten Kalmücken – aus der Westmongolei stammenden Soldaten – bereits im Sommer den Rückzug vom Rhein an.

Wilhelmine an Friedrich

30. Juli 1748

Meine zügellose Neugier hat mich verhindert, Dir mit der letzten Post zu schreiben. Die Ankunft der Russen veranlaßte mich, Hals über Kopf nach Kulmbach zu fahren, um sie zu sehen. Meine Neugier ist gebührend belohnt worden. Ich sah die allerverschiedensten Tiere, die nur ein menschliches Antlitz trugen. Der Fürst Repnin, der sie kommandierte, schien mir am wenigsten von allen gezähmt. Sein wildes Aussehen hat mich entsetzt. Ich mußte meinen ganzen Mut aufbieten, um mit ihm zu sprechen. Er antwortete sehr wortkarg auf französisch, was mich etwas beruhigte. Die Schweigsamkeit ist eine seiner Tugenden und der einzige Schimmer von Vernunft, den ich bei ihm fand;

denn er beherzigt das Sprichwort: Schweigen ist besser als schlecht reden. Seine Abneigung gegen die Höflichkeit ist so groß, daß ihn dieses Wort allein rasend machen soll. Wir haben hier die Probe aufs Exempel gemacht; denn er wollte uns nie die Truppen zeigen noch uns militärische Ehren erweisen. …
Die Kalmücken sind bei der Vorhut. Auf die Gefahr einer Absage hin bat ich den Fürsten Repnin, mir einige zu zeigen. Die grimmigen Krieger hatten allein den Ruhm, das Schweigen ihres erlauchten Führers zu brechen. Er machte mir eine so pomphafte Schilderung von ihnen, daß ich dem Himmel dankte, daß der Frieden geschlossen ist; sonst hätten sie das ganze französische Volk ausgerottet. Ob er nun betrunken war oder verschlafen, er vergaß einen Augenblick seine Abneigung gegen die Höflichkeit; denn er schickte mir 50 Kalmücken zu Pferde. Der erste Anblick war allerliebst. Ich hätte mir gern ein paar davon gemaust, um mein Kabinett und das der Königin-Mutter mit ihnen zu schmücken; denn sie gleichen auf ein Haar den indianischen Figuren in Monbijou. Ihre Gesichter und ihre Kleidung sind völlig chinesisch. Ihre Bewaffnung besteht aus Bogen und Pfeilen, über 14 Fuß langen Lanzen, einem Säbel und einer Pistole. Sie reiten kleine Tartarenpferde, die ganz anders gezäumt sind als in Europa. Sie schießen in vollem Galopp mit dem Bogen, aber von 300 Schüssen, die ich sie abgeben sah, haben nur zwei ihr Ziel getroffen. Beim Angriff reiten sie durcheinander, ohne in Reih und Glied zu bleiben, und aus der aufgelösten Ordnung sind sie schwer wieder zu sammeln. … Ihre Sprache ist ein verdorbenes Chinesisch, das sie aus der Kehle hervorstoßen. Bei der Abfahrt von Kulmbach sah ich sie mit den Grenadieren zu Pferde vorbeiziehen. … Soviel von dem, was ich gesehen und gehört habe. Möge es Dich einen Augenblick belustigen.

Bayreuth bereitete sich währenddessen auf die Hochzeit der 16jährigen Friederike mit dem Herzog von Württemberg vor. Sie war das einzige Kind des Markgrafenpaares und galt inzwischen als eine der schönsten Prinzessinnen Europas. Ein aufwendiges Fest mit Galadiners, Militärparaden, Maskenbällen und Komödien war geplant. Das Opernhaus, an dessen Gestaltung der italienische Theaterarchitekt Giuseppe Galli Bibiena mitgewirkt hatte, sollte aus diesem Anlaß eingeweiht werden. Auch der Patenonkel, der preußische König aus Berlin, wurde erwartet.

Friedrich an Wilhelmine

Potsdam, 28. August 1748

... Es tut mir aufrichtig leid, an der Hochzeit Deiner Tochter nicht teilnehmen zu können. ... Der Friedensschluß, die Ränke der Österreicher, der Marsch der Russen, ... lauter hochwichtige Dinge, halten mich in fortwährender Spannung. Von diesem Bilde wage ich kaum einen Blick abzuwenden. ...

Meine beiden jüngeren Brüder sind bereit abzureisen und werden an dem Tage in Baireuth eintreffen, den Du ihnen angibst. Ich werde sie mit tausend Glück- und Segenswünschen für Mutter und Tochter betrauen. ...

Wilhelmine an Friedrich

20. September 1748

... Der Herzog ist seit vorgestern hier. Ich finde ihn sehr zu seinem Vorteil verändert. Wenn ich ihn und meinen Bruder Ferdinand ansehe, begreife ich nicht, daß sie binnen kurzem so liebenswürdig geworden sind. Ferdinand ist gar nicht wiederzuerkennen. Er ist höflich, rücksichtsvoll und wie verwandelt. Von dem anderen sage ich Dir nichts; er ist, was er war, gediegen und gescheit. Nur vormittags sehe ich sie zwanglos. ... Mein Bruder Heinrich kann Dir ein Bild von der Herzogin machen; er ist ein guter Maler; ich habe mich über seine Beschreibung halbtot gelacht.

27. September 1748

Gestern hat endlich die Hochzeit meiner Tochter stattgefunden. Du kannst Dir denken, daß der Tag recht anstrengend und ermüdend war. Ich begreife selbst nicht, wie ich ihn überstanden habe; denn ich war tagelang krank und hatte mehrere Tage das Zimmer hüten müssen. … Der Herzog und meine Tochter reisen Montag ab. Die Trennung wird mir sehr schwer werden; denn sie war meine einzige Gesellschaft, und wir begannen uns näher zu kommen. …

26. Oktober 1748

… Ich hoffe, das kommende Jahr wird meine Wünsche erfüllen. Der Winter ist mir zu verhängnisvoll, um eine Reise zu wagen. … Der Markgraf wird vielleicht früher als ich diese Genugtuung haben und auf Grund Deiner gütigen Erlaubnis versuchen, Dir seine Aufwartung zu machen.

Gegenwärtig hat er soviel mit der Ordnung seiner Angelegenheiten zu tun, daß wir noch nicht nach Stuttgart reisen konnten, wo unsere Anwesenheit nötig ist. Der Herzog ist zwar sehr nett gegen meine Tochter, aber die Günstlinge versuchen alles, um Unfrieden zu stiften. Sie ist so beunruhigt darüber, daß sie manchmal in Verzweiflung ist und Angst vor der Zukunft hat. Im Grund ist nichts für sie zu befürchten, solange die Liebe andauert, aber wenn sie erlischt, fürchte ich, daß die Ränke Erfolg haben, und daß sie unglücklich wird. Ihr Haushalt ist nicht gut geordnet; seit ihrer Verheiratung hat man sie schon um 2000 Gulden betrogen. Kommt dergleichen öfter vor, so kann sie in eine äußerst schwierige Lage kommen. …

Friedrich an Wilhelmine

Potsdam, 27. Oktober 1748

… Wenn ich Deiner Tochter einen Rat geben darf, so ist es der, zwischen der Schwiegermutter und den Günstlingen nie Partei zu ergreifen, sondern die Neutralität zu wahren, dem Herzog viel Sanft-

Elisabeth Friederike Sophie (Jean-Etienne Liotard, 1745)

mut und Freundschaft zu zeigen und sich derart zu benehmen, daß sie sich nicht viele Feinde machen kann und von jedermann geachtet wird. Ich unterbreite meine Gedanken Deiner Einsicht; denn die kleine Herzogin erweckt mein Interesse nur wegen ihrer Mutter, die ich liebe.

Wilhelmine an Friedrich

Baireuth, 6. Mai 1749

... Ich bin sehr froh, wieder auf meinem Düngerhaufen zu sitzen und Stuttgart verlassen zu haben, wo man nur feierlich spricht, schläft und ißt. Ich war aufs höchste überrascht, den Herzog völlig verändert zu finden. Weder der Markgraf noch ich haben Anlaß, damit zufrieden zu sein; denn er hat nicht die mindeste Rücksicht noch Achtung für uns gehabt. Seine Laune ist unerträglich und wechselt in einem Augenblick dreißigmal. Sein Hochmut geht so weit, daß er sich seinem ganzen Hofe verhaßt und lächerlich macht. Das Land verabscheut ihn. Er ist toll verliebt in meine Tochter und mißhandelt sie. Kein Tag vergeht, wo er ihr durch seine Brutalität und seinen Jähzorn nicht brennenden Kummer macht. Als verständige Leute haben wir unsere Unzufriedenheit nicht gezeigt. ... Der Herzog folgt blindlings seinem eigenen Kopf. Mit allem, was die Jagd, die Bauten und Gartenanlagen betrifft, beschäftigt er sich äußerst eifrig. Im übrigen, glaube ich, besorgen seine Minister alles, besonders die auswärtigen Geschäfte. Das Schicksal meiner armen Tochter bereitet mir unendlichen Kummer. In ihrer Jugend überwindet sie noch das traurige Leben, das sie führt, aber ich fürchte, ihre Zukunft wird furchtbar sein.

Friedrich an Wilhelmine

Potsdam, 16. Mai 1749

... Ich glaube, den württembergischen Hof zu sehen; so gut schilderst Du ihn mir. Er ist wohl wie alle kleinen deutschen Höfe, an denen

Langeweile und Zeremoniell zum Zeittotschlagen dienen. Was den Charakter des Herzogs betrifft, so steckt wohl noch viel Jugend in seinem Gebaren. Wenn seine Mutter nicht zu viel Einfluß auf ihn gewinnt, ist nach meiner Meinung nichts zu befürchten, und meine Nichte ist als jungverheiratete Frau nicht unglücklich, wenn sie zu heiß geliebt wird. …

Wilhelmine an Friedrich

Eremitage, 9. Juni 1749

… Der Herzog führt sich sehr übel gegen uns auf. Offenbar will er jeden Verkehr mit uns abbrechen. Er läßt alle unsere Briefe und die meiner Tochter auffangen und kennt fast gar keine Rücksicht mehr. Wir tun, als ob wir von alledem nichts merkten. Aber da man ihm keinerlei Anlaß zu Klagen gegeben, sich in nichts eingemischt hat und wir sogar die Günstlinge gewonnen haben, – wenn man ihnen noch diesen Namen geben darf –, so kann ich nur annehmen, er hat irgend einen Plan im Kopfe, um meine Tochter zum Glaubenswechsel zu zwingen. Das schließe ich aus mehreren Umständen; denn trotz seiner Verstelltheit hat er doch durchblicken lassen, daß er daran denkt, und daß er zunächst unmerklich mit uns brechen will, um zu seinem Zweck zu kommen. Darf ich Dich bitten, mir Deine Ansicht darüber zu sagen und mir zu raten? …

Friedrich an Wilhelmine

[Potsdam] 17. Juni 1749

… Gern gäbe ich Dir gute Ratschläge für Deine Tochter, aber offen gesagt, ist das ein recht schwieriger Fall. Um jedoch Dein Vertrauen zu mir nicht zu täuschen, will ich Dir sagen, was ich an Deiner Stelle täte. So lange man keine sicheren Beweise hat, daß der Herzog unsere Nichte zum Glaubenswechsel zwingen will, wäre es verkehrt, voreilig Lärm zu schlagen. Hat man aber Gewißheit, so muß ich

das Wort ergreifen, und das dortige Ministerium muß gleichfalls mit der Sprache herauskommen. Bedenke, dieser Glaubenswechsel würde nichts bedeuten, wäre Württemberg katholisch; aber da das Land protestantisch ist, wird unsere Nichte sein Abgott sein, so lange sie den Glauben des Volkes teilt, und das könnte ihr mit der Zeit sehr zugute kommen. Wechselt sie jedoch die Religion, so verliert sie dieses Vertrauen und zieht sich einen Makel zu, von dem sie sich vor den eifrigen Lutheranern Deutschlands nicht reinwaschen kann. Mit der Zeit kann ihr Verhältnis zum Herzog schlecht werden; dann hat sie einen Rückhalt an der öffentlichen Zuneigung. Bei einem Glaubenswechsel aber wäre sie in diesem Fall das verlassenste Geschöpf auf der Welt. …

Wilhelmine an Friedrich

Stuttgart, 21. Januar 1750

Letzten Donnerstag kam ich hier an, halb erfroren und stark erschöpft von den schlechten Wegen. Unterwegs war es mir stets, als führe ich nach Berlin. Die holde Illusion half mir über alle Unbilden der Reise fort. Wir wurden hier aufs beste empfangen. Ich finde den Herzog sehr zu seinem Vorteil verändert, heiter und freundschaftlich gegen uns. Wenn es nur von Dauer ist! …

[Stuttgart] 24. Januar 1750

… Die alte Herzogin ist tief betrübt über den Tod ihrer Mutter. Ich habe sie gestern besucht. Sie lag im Bett und schluchzte. Nach langen Schmerzensergüssen jammerte sie ausgiebig über ihr Aussehen. »Gott, ich sehe abstoßend aus; ich bin das reine Scheusal; ich wage nicht, mich so blicken zu lassen.« Notabene war das Zimmer dunkel, und es waren viele Herren darin. Du kannst Dir denken, daß jeder bei diesen erbaulichen Worten eine Kerze zur Hand nahm, um sie zu betrachten. Da hielt sie sich ein Taschentuch vors Gesicht. »Beim Himmel, fort mit den Lichtern! Ihr seid alle unverschämt, mich so anzustarren. Ich bin

scheußlich und abschreckend.« Das alles erinnerte mich so stark an die Matrone von Ephesus, daß mich das Lachen anwandelte. Ich machte mich flugs davon, um nicht herauszuplatzen.

[Stuttgart] 19. Februar 1750

Soeben ist bei meiner Tochter ein kleines Wesen eingetroffen, über das man gewöhnlich die Nase rümpft, wenn es zur Welt kommt, und das später doch oft wie eine Gottheit angebetet wird. Du ahnst schon, daß es das schöne Geschlecht ist, das diese verschiedenen Wirkungen hervorruft. Ich empfehle das kleine Ding, die Mutter und Großmutter meinem teuren Schirmherrn und Freund, der mir das Liebste auf Erden ist.

Ein halbes Jahr später, im August 1750, besuchte das Markgrafenpaar Friedrich in Berlin. Voltaire war zu der Zeit Gast des Königs in Schloß Sanssouci. Eine der Einladungen Wilhelmines zu einem Konzert ihres Bruders nach Potsdam hat Adolph Menzel in dem Bild des Flötenkonzertes von Sanssouci festgehalten – auch den kläglichen Zustand der Schwester während des Besuches. Die Markgräfin erkrankte so schwer, daß sie die Rückreise nicht mehr wie geplant antreten konnte und mehrere Monate unter ärztlicher Obhut in Berlin bleiben mußte.

Wilhelmine an Friedrich

[Berlin, Oktober 1750]

… Während Dein gelehrter Äskulap sich alle Mühe gibt, die Triebfedern meiner Maschinerie wieder zu flicken, versuche ich das Fünkchen von Geist, das mir bleibt, von neuem anzublasen. Ich rede wieder vernünftig mit Frau von Kannenberg, ernsthaft mit Maupertuis, … und La Mettrie gibt meinen Gedanken durch das Feuerwerk der seinen wieder etwas Leben. …

»Das Flötenkonzert« (Ausschnitt), Wilhelmine Markgräfin von Bayreuth und Friedrich II. in Sanssouci (Adolph Menzel, 1850/1852)

Friedrich an Wilhelmine

[Potsdam] 24. [Oktober 1750]

... Ich segne die Natur, daß Du jetzt imstande bist, zu schreiben, und daß Dein teures Leben jetzt außer aller Gefahr ist. ... Du stehst zwischen dem Verstand von Maupertuis und der Einbildungskraft von La Mettrie, die Du beide in Dir vereinst. Deinem Geist ist nichts von Deiner Körperschwäche anzumerken. Viele weit gesündere Menschen wären froh, mit Dir tauschen zu können. Hier haben wir Voltaires glänzende Einbildungskraft, die unsere schwachen deutschen Geistesblitze überstrahlt. ... Was aber das Gefühlt betrifft, so steht unsere Nation darin hinter keiner anderen zurück. Das gilt besonders für die Freundschaft und die brüderliche Liebe.

Wilhelmine an Friedrich

30. Oktober [1750]

Philosoph von Sanssouci! Bei Dir findet man die Künste und Wissenschaften, die Talente und alle Attribute von Geist und Herz. ... Pietätvoll hebe ich die schöne Blume auf, die Du mir sandtest. ... Jedes Blatt von ihr scheint mir kostbarer als Gold und soll, getrocknet und gepreßt, treulicher bewahrt werden als dies kostbare Metall.
Gestern abend waren Feldmarschall Keith, Voltaire und die Gräfin Camas bei mir. Wir haben uns Anekdoten über Frankreich, Spanien und Rußland erzählt. Aber der Kehrreim war stets der Abt von Potsdam. Voltaire kehrt heute in diese glückselige Abtei, wie er sie nennt, zurück. Warum stecke ich nicht in seiner mageren Haut! ...

Friedrich an Wilhelmine

[Potsdam, 31. Oktober 1750]

Der Philosoph von Sanssouci ist fürwahr das schweigsamste, wunderlichste und blödeste Wesen, wenn er so keck war, Dir eine Rose zu schicken. Ich muß an seiner Statt um Verzeihung dafür bitten; denn diese vergängliche Blume ist das Sinnbild des Nichts. … Voltaire und Feldmarschall Keith haben Dich gewiß gut unterhalten; sie stecken voll fesselnder Anekdoten.

Wilhelmine an Friedrich

[Berlin, November 1750]

… Ich war diese ganzen Tage damit beschäftigt, »Semiramis« zur Oper umzuarbeiten und zu übersetzen. Ich werde mir erlauben, dies große Werk Deinem Urteil zu unterbreiten, sobald es abgeschrieben ist. Die Königin-Mutter kommt heute zum Souper zu mir. Gestern war ich bei ihr; es war mein erster Ausgang. …

Das Libretto für die Oper »Semiramis« schrieb Wilhelmine nach einer Tragödie von Voltaire, ein 1748 veröffentlichtes, von Shakespeare-Stücken inspiriertes Drama um Machtgier und ödipale Liebe. Die Oper sollte allerdings erst drei Jahre später in Bayreuth aufgeführt werden.
Ende November 1750 konnte Wilhelmine die Rückreise antreten, doch ihr Gesundheitszustand war stark angegriffen.

Wilhelmine an Friedrich

25. Dezember 1750

Der Markgraf quälte mich den ganzen Tag, ins Schauspiel im kleinen Schloßtheater zu kommen. Da ich meine Zimmer noch nicht verlassen hatte, fürchtete ich, mich zu erkälten. Aber wer beschreibt mein Erstaunen, als ich beim Aufgehen des Vorhangs an Stelle der Schauspieler den Herzog und meine Tochter sah, die unverhofft hergekommen waren, um mich zu besuchen. Ich kann nicht leugnen, daß diese Aufmerksamkeit mir große Freude gemacht hat. …

Friedrich an Wilhelmine

[Berlin] 12. [Januar 1751]

Ich nehme wahren Anteil an Deiner Freude über die Anwesenheit Deiner Familie und bin überzeugt, sie wird Dir besser bekommen als alle Arzneien. … Ich wäre arg in Verlegenheit, Dir viel Neues von hier zu melden. Ich verlasse meine Kartause nicht; in den Gesellschaften sehe ich nur tiefe Verbeugungen und höre viele Komplimente.

Wilhelmine an Friedrich

2. Juni 1752

… Nach einjährigem Schweigen erhielt ich einen Brief von Voltaire. Wie er schreibt, entsagt er Frankreich und der übrigen Welt zugunsten des Abtes von Potsdam. Der ganze Brief ist nur von Dir voll. Du kannst Dir denken, mit welcher Freude ich ihn las. Ich glaube, Du hast ein Wunder vollbracht, indem Du ihn wieder zum Philosophen gemacht hast; denn er moralisiert stark und fragt nicht mehr nach der Eitelkeit der Welt. …

Friedrich an Wilhelmine

[Potsdam] 2. Oktober 1752

… Ein paar Schriftsteller arbeiten unter Voltaires Leitung an einem »Dictionnaire de raison«, über dessen bloßen Titel die Frömmler zetern werden; denn sie predigen keine Vernunft in der Art des Paters Canaye. Ich habe mich verpflichtet, ein paar Artikel dazu beizutragen. Das sind so meine Vergnügungen.

Wilhelmine an Friedrich

3. Oktober 1752

… Du erholst Dich jetzt von den Mühen des Mars in den Armen der Musen, lauter Geliebten, die Dir ihre Gunst schenken und um die

Deine buhlen. Du führst den Vorsitz unter ihnen wie der Sultan im Serail. Kaum ist das Taschentuch geworfen, so begeistern sie Dich mit ihrem himmlischen Feuer. Jede kommt der Reihe nach daran, Philosophie, Poesie, Musik. Die letztere wird Dir neue Opern eingeben. ... Ich werde demnächst in Stuttgart welche hören, wohin ich am nächsten Freitag abreisen muß. ...

Erlangen, 25. Oktober 1752

Seit gestern bin ich von meinen großen Reisen zurück. ... In Stuttgart und Ansbach hat man mich mit Vergnügungen überschüttet. Sie erschienen mir schal; ich merkte, daß nur die befriedigen können, die zu Herzen gehen, und solche Freuden finde ich nur bei Dir und in Berlin. ...

Meine Ohren sind noch krank von der schlechten Musik, die sie gehört haben. Das Theater des Herzogs ist, was Maschinen und Kostüme betrifft, großartig und prachtvoll, aber bis auf einen Tenor, der vorzüglich ist, habe ich noch nie schlechtere Sänger gehört. Um das Unglück vollzumachen, dauern die Opern sechs Stunden lang. Es sind Opern von Metastasio, die man ohne die geringste Kürzung spielt. Das geschieht sonst nirgends. Kein Ballett bringt Abwechslung hinein. Ich versichere Dir, man könnte während einer Aufführung ein philosophisches System entwerfen; denn man hat kein anderes Vergnügen, als seinen Gedanken nachzuhängen. ...

27. Januar 1753

... Wir sind völlig zugrunde gerichtet. Gestern um 8 Uhr abends brach im Schloß Feuer aus, fast zugleich an drei verschiedenen Stellen. ... Ich lag schwerkrank zu Bette; man hat mich mitten aus den brennenden Balken gerettet. Ich habe meinen Hund, meine Juwelen und einige Briefe behalten. ... Der Markgraf hat aus seinen Gemächern nichts gerettet. Das ganze Schloß liegt in Asche; nur ein Flügel ist gerettet worden, sonst wäre die ganze Stadt verloren gewesen. Ich bin in einem Privathause, weiß aber noch nicht, wo ich schlafen noch bleiben soll. Doch

ich bin gefaßt und denke, man kann in Armut so zufrieden leben wie im Überfluß. …

31. Januar 1753

… Allem Anschein nach ist das Feuer angelegt worden. Am schmerzlichsten war uns der böse Wille der hiesigen Leute, die gar nicht helfen wollten, sich versteckten oder fortliefen, um nicht arbeiten zu müssen. Nur das Militär, der Hof und die Fremden haben das Wenige, was uns geblieben ist, gerettet. …

Friedrich an Wilhelmine

[Potsdam] 2. [Februar 1753]

Liebste Schwester! Das Unglück, das Euch betroffen hat, ist mir sehr nahe gegangen. Wenn der Schreck nur nicht Deiner Gesundheit geschadet hat, für alles übrige gibt es Abhilfe. …

Wilhelmine an Friedrich

17. Februar 1753

… Meine Bibliothek ist wie durch ein Wunder völlig gerettet. Es fehlen nur zwei Bände von Voltaires Werken und sein »Zeitalter Ludwigs XIV.«. Alles ist ohne Körbe und Kisten geborgen worden, nur mit den Händen. Auch meine sehr zahlreichen, größtenteils nicht gebundenen Noten sind gerettet, ohne daß ein Blättchen fehlte. Um diese Dinge war ich am meisten in Sorge. … Die Oper … ist von diesem Unfall fast restlos betroffen; es ist nichts da als die Garderobe der Schauspieler. Mein Truppe ist in sehr üblem Zustand, ebenso die Statisten und der übrige Theaterapparat. Offen gesagt, ist mir das näher gegangen als der Verlust meiner Schmucksachen.

Friedrich an Wilhelmine

[Potsdam] 23. [Februar 1753]

... Ich habe oft an Deine Angelegenheiten gedacht und mir überlegt, wie Ihr es anstellen könnt, um den Brandschaden wieder gutzumachen. Zunächst muß das Haus wieder aufgebaut werden. Da viele Mauern noch stehen, glaube ich, ist es mit 40–50 000 Talern zu schaffen. Für weitere 60 000 Taler könnt Ihr es wieder einrichten. Ich rate Dir aber, gute Anschläge machen zu lassen, bevor Ihr mit dem Neubau beginnt, und ehrliche Leute mit der Bauleitung zu betrauen.

In die Anleihe, die der Markgraf aufnehmen will, willige ich gern ein. ... Wie Du sehr richtig sagst, darf ich nicht an den Staatsschatz rühren. Seit meines Vaters Tode habe ich nie einen Heller aus Staatsbesitz für mich verwendet. Aber das, worüber ich verfüge, steht auch zu Deiner Verfügung, und ich warte Euren Plan ab, um das meine dazu beizutragen.

Wenn ich Euer Opernpersonal kleiden soll, brauchst Du nur ein Wort zu sagen; ich habe eine so große Theatergarderobe, daß ich Dir leicht das Nötige für eine Oper liefern kann. ...

Trotz des Brandes bereitete Wilhelmine zum 42. Geburtstag des Markgrafen die Aufführung von »Semiramis« vor, der Oper nach der gleichnamigen Tragödie von Voltaire.

Der französische Schriftsteller hatte inzwischen Berlin verlassen. Er war in zahlreiche Skandale verwickelt gewesen, unter anderem in eine undurchsichtige Finanztransaktion. Und er hatte, zum großen Ärger Friedrichs, den Akademie-Präsidenten Maupertuis angegriffen. Ende März 1753 war Voltaire aus Berlin abgereist.

Wilhelmine an Friedrich

3. April 1753

… Montperny hat von Voltaire einen Brief aus Leipzig bekommen, worin er schreibt, er sei schwer krank und habe sich aufgemacht, um in ein Bad zu gehen. Er möchte sehr gern hierher kommen und klopft bei Montperny auf den Busch, um zu erfahren, ob er gut aufgenommen würde. Aus seinem Briefe konnte ich nicht entnehmen, ob er Deinen Dienst verlassen hat oder ob Du ihm erlaubt hast, abzureisen. Ich ließ ihm sehr höflich antworten, ich würde mich sehr freuen, ihn zu sehen. Habe ich richtig gehandelt? Meine Absicht war gut. …

Friedrich an Wilhelmine

[Potsdam] 12. [April 1753]

Du fragst mich nach Voltaire: die Geschichte ist folgende. Er hat sich hier wie ein Erzlump benommen. Er fing damit an, alle Welt durch Lügen und schändliche Verleumdungen, über die er nicht errötet, miteinander zu verfeinden. Darauf schrieb er Schmähschriften gegen Maupertuis und nahm die Partei von König, den er ebenso haßt wie Maupertuis, nur um diesen zu kränken, ihn lächerlich zu machen und Präsident unserer Akademie zu werden. Das alles geschah mit vielen Ränken, die ich übergehe, die aber seine schwarze Seele, seine Schlechtigkeit und Falschheit offenbart haben. Er druckt hier in Potsdam seinen »Akakia« unter Mißbrauch einer Druckerlaubnis, die ich ihm für die »Verteidigung des Lord Bolingbroke« gegeben hatte. Ich erfahre es, lasse die Auflage beschlagnahmen und verbrennen und verbiete ihm streng, diese Schmähschrift anderswo zu veröffentlichen. Kaum bin ich in Berlin, so erscheint dort der »Akakia« und wird verkauft; darauf lasse ich ihn von Henkershand verbrennen. Statt es dabei bewenden zu lassen, verdoppelt und verdreifacht Voltaire die Dosis, indem er gegen jedermann schreibt. Auch ich bekam mein Teil ab und war so gutmütig, ihn ziehen zu lassen.

Du siehst also, ich will diesen Elenden keineswegs wieder haben, sondern völlig mit ihm brechen. Wenn ich Dir also offen meine Meinung sagen darf, liebe Schwester, wäre es mir nicht unlieb, wenn er nach Baireuth ginge; denn mit Deiner Erlaubnis würde ich jemanden hinschicken, der ihm den Kammerschlüssel und den Orden (pour le mérite), den er noch hat, abfordert. …

Wilhelmine an Friedrich

24. April 1753

Ich sah heute einen Brief von Voltaire; er geht nach Gotha, wo seine Nichte ihn treffen wird. Ob er hierher kommt, bezweifle ich. …
Seine Briefe an seine hiesigen Freunde lauten über Dich sehr ehrerbietig. Er nennt Dich mit Recht einen großen Mann. Nur klagt er über Deine Vorliebe für Maupertuis und Deine Voreingenommenheit gegen ihn selbst. Über Maupertuis spottet er sehr pikant, so daß ich bei der Stelle unwillkürlich lachen mußte. … Ich werde alles schreiben, was ich weiter über ihn höre.

13

September 1754 – August 1755

Reise des Markgrafenpaares nach Südfrankreich – Die Fabel vom Schmetterling – Der Italienaufenthalt: Pisa, Florenz, Rom, Neapel – Segen des Papstes

Italienkarte aus »Atlas geographicus maior« (Johann Baptist Homann, Nürnberg 1753)

Im Herbst des Jahres 1754 traten Wilhelmine und der Markgraf eine fast einjährige Reise durch Frankreich und Italien an. Besonders begeisterte sich Wilhelmine für die italienische Kultur, die antiken Bauten, Statuen und Malereien. Allerdings erwähnte sie vor der Abreise in ihrem Brief an den Bruder als Reiseziel nur Frankreich, das Friedrich während der beiden Schlesischen Kriege als Bündnispartner zur Seite gestanden hatte.

Wilhelmine an Friedrich

13. September 1754

… Der Markgraf beunruhigt sich darüber, daß alle Kuren, die ich dies Jahr gebraucht habe, meine Leiden nur für ein paar Wochen gemildert haben, ohne sie auszurotten. Aus Freundschaft für mich hat er den Gedanken gefaßt, mit mir nach Montpellier zu gehen; vielleicht, daß die Luftveränderung mir mehr hilft als die Brunnenkuren und Arzneien. Seine Absicht ist, wir reisen inkognito, um Kosten zu sparen, und brechen im nächsten Monat auf, um Montpellier vor Eintritt der großen Kälte zu erreichen. Wir haben jedoch noch keinen festen Entschluß gefaßt, ehe wir nicht wissen, ob Du diesen Plan billigst. …

Friedrich an Wilhelmine

[Potsdam] 22. [September 1754]

… Ich bin entzückt von dem Gedanken des Markgrafen, mit Dir den Winter in Montpellier zu verbringen. Ich möchte Dich auf meinen Händen hintragen, damit Du dort wiederhergestellt wirst. Allem Anschein nach wird das milde Klima Dir gut tun; damit wird bei dem kritischen Stande Deiner Gesundheit ein Winter gewonnen, was für die Zukunft von großen Folgen sein kann. …

Wilhelmine an Friedrich

Lyon, 31. Oktober 1754

Endlich bin ich in Lyon. Die Anstrengungen waren für eine arme Invalide wie mich unsäglich. …

In Straßburg wollte man uns alle Ehren erweisen, aber wir lehnten es ab. …

Von Straßburg ging es nach Colmar, wo wir von dem Intendanten, dem Kommandanten und allen Offizieren bewillkommnet wurden. Wie ich hörte ist Voltaire seit sechs Monaten dort, liegt aber dauernd zu Bett und rührt sich nicht aus dem Hause. Als die Gesellschaft fort war, sah ich ihn zu meiner großen Überraschung erscheinen. Offengesagt, war ich betroffen, so verändert fand ich ihn. Er stützte sich auf zwei Diener, die ihn die Treppe hinaufgeschleppt hatten. Als er mich erblickte, weinte er und sagte seine Litanei her. Er erklärte, er bete Dich an, er habe Unrecht getan und bekenne seine Fehler, er sei der unglücklichste Mensch auf der Welt. Sein Zustand, seine Reden und sein Benehmen haben mir Mitleid eingeflößt. Ich machte ihm einige Vorwürfe über seine Aufführung, fand aber nicht den Mut, ihn noch mehr zu betrüben. Sein Geist ist stets der gleiche. Er arbeitet an einer Weltgeschichte. …

Überall, wo ich hinkomme, werde ich wie das Rhinozeros angestaunt. Mehrmals war ich nahe daran, von den Neugierigen, die die Schwester des Königs von Preußen sehen wollten, in Stücke gerissen zu wer-

den. Man mietet Fenster, um mich aus dem Wagen steigen zu sehen, und ruft mir zu: »Wir lieben den König von Preußen und alles, was zu ihm gehört.« Ich kann Dir nicht sagen, wie Dich die Nation liebt; es geht bis zur Anbetung. …

Friedrich an Wilhelmine

[Potsdam] 21. [November 1754]

Mit viel Vergnügen erhielt ich Deinen Brief aus Lyon. … Man tut mir in Frankreich viel Ehre an, wenn man ein günstiges Vorurteil über mich hegt, und es ist gewiß mein Vorteil, daß ich dort nicht bekannt bin. Nur Du, liebste Schwester, kannst Illusionen über den Bruder wecken. Man wird sich einbilden, daß ich das Glück hätte, Dir ähnlich zu sein, und so ist mein Ruf gemacht. …

Über Dein Erlebnis mit Voltaire wundere ich mich nicht; an der Art wie er sich einführte, und der Komödie, die er spielte, erkenne ich ihn wieder. Sein größter Kummer stammt von einem Prozeß mit dem Herzog von Württemberg, dem er 50 000 Taler geliehen hatte. Der Herzog fand den Vertrag wucherisch; ich glaube, er hat ihm die Zinsen einbehalten, und das versetzt den Dichter in die Lage Harpagons, der nach seiner Geldtruhe jammerte. Wie schade, daß dieser Narr bei so viel Gaben so boshaft und ränkesüchtig ist! Aber es ist ein Trost für die Dummköpfe, daß man mit so viel Geist oft nicht mehr taugt als sie. …

[Berlin] 1. Januar 1755

Liebste Schwester! Zu meinem großen Bedauern ersehe ich aus Deinem Briefe, daß Du immer noch an Deinen alten Unpäßlichkeiten leidest. …

Aber gestatte mir die offene Frage: Quält Dich nicht etwas wie eine kleine Eifersucht? Mir kommt es so vor. Du bist in einem Lande, wo die Frauen nicht schwer zu erobern sind, und wo man vielleicht den Fremden aus Höflichkeit entgegenkommt. …

Irgendwo las ich einmal, eine Person, die sich die Gefühlvolle nannte, verliebte sich in einen Schmetterling. Glaubte sie, ihn zu greifen, so entfloh er auf ein Blumenbeet, um dort Honig zu naschen. So oft sie ihn verfolgte, so oft flog er davon. Da packte sie Verzweiflung; ihre schönen Tage verflossen in Trübsal; sie ward sogar eifersüchtig auf das Blumenbeet, das ihr ihren geliebten Schmetterling entzog. Da kam eine Fee, Moral genannt, vorbei und sprach: »Worüber grämst du dich, liebes Kind?« Sie antwortete ihr: »Darüber, daß ein Schmetterling, den ich aufrichtig liebe, das flatterhafteste Geschöpf ist.« Da entgegnete die Fee: »So willst du denn, daß ein Schmetterling kein Schmetterling sei? Das heißt von der Torheit Vernunft, von einem Felsen Gefühl verlangen. Kurz, wer wünscht, daß die Stiere Flügel und die Adler Hörner haben, grämt sich, weil die Flüsse ununterbrochen fließen und weil unser Erdball immerfort den gleichen Kreis um die Sonne zieht. Die Natur der Dinge läßt sich nicht ändern, sowenig wie die Neigungen, die man bei der Geburt auf die Welt mitbringt. Kannst du es aber über dich gewinnen, so verscheuche deine Eifersucht, freue dich, wenn dein lieber Schmetterling zu dir kommt, und gewöhne dich daran, daß er dich oft verläßt.«
Vielleicht sagst Du, liebe Schwester, meine Fabel sei töricht und der sie schreibt, unverschämt; Du wüßtest das alles besser, als man es Dir sagen kann. Verzeih meine Dreistigkeit, aber glaube mir, was ich Dir in aller Freundschaft zu sagen wage: Erst dann wirst Du glücklich werden und Dich von Deinen Leiden erholen, wenn Dein edles Herz sich völlig besiegt hat. …

Wilhelmine an Friedrich

Avignon, 5. März 1755

Heute erhielt ich einen Deiner Briefe, der lange unterwegs war; denn er ist vom 1. Januar datiert. … Die Moral, die Du darin predigst, ist so hübsch eingekleidet, daß sie auch den größten Träumer aufwecken würde. Deine Fabel ist reizend, voller Wahrheit und Ehrlichkeit; denn

Du gibst darin die Leichtfertigkeit der Männer zu, die die meisten nicht wahr haben wollen. Mit Recht sagst Du, man müsse sich daran gewöhnen. Man könnte sie sogar verzeihen, verscheuchte die Liebe die Freundschaft nicht. Aber leider verbannt diese Leidenschaft alle anderen Gefühle, und oft fesselt eine Geliebte das unbeständige Herz. Über meinen Schmetterling kann ich nicht klagen; denn er ist hier von geradezu stoischer Verständigkeit. Allerdings stellt man sie nicht auf die Probe; denn es gibt keinen Gegenstand, der Liebe einflößen könnte. Zudem ist ein zärtlicher Verkehr mit so vielen Dornen gespickt, daß es gefährlich ist, ihn anzuknüpfen. Ich kümmere mich nicht um flüchtige Leidenschaften, aber ich gestehe, ich fürchte sehr die, welche ernstlich werden können. In diesem Fall ist das Schicksal einer Frau sehr schlimm. Die Erfahrung, die ich schon einmal gemacht habe, läßt mich doppelt davor bangen. … Da man traurige Proben davon überall und besonders hier sieht, hoffe ich, ich werde nicht mehr in diese Lage kommen, und man wird ein Schmetterling bleiben. Das ist alles, was ich wünsche. …

Friedrich an Wilhelmine

[Potsdam] 25. März 1755

Soeben erhielt ich Deinen Brief aus Avignon. … Die große Neuigkeit aus Potsdam ist, daß der Marquis d'Argens sich beim Besteigen des Wagens am Finger verletzt hat. …

Weiter frage mich nach nichts, liebe Schwester, als nach einem Auszug aus meiner Lektüre und dem kläglichen bißchen Musik, das ich komponiere. Ich bin ganz allein auf d'Argens angewiesen, der meist zu Bette liegt. Algarotti hat sich heimlich auf und davon gemacht, Maupertuis ist krank und Voltaire in der Schweiz, so daß ich einsamer denn je lebe.

Wilhelmine an Friedrich

San Remo, 15. April 1755

... Unsere Landreise von Marseille bis Antibes war höchst anstrengend. Einen Tag hielten wir uns in Toulon auf. Dort sah ich die Kriegsschiffe und die Galeeren. ... Die Schiffe sind in schlechtem Zustande. Drei im Bau befindliche werden aus Geldmangel nicht fertig. Offiziere, Matrosen und was zur Marine gehört, werden seit sieben Monaten nicht bezahlt. Die Unterschleife und die Unordnung sind beispiellos. Es ist unbegreiflich, wie die Monarchie bei der allgemeinen Unordnung bestehen kann. Ich besuchte die Marineakademie, die mir ziemlich in Ordnung schien. Man ließ die jungen Leute von Stand nach dem neuen, im Heere eingeführten Reglement vor mir exerzieren. Für Franzosen, fand ich, machten sie ihre Sache ganz gut. ...

Florenz, 28. April 1755

... Neptun war uns immerfort abhold; statt zwölf Stunden haben wir zwei tödliche Tage zur Überfahrt gebraucht. Die Herren Genueser erwiesen uns die Höflichkeit, uns durch eine Galeere geleiten zu lassen, sonst wären wir in Gefahr gekommen, in Algier zu landen; denn vier Korsarenschiffe kreuzten an der Küste vor Lerici. Der Hafen dieses Städtchens ist der schönste und größte in Europa; er kann fünf Flotten aufnehmen. Im letzten Kriege lagen hier die französische, spanische und genuesische Flotte.

Von dort fuhren wir in zwei Tagen nach Pisa. ... Den berühmten schiefen Turm habe ich mir von außen und innen angesehen. Er ist sehr merkwürdig und hängt derart über, daß man Angst bekommt. .... Von Pisa kamen wir an einem Tage hierher. Heute machte ich den Anfang mit der Statuengalerie und der Tribuna. Wie sehr wünschte ich Dir so viele schöne Dinge, die Deiner würdig sind! Vor diesen schönen Resten des Altertums geriet ich in Begeisterung. ... Gemälde wollte ich noch nicht sehen; denn meiner Einbildungskraft sollten sich diese herrlichen Statuen erst recht einprägen. Die Stadt ist sehr groß, aber sehr häßlich.

Die Reise war wunderschön, aber derart anstrengend, daß ich fast am Ende meiner Kräfte bin. Kopfweh habe ich nicht mehr, wohl aber fortwährend Koliken, so daß ich mich kaum noch aufrecht halten kann. Es ist hier so heiß, wie in Deutschland im Hochsommer.

[Mai 1755]

… Übermorgen verlassen wir Florenz. Ich bin wie ein Blinder, der nur allmählich sehen lernt und dadurch neue Anschauungen bekommt. Was ich von Italien gesehen haben, übertrifft alles, was man mir davon erzählt hat. …

Friedrich an Wilhelmine

[Potsdam] 17. [Mai 1755]

Liebste Schwester! Zu meiner Freude erhielt ich Deinen Brief aus Florenz. …

Du wirst Italien wie eine alte Buhlerin finden, die sich für ebenso schön hält wie in ihrer Jugend, und deren früherer Glanz sich noch aus einigen Resten schöner Züge erkennen läßt. Die Spuren römischer Größe, die die Zeiten überdauern, die berühmten Reichtümer, … die Hauptstadt der heidnischen Welt durch ihre Eroberungen und die der Christenheit durch ihre geschickten Kunstgriffe – das etwa kannst Du in Italien finden. Dazu füge die Meisterwerke der Künste, die einst unter Augustus und Leo X. blühten und für die Gegenwart die Herren Soprane, schlechte Komponisten, elende Maler, noch tiefer stehende Bildhauer, den zum ersten Beichtvater der Könige gewordenen Papst, schwache Kleinstaaten, viel Tücke, Geist, aber kein Genie, ein Volk, geschaffen, um das Joch des ersten besten Eroberers zu tragen, ein göttliches Klima, schlechte Gesellschaft, viel Reichtum in Händen von Geizhälsen, Mönche und Priester jedes Schlages, viel Glaubenseifer, keine Religion, viel Unwissenheit und Vorurteile. Kurz, Italien in unserem Jahrhundert läßt sich nicht mehr mit dem von Caesar und Augustus vergleichen, und vergleicht man es mit dem Leos X., so ist es wie eine

schlechte Bleistiftzeichnung nach einem schönen Gemälde von Guido Reni. …
Ich bitte Dich tausendmal um Entschuldigung für mein dreistes Geschwätz; vielleicht geht es mir wie dem Fuchs, dem die Trauben zu sauer waren, weil er sie nicht erlangen konnte, oder wie dem Sträfling, der gewohnt war, auf seiner Galeere zu rudern, und auf die Menschen, die ihre Freiheit genossen, verächtlich blickte. Bitte, vergiß nicht die tüdesken Anwohner der Ostsee, und laß Dir durch das schöne Klima Italiens nicht den Reif Deines heimischen Himmelstriches verleiden.

Wilhelmine an Friedrich

[Rom, Mai 1755]

… Ich bin noch stets dabei, das antike Rom zu besuchen und mich mit ihm und seinen Bewohnern zu unterhalten. … Wirst Du es glauben, daß unsere Ankunft die ganz Stadt in Bewegung gebracht hat? Man zerreißt sich, um mir eine Audienz beim Papste zu verschaffen. Jeder will die Ehre davon haben, jeder warnt mich vor seinen Kollegen. Dadurch lerne ich die hiesigen Parteien und Intrigen kennen und belustige mich darüber. Ich soll Seine Heiligkeit in einem Garten treffen. Alles dreht sich um den Kniefall, den ich, wie ich deutlich erklärt habe, nie machen werde. Übrigens erweisen mir die Kardinäle und Botschafter die größten Aufmerksamkeiten. Alle haben mir ihren Besuch gemacht. …
Könnte ich doch die Gemälde, die ich hier sehe, zum Schmuck Deiner neuen Bildergalerie schicken! Hättest Du intelligente und kunstverständige Leute hier, Du fändest sehr schöne Antiken und Gemälde für ein Butterbrot. Man kann Granit- und Porphyrstücke, ja halbe Säulen, für ein paar Zechinen haben. Diese herrlichen Marmorstücke liegen haufenweise auf den Straßen, ohne daß man danach fragt. Wäre nicht der Transport, wir könnten soviel mitnehmen, um ganze Säle damit zu täfeln, ohne den Wert der Steine zu bezahlen.

Seit ich in Italien bin, habe ich nur eine abscheuliche Oper in Genua gehört. Man lobt und bewundert Stimmen, die wir nicht zum letzten Sänger nehmen würden. Die gute Musik, der Geschmack und die Schule sind gänzlich dahin. Nur Jagd- und Posthörner sind in Mode. Die Malerei behauptet sich noch. Ich sah Gemälde moderner Meister aus dem letzten Jahrhundert, darunter sehr schöne, solche von Carlo Dolci, Conca und Carlo Maratta. …
20. Mai. – Ich gestehe, daß ich heute sehr traurig bin. Vor kurzem verlor ich einen treuen Freund, der mich in meinen Mußestunden ergötzte und mir mehr zugetan war, als es die Menschen je sind. Mein armer Folichon ist in Baireuth an Altersschwäche gestorben. Ich hatte ihn dort gelassen, damit ihm auf der Reise nichts zustieße, denn er war nicht mehr reisefähig. Du weißt, liebster Bruder, wie nahe uns solche kleinen Dinge gehen, über die die Menschen meist nur spotten. … Ich kann nicht leugnen, daß das, was ich täglich erlebe, mir die Welt völlig verleidet. Glücklich sind nur die, welche nicht nachdenken und nichts prüfen.
23. Mai. – Mitten in meiner Moralpredigt wurde ich gestört, und das war gut; denn ich hätte Dich nur gelangweilt. Ich sehe mir noch täglich etwas an. Heute sah ich etwas, das mich für die Ehre unseres Volkes freut: die Gemälde eines Sachsen, namens Mengs, den der König von Polen in seinen Dienst genommen hat. Dieser Mann kommt mit siebenundzwanzig Jahren fast einem Tizian und Guido Reni gleich, man macht hier viel Wesens von ihm. Auch Batoni ist ein großer Maler und gar nicht teuer; er steht weit über Pesne.
Die römischen Paläste sind, was ihre Pracht betrifft, Königsschlösser. … In allem herrscht ein Zug zur Größe und Vornehmheit. Die Galerie Colonna ist, was die Anlage betrifft, von unvergleichlicher Pracht. In Versailles soll nichts von gleicher Schönheit sein. …

Neapel, 3. Juni 1755

Die Straße, die hierher führte, scheint der Weg zur Hölle zu sein. Nie habe ich für die Familie der Appier etwas übrig gehabt, aber jetzt hasse ich sie tödlich, seit ich die von ihr erbaute scheußliche Straße gekostet habe. … Ich finde Neapel ganz anders, als man es mir geschildert hat. … Die Kirchen lassen sich mit denen von Rom und Florenz nicht vergleichen. … Das Volk, äußerst zahlreich, schreit Tag und Nacht derart, daß man nicht schlafen kann und im Kopfe ganz wirr wird. … Herculaneum entspricht den Schilderungen nicht. Ich war dort. Es ist ein Bergwerk, dessen Wände die Lava bildet. Man erkennt nicht das geringste. … In Baja hat man neuerdings auch ein Grab entdeckt. … Man fand dort zwei einbalsamierte Leichen in prächtigen Gewändern mit Goldborten ohne Seideneinschlag. Aber man grub sie so unvorsichtig aus, daß sie zerfielen. Ich sah dies Grab; es ist so gut erhalten, als wäre es neu, und voll antiker Malereien. Hätten wir Werkzeug gehabt, wir hätten sie mitnehmen können.

Friedrich an Wilhelmine

[Potsdam] 4. Juni 1755

… Es freut mich, daß die Italienreise Dir Vergnügen macht. Es wird lange dauern, bis unsere groben deutschen Bauern Verse wie die Florentiner machen, bis unsere Maler Paul Veronese und Tizian gleichkommen, bis wir so prächtige Paläste haben, daß mit der Zeit schöne Ruinen daraus werden, und ich glaube, das alles wird erst geschehen, wenn unsere Sonne die Kraft erhält, die sie bei 36° mitteilt. Was mich an Deiner Reise am meisten interessiert, ist Deine Gesundheit. Ich wünsche von ganzem Herzen, daß die Anstrengungen ihr nicht schaden. …

Wilhelmine an Friedrich

Rom, 17. Juni 1755

… Du wirst eine Heilige in Deiner Familie haben, und die bin ich. Ich bin eine Märtyrerin unseres heiligen Glaubens. Als Pfeiler des wahren Glaubens wollte ich nicht das Knie vor dem Antichristen beugen.

Die römischen Damen haben schweren Anstoß daran genommen und wollen eine Stütze des Satans weder sehen noch besuchen. Man schimpft arg auf mich und verbreitet Verleumdungen; kurz, ich bin so drunter durch, daß ich sicher einen Ehrenplatz im Paradies bekommen werde. Der Papst tut unter der Hand, was er kann, um die Leute zur Vernunft zu bringen. Er und der Kardinal Valenti suchen mich in jeder Hinsicht zu verpflichten. Der letztere ist unser Liebesbote; denn es vergeht kein Tag, wo wir uns nicht durch seine Vermittlung Komplimente machen. So beichte ich denn: hätte ich Seine Heiligkeit sehen können, ich hätte ihn vielleicht zu meinem Cicisbeo gemacht; denn offen gestanden, habe ich eine Neigung zum Wunderbaren.

Ich sehe keine Menschen mehr, was mir sehr lieb ist; denn die Besuche bringen mich um. Ehrlich gesagt, ich bin halbtot vor Erschöpfung; nur der Drang, alles zu sehen, hält mich noch aufrecht. Fast täglich pilgere ich durch die Stadt, um mir ein Bild von der Lage des alten Rom zu machen. Da heißt es, Hügel erklimmen und Ruinen erklettern, bisweilen auch bis in den Erdschoß hinabsteigen. Soeben habe ich einen Ankauf gemacht, der mich unendlich erfreut hat. Es ist eine antike Malerei, nach Ansicht aller Kenner eine der schönsten. Sie ist aus Pompeji geraubt und hierher gebracht worden. Ich habe sie aus den Klauen der Engländer gerettet, die schon begehrliche Blicke darauf warfen. Ich erlaube mir, sie Dir zu schicken, und bitte Dich, nicht zu sagen, daß sie aus Neapel stammt. Ich werde sie so sorgfältig wie möglich einpacken lassen, aber sie muß mit großer Vorsicht ausgepackt werden, damit sie nicht abblättert. …

Gestern las ich ein italienisches Sonett auf Dich; ich fand es reizend. Du wirst darin mit Julius Caesar verglichen. Zum Schlusse heißt es, Caesar hätte sein Leben beschrieben, und Du allein seiest würdig, das Deine zu beschreiben. Du kostest mir soviel Verbeugungen und Komplimente, daß ich davon noch die Schwindsucht bekomme und mir das Kreuz verrenken werde; denn man redet nur von Dir; es ist das einzige Mittel, um die Unterhaltung mit mir in die Länge zu ziehen.

Kaiser Augustus als siegreicher Feldherr. (Marmorstatue aus der Villa von Primaporta, Rom)

Friedrich an Wilhelmine

Potsdam, 28. Juni 1755

… Ich dachte mir wohl, daß das antike Rom Dir Freude machen würde. Diese Denkmäler der Weltbezwinger bringen uns ihrer Zeit näher; man vermeint sogar, an ihrem Ruhme teilzuhaben und mit ihnen zu fühlen, wenn man sich an den Stätten aufhält, die sie bewohnt und wo sie Großes vollbracht haben. Das christliche Rom liefert Dir Beweise dafür, was der Aberglaube über den Geist der Völker vermag. Die Peterskirche ist durch Ablässe erbaut worden; die meisten Paläste der Kardinal-Nepoten sind mit den Tributen bezahlt worden, die das unwissende Europa dem Papste darbrachte. Forderten Frankreich, Deutschland, Spanien, England und Polen die Güter zurück, die sie dorthin gesandt haben und die zur Pracht dieser Hauptstadt der Christenheit dienen, glaube mir, liebe Schwester, dann würde der heilige Vater und das heilige Kollegium nur in den Ruinen des Campo Vaccino hausen, ihre Kirchen würden Strohdächer tragen, und eine Fidel, höchstens eine alte Posaune wären die einzigen Instrumente, die bei ihren Festen ertönten. …

Vielen Dank für den Marmor und die schönen Dinge, auf die Du mich aufmerksam machst. Die Schwierigkeit liegt darin, einen gescheiten Agenten zu finden, der sich von den schlauen Italienern nicht hereinlegen läßt. … Und was die Gemälde betrifft, so verkaufen die Italiener so viele posticci, daß man hereinfällt, wenn man kein großer Kenner ist. Sonst hätte ich schon lange Auftrag gegeben, mir Bilder von Guido Reni, Tizian und Solimena für meine Galerie zu schicken.

Ich war in Holland, wo ich nur Niedlichkeiten sah. Ich gab mich als Musikus des Königs von Polen aus und blieb auf der ganzen Reise unerkannt. Dabei sind mir recht scherzhafte Abenteuer begegnet, die ich mir für das große Wiedersehen mit Dir aufspare. Hoffentlich habe ich bald dies Glück!

Allegorie auf Märkgräfin Wilhelmine als Förderin der Künste (1756, Juda Löw Pinhas)
(vgl. Brief der Markgräfin, Erlangen, 11. August 1755)

Wilhelmine an Friedrich

Rom, 2. Juli 1755

Ich bin im Begriff, nach Loretto und Bologna abzureisen. Der Papst hat mich mit Höflichkeiten und Aufmerksamkeiten überhäuft. Trotz allem Geschrei der Kardinäle usw. hat er öffentlich erklärt, er hege soviel Zuneigung und Bewunderung für den König von Preußen, daß er ihm alle Beweise dafür, die von ihm abhingen, in meiner Person geben wolle. Er hat ein ganzes Stück Mauer der Peterskirche einreißen lassen, damit ich der Zeremonie des Zelters beiwohnen konnte, und in derselben Kirche eine verglaste Tribüne errichten lassen, damit ich die Pontifikalmesse sehen konnte. Als er bei der Tribüne vorbeikam, gab er mir seinen Segen, und nach Beendigung der Zeremonie nahm er seine Kopfbedeckung ab. Ich habe in meinem Leben nichts Schöneres gesehen; keine Operndekoration hält diesem Schauspiel stand. Das Feuerwerk auf der Engelsburg ist einzig. …

Die Herren unseres Gefolges gingen gestern zur Audienz beim Papste. Man ließ ihnen ihren Degen, was eine große Auszeichnung ist. Der Papst sprach mit ihnen nur von Dir. …

Verona, 25. Juli 1755

Ich wollte Dir gleich nach meiner Ankunft in Venedig schreiben, aber ich hatte die Rechnung ohne den Wirt gemacht. Bei der Abreise von Bologna erkrankten der Markgraf und ich. … Recht zerschlagen kamen wir beide in Venedig an, und ich habe es wieder verlassen, ohne das geringste gesehen zu haben, bis auf einige Bilder. Ich traf dort Algarotti, den ich kaum wiedererkannte, so alt geworden und verändert ist er. … Er drohte mir, Dir meine Streiche zu berichten. So komme ich ihm denn lieber zuvor, damit es keine üblen Folgen gibt. Ich habe in Venedig einen ganz berühmten Cicisbeo gewonnen, der mich wie ein Romanheld liebte. Liebeserklärungen, Liebesbriefchen, Verse und Lieder, nichts fehlte. Ich bin schöner als Helena, meine Tochter ist die Blume und ich bin die Frucht. Die Frucht übertrifft die Blüte tausendfach usw. … Immerhin muß ich Dir sagen, wer es ist. Es ist Dein

Gesandter Cataneo, ein Sechziger, der soviel gedichtet und komponiert hat, daß er sich, glaube ich, in alle Frauen verliebt. …
Übermorgen reise ich von hier ab. Es wird eine traurige Zeit werden, da ich unterwegs nicht an Dich schreiben kann.

Erlangen, 11. August 1755

Vorgestern bin ich hierher zurückgekehrt. … Der Abschied fiel mir offen gesagt schwer. Vielleicht habe ich nie Zerstreuungen gehabt, die mich so gefesselt haben wie dort. Tausendmal wünschte ich, Du hättest sie teilen können. Alle Vorstellungen und Nachrichten von diesem Lande bleiben weit hinter der Wirklichkeit zurück. … Man zählt 75 000 antike Statuen in Rom, ohne Reliefs, Vasen und Inschriften. Jedes Haus, sei es noch so ärmlich, hat ein paar Büsten oder Statuen. So kommt es, daß man diese Dinge für nichts bekommt; denn das bare Geld ist sehr rar. Ich hatte mir 1200 Taler gespart, die ich dafür ausgegeben habe. Dafür habe ich herrliche Sachen bekommen, darunter einen griechischen Merkur. Die Altertumsfreunde weinten, als sie hörten, daß er mein geworden sei. …

Friedrich an Wilhelmine

[Berlin] 20. [August 1755]

Ich wünschte, daß Du noch lange in den Erinnerungen an Italien schwelgst. Wie man mir versichert, siehst Du viel besser aus als vorher. Ich habe einen sehr hohen Begriffe von der Schönheit Italiens, seinem herrlichen Klima, den Denkmälern, seiner einstigen Größe und seinen modernen Bauwerken. … Aber ich glaube auch, die Italiener sind große Marktschreier; sie übertreiben die Schönheit und den Wert ihrer Gemälde, Statuen und tausend anderer Dinge. Alles ist uno spavento, una maraviglia; lauter große Worte, die mein Ohr nicht mehr rühren als das Geräusch eines Bratenwenders. … Ich glaube, wenn ich Italien sähe, wäre ich nicht in allem der Meinung der Ciceroni, und das würde mich über die Unfruchtbarkeit meines Vaterlandes trösten; sonst wäre der Vergleich für das arme Deutschland zu demütigend. …

14

Januar 1756 – September 1757

Der Beginn des Siebenjährigen Krieges – Die verzweifelte militärische Lage – Tod der Mutter – Wilhelmine als Geheimdiplomatin – Kritik am Bruder Prinz August Wilhelm – Ermutigung durch Voltaire

Die Schlacht bei Kollin in Böhmen (August Querfurt, 2. Hälfte des 18. Jahrhunderts)

1756 änderten sich die Machtkonstellationen der europäischen Staaten entscheidend. England wollte vor allem seine Kolonial- und Seemacht stärken und hatte deshalb nur ein geringes Interesse an den Ereignissen auf dem Festland. Somit war es als Koalitionspartner für Österreich wenig hilfreich. Maria Theresia suchte stattdessen die Unterstützung Frankreichs – lange Zeit vergebens. Das änderte sich, als Ludwig XV. erfuhr, daß sein Partner Friedrich II. am 16. Januar ein Verteidigungsabkommen mit seinem Erzfeind England geschlossen hatte. Nun wuchs die französische Bereitschaft, das Bündnis mit den Preußen aufzugeben. Mit dem Versailler Vertrag vom 1. Mai 1756 wurde ein französisch-österreichisches Bündnis besiegelt. Dieser Vertrag war der Beginn der großen anti-preußischen Koalition. Eine Nation nach der anderen, zunächst die russische Zarin, dann Polen und Sachsen und schließlich sogar Schweden, wo Friedrichs Schwester Ulrike die einflußlose Gemahlin des Königs war, stellte sich in Abkommen und Bündnissen gegen Preußen.

Friedrich an Wilhelmine

[Potsdam] 22. [Juni 1756]

Liebste Schwester! Es freut mich sehr, zu hören, daß es Dir jetzt besser geht, und daß Du Dich mit der Oper beschäftigst. Das wird Dir Vergnügen machen.

Ich habe hier eine Oper, die mich ernster beschäftigt. Deine elenden Nachbarn haben wieder ein Komplott geschmiedet, das mir so aussieht, als ob es zu einer großen Katastrophe führt. Du hast mehr als ein Mittel, um näher zu erfahren, was in deiner Nachbarschaft vorgeht. Ließe sich das Gebahren dieser Leute und vor allem die Versammlung ihrer Truppen aufklären, so wäre ich Dir für alle Mitteilungen darüber dankbar. Wir haben einen Fuß im Steigbügel, und der andere wird, glaube ich, bald nachfolgen. Das alles muß sich spätestens in zwei Monaten herausstellen. Ich sende Dir Obst, liebe Schwester, aber nur als Vorwand, damit dieser Brief Dich sicher erreicht. Der Krieg scheint mir unvermeidlich. Ich habe mein möglichstes getan, um ihn zu vermeiden; was auch geschehen mag, ich wasche meine Hände in Unschuld; zum mindesten bin ich überzeugt, daß kein Mensch mir vorwerfen kann, ich sei die Ursache davon gewesen.

Wilhelmine an Friedrich

Eremitage, 26. Juni 1756

... Obwohl ich die Nachrichten, die Dein Brief mir bringt, zum Teil voraussah, ist die Bestätigung meiner Befürchtung doch ein Blitzschlag für mich. Die Überlegenheit Deines Geistes und Deines Heeres beruhigt mich über Deine Erfolge, aber die Gefahren, denen Dein teures Leben ausgesetzt sein wird, die Strapazen, die Deine Gesundheit zerrütten werden, alles das beunruhigt mich und schlägt mich unsäglich nieder. Warum bin ich kein Mann, um Gefahren und Mühen mit Dir zu teilen.

Friedrich an Wilhelmine

[Potsdam] 28. [Juli 1756]

... Ich habe Verhandlungen mit meinen Feinden angeknüpft; sie sollen ihre Absichten erklären, und dadurch soll mein Benehmen vor

der ganzen Welt gerechtfertigt werden. Wenn sie nach diesen Versuchen auf nichts eingehen und sich in ihrem Taumel der Stimme der Vernunft verschließen, werde ich das tun, was jeder an meiner Stelle täte, aber mit reinem Gewissen und voll Vertrauen auf meine gerechte Sache. …

Friedrich hatte Maria Theresia dreimal um Aufklärung über die Truppenansammlung in Böhmen und über den angeblich mit Rußland gegen Preußen abgeschlossenen Vertrag gebeten; der österreichische Hof tat diese Beschuldigungen als unbegründet und falsch ab. Doch der preußische König blieb bei seiner Einschätzung und konstatierte: »Die Königin von Ungarn hatte nichts im Sinn als die Wiedergewinnung Schlesiens, auf das sie in zwei formellen Verträgen verzichtet hatte. Sie setzte ganz Europa gegen uns in Bewegung.«
Da Friedrich den gegnerischen Truppen zahlenmäßig weit unterlegen war, sah er den Ausweg aus der Bedrohung nur in einem Überraschungsangriff: »Es galt, das Prävenire zu spielen, damit man uns nicht zuvor kam.«
Am 28. August verließ der König Berlin in Richtung Sachsen, das er zu den Verbündeten Österreichs zählte. Der sogenannte Siebenjährige Krieg hatte begonnen.

Friedrich an Wilhelmine

Belitz, 28. [August 1756]

Liebste Schwester! Wir sind in vollem Marsche und nähern uns Dir. Unser Briefwechsel wird dadurch nur um so lebhafter werden. Ich will meinem dicken Nachbarn einen kleinen Besuch abstatten und hoffe, Dir in Kürze mehr sagen zu können. Erhalte mir Deine Freundschaft und sorge bitte für Deine Gesundheit.

Wilhelmine an Friedrich

4. September 1756

… Es heißt, daß Du nach Böhmen marschierst. Ich wage Dir nichts mehr von meinen Sorgen und Befürchtungen zu sagen. Trotz allem Vertrauen auf Deine Waffen und auf Deine gerechte Sache zittere ich bei dem Gedanken an die Gefahren, denen Du entgegengehst. Nur den einen Trost habe ich, daß der Tod mich von meinen Leiden befreien würde, stieße Dir etwas zu. …

Deine glücklichen Erfolge werden uns neues Leben schenken. Hoffentlich kannst Du mit Cäsar sagen: Ich kam, ich sah, ich siegte. …

Friedrich an Wilhelmine

Lobositz, 4. Oktober 1756

Liebste Schwester! Dein Wunsch ist erfüllt. Bei der Langsamkeit der Sachsen riß mir die Geduld, und ich rückte an der Spitze meines Heeres in Böhmen ein. Von Außig marschierte ich nach einem Ort, dessen Name mir eine gute Vorbedeutung schien; denn es ist der Deine, das Dorf Welmina. Hier fand ich die Österreicher bei Lobositz und schlug sie nach siebenstündigem Kampf in die Flucht. … Von Deinen Bekannten ist niemand gefallen, außer den Generalen Lüderitz und Oertzen. … Gebe der Himmel, daß die Tapferkeit meines Heeres uns einen dauerhaften Frieden beschert! Das muß das Kriegsziel sein.

Wilhelmine an Friedrich

20. Oktober 1756

… Ist's möglich, angebeteter Bruder, daß Du an mich in einer Zeit dachtest, wo Du so mit Deinen Lorbeeren beschäftigt und im Begriff warst, neue zu pflücken! Ich wünschte, die gute Vorbedeutung meines Namens hätte Dich Browne und sein ganzes Heer vernichten lassen. Denn ich werde nicht eher zufrieden sein, als bis diese ganze schändliche Brut ausgerottet ist.

Es heißt, die Sachsen wären davongelaufen, Deine Truppen hätten sie verfolgt und zusammengehauen und Seine polnische Majestät wäre heimlich auf und davon. Diese Nachricht freut mich sehr; denn das wäre eine Verlegenheit weniger und 20 000 Mann mehr für Dich. …

Friedrich an Wilhelmine

Sedlitz [31. Oktober 1756]

… Unser Feldzug ist zu Ende; wir haben nur noch ein paar Schelme von Panduren und österreichischen Husaren von der sächsischen Grenze zu vertreiben. Für uns fürchte nichts. …

Friedrich hatte das völlig unvorbereitete Sachsen eingenommen und tausende Soldaten der sächsischen Armee in den preußischen Kriegsdienst gezwungen. Der herannahende Winter erlaubte es ihm aber nicht mehr weiter nach Böhmen zu ziehen. So blieb er in Dresden.

Maria Theresia machte sich derweilen die allgemeine Entrüstung über den Angriff auf das neutrale Sachsen zunutze und schloß Angriffspakte mit den Ländern, mit denen sie zuvor reine Verteidigungsbündnisse abgeschlossen hatte: Die russische Zarin verpflichtete sich 80 000 Mann gegen Preußen zu stellen und Ludwig XV. 105 000 Mann. Der Reichstag mit dem Gemahl Maria Theresias, Kaiser Franz I., an der Spitze hatte bereits im Januar den Reichskrieg gegen Friedrich II. beschlossen; Ziel war die Zerstückelung des preußischen Staates.

Friedrich an Wilhelmine

[Dresden] 7. [Februar 1757]

… Nach den Zeitungen sollte man meinen, eine Meute von Königen und Fürsten wolle mich wie einen Hirsch hetzen und lüde ihre Freunde ein, mich mit zur Strecke zu bringen. Doch ich bin keineswegs

entschlossen, sie gewähren zu lassen, und hoffe sogar, sie selbst zur Strecke zu bringen. So eilig sie es auch mit der Eröffnung des Feldzugs haben, es geht wegen der Saatzeit unmöglich früher als am 12. oder 15. Mai. …
Die Franzosen werden bei Nürnberg zu den Österreichern stoßen und von da stracks gegen das Magdeburgische vorrücken, aber man wird dies aus Nürnberg kommende Heer als »Nürnberger Ware« behandeln. …

Wilhelmine an Friedrich

15. Februar 1757

… Wie froh werde ich sein, wenn ich von Deinen Triumphen höre! Für Deinen Ruhm fürchte ich nichts, wohl aber für Dein Leben. Bei Gott, scheide den Philosophen nicht vom König! Bedenke, Du bildest das Glück Deines Volkes und Deiner ganzen Familie. … Es gibt keinen unter Deinen Verwandten, der nicht tausendmal sein Leben opfern würde, um das Deine zu erhalten. …

Friedrich an Wilhelmine

[Dresden] 19. Februar [1757]

… Nichts kennzeichnet besser Deine Herzensgüte als Deine Teilnahme an den heroischen Erbärmlichkeiten, die mich beschäftigen. Sicherlich ist es schmählich für mich, in meinem Alter mich noch mit vier wütenden Weibern herumzuschlagen, die mir das Schicksal des Orpheus bereiten wollen; aber man muß sich verteidigen und diese Damen lehren, statt zum Degen wieder zur Spindel zu greifen.
Fürchte in diesem Kriege nichts für meine Person. Nur die tüchtigen Leute kommen um; die mittelmäßigen und solche meines Schlages bleiben stets am Leben. Wir sind noch sehr ruhig in unseren Quartieren, verstärken uns täglich, und gegen Ende des Monats wird alles für das Heer eingetroffen sein. Trotzdem kann der Feldzug nicht

vor Mai eröffnet werden, und auch dann wird nicht gleich die Entscheidung fallen. Erst der Juni wird über unser Schicksal entscheiden. …

Im Lager vor Prag, 6. [Mai 1757]

Liebste Schwester! Soeben haben wir das österreichische Heer völlig geschlagen. Es ist aufgelöst, ein großer Teil hat sich nach Prag gerettet. Dort hoffe ich alle Generale und fast ihr ganzes Fußvolk kriegsgefangen zu machen. Der arme Feldmarschall Schwerin ist gefallen, etwa 5000 Mann tot und verwundet, darunter aber keiner von Deinen Bekannten.

Wilhelmine an Friedrich

19. Mai 1757

… Ich schwimme in Wonne ob Deiner glücklichen Erfolge. … Welches Martyrium für mich, daß ich Dir den Eindruck nicht schildern kann, als Dein Brief eintraf, den Du mir am Tage Deines Triumphes geschrieben hast! Ich erhielt ihn erst heute. Wie gütig von Dir, unter solchen Umständen an mich zu denken! Nur Du allein vermagst an kleine Dinge zu denken, während Du große vollbringst. Diesen Brief werde ich in Gold fassen und ihn zeitlebens als Denkmal Deiner Freundschaft bewahren.

Ich denke das Bombardement von Prag beginnt heute. Ich habe einen Plan der Stadt. Meine tägliche Beschäftigung ist, die Stätten, wo Du Dich aufhältst, darauf zu verfolgen. Warum kann ich mich nicht hinversetzen! …

Friedrich an Wilhelmine

Im Lager vor Prag, 3. Juni 1757

Treskau hat mir Deinen gütigen Brief überbracht. Er hat hier das Lager und die Stellung der Feinde gesehen. Ich hoffte, sie durch Bom-

»Friedrich an der Leiche des Generals Graf Schwerin, der in der Schlacht von Prag (6. Mai 1757) fiel, als er die schwer erschütterte preuß. Inf. von neuem vorführte.«

ben zu bezwingen, indem ich ihre Magazine in Brand schoß, aber es ist ihnen gelungen, sie auf der Kleinseite an einem Ort unterzubringen, wo unsere Bomben sie nicht erreichen können. Dadurch wird die Sache sich etwas länger hinziehen, als es anfangs schien. Aber mit Beharrlichkeit kommt man bei allem zum Ziel. …
Die Wärme, mit der Frankreich für die Interessen der Königin von Ungarn eintritt, kommt von dem Vertrage, den beide Mächte in diesem Winter abgeschlossen haben. Das neue Triumvirat hat mich geächtet. Judas verriet den Herrn für dreißig Silberlinge, der König von Frankreich hat mich an die Königin von Ungarn für fünf Städte in Flandern verkauft; ich bin also mehr wert als der Heiland. Das ist mein Trost, liebe Schwester; außerdem bedarf es meiner Zustimmung zu diesem Schacher. …

Wilhelmine an Friedrich

[Mitte Juni 1757]

Die Erbitterung gegen die Protestanten ist furchtbar. Geht das so weiter, so wird es zum Religionskrieg führen, und das Faustrecht könnte wieder aufleben. Während die Protestanten Dich als ihren Schutzgott ansehen, bezichtigen Dich die Katholiken eines Pakts mit dem Teufel, da Du solche Erfolge hast. …

21. Juni 1757

Unser Bauernkrieg ist seit meinem letzten Brief in großem Stil weitergegangen. … Ein furchtbarer Amtmann, hoch zu Roß wie Don Quichote auf seiner Rosinante, feuerte die Bauern zum Kampfe an. Er begann mit einer Salve grober Schimpfreden gegen Dich. Dem folgten ein paar Schüsse, die die Preußen – sie sind nicht sehr höflich, wenn sie die Waffen in Händen haben – mit einer tüchtigen Salve beantworteten, die mehrere dieser Tapferen niederstreckte. …
Die Erbitterung gegen den Markgrafen ist so furchtbar, daß man offen droht, ihn umzubringen. …

Ich bin überzeugt, bis auf die Geistlichen wird sich alles zur Neutralität bereit finden, sobald Prag gefallen ist. Seit drei Tagen geht das Gerücht, der Herzog von Bevern habe Dauns Heer geschlagen und zersprengt. Diese Vorbedeutung ist mir lieb. Gott gebe, daß die Nachricht zutrifft! Ich gäbe Blut und Leben hin, damit dieser elende Krieg ein Ende hat. …

Friedrich an Wilhelmine

Lager bei Nimburg, 21. [Juni 1757]

Liebste Schwester! Wie ich hörte, hattest Du mir einen Kurier ins Lager vor Prag gesandt. Ich war gerade auf dem Marsch, um Daun anzugreifen; das ist am 18. geschehen. Trotz aller unserer Anstrengungen fanden wir ein so schwieriges Gelände, daß ich, um das Heer nicht zu verlieren, die Unternehmen aufgeben mußte. Das hat mich gezwungen, die Belagerung von Prag aufzuheben. …

[Melnick] 25. [Juni 1757]

Nach dem Unglück, das uns am 18. betroffen hat, bleibt mir kein anderer Ausweg, als zu versuchen, durch Vermittlung Frankreichs Frieden zu schließen. Bitte sage Folard, Du wüßtest bestimmt, ich sei dazu geneigt; man würde gern Frankreichs Schiedsspruch annehmen und hoffte, es würde wenigstens einen Rest von Freundschaft für seine alten Verbündeten bewahren. Man wünsche nur zu wissen, was es von mir wolle; meine Lage sei nicht verzweifelt, aber Du seiest gewiß, man würde sich zum Wohle Deutschlands und zur Verhütung weiteren Blutvergießens leicht über die Bedingungen einigen. Du bätest ihn um eine rasche Antwort; Du wüßtest, daß die Österreicher mir Bedingungen gestellt hätten, auf die ich nie eingehen würde; ich wollte vielmehr und erwarte den Frieden nur von Frankreich.

Mehr zu sagen, erlaubt mir die Zeit nicht; ich vertraue ganz auf Deine Freundschaft. Aber eile Dich bitte; denn keine Zeit ist zu verlieren.

Fügst Du noch einige freundliche Worte für Belle-Isle hinzu, so wird das, glaube ich, sehr guten Erfolg haben.

Wilhelmine an Friedrich

4. Juli 1757

Sofort nach Empfang Deines Briefes sandte ich einen Kurier an Folard. …

Seit dem Winter unterhielt ich einen Briefwechsel mit Messague durch Vermittlung eines Franzosen, der hier in Diensten steht. … Er hat mir die stärksten Beweise seiner Anhänglichkeit … gegeben. Ich dachte, wenn man diesen Mann, den Chevalier de Mirabeau, nach Paris schickt, könnte er dort in meinem Namen Verhandlungen mit der Pompadour anknüpfen. Das Lockmittel von Belohnungen könnte sie vielleicht geneigt machen, in Deinem Interesse zu wirken. Sie ist die alleinige Ursache der Erbitterung gegen Dich. Man hat ihr wahre oder falsche Äußerungen berichtet, die Du über sie und den König gemacht haben sollst. Diese Kleinigkeiten haben die Galle erregt, was das jetzige elende Benehmen gegen Dich zur Folge hat.

Ob man noch ebenso denkt wie im Winter, weiß ich nicht. Damals wollte man Dir alle Deine Länder lassen und war nur in Verlegenheit wegen einer Entschädigung für Sachsen. Dieser Punkt wird wohl der schwierigste sein. Über die Geheimartikel des Wiener Vertrages habe ich nie das Geringste erfahren können, nehme jedoch an, daß Frankreich für die Kriegskosten entschädigt sein will. Unter diesem Vorwand wird es vielleicht die besagten fünf Städte fordern. …

Friedrich an Wilhelmine

Leitmeritz, 5. Juli 1757

… Ein neuer Kummer, der uns niederdrückt! Wir haben keine Mutter mehr. Dieser Verlust setzt meinem Schmerze die Krone auf. Ich muß handeln und habe kaum Zeit, meinen Tränen freien Lauf zu lassen.

Du kannst Dir den Zustand eines fühlenden Herzens denken, das auf eine so grausame Probe gestellt wird. Alle Verluste auf Erden lassen sich wieder gutmachen, nur die, welche der Tod verursacht, sind unersetzlich. Ich gehe auf einen so traurigen Gegenstand nicht weiter ein. Ich bitte den Himmel, Dich zu erhalten, sonst hätte ich fast keine Freude mehr auf der Welt.

Leitmeritz, 7. Juli 1757

So freundlich nimmst Du meine Sache in die Hand. … Da du das große Friedenswerk auf Dich nehmen willst, bitte ich Dich, Mirabeau nach Frankreich zu schicken. Die Unkosten trage ich; er kann der Favoritin bis zu 500 000 Franken für den Frieden bieten und in seinen Angeboten noch viel weiter gehen, wenn man sie dahin bringt, uns einige Vorteile zu verschaffen. Du begreifst, wie behutsam ich in dieser Sache vorgehen muß, und wie wenig ich hervortreten darf; erführe man in England nur eine Silbe davon, so wäre alles verloren.

Wilhelmine an Friedrich

11. Juli 1757

… Die Menschheit ist mir verhaßter denn je, seit sie fähig ist, einen so großen Mann wie Dich zu verfolgen. Es war von je das Los der Tugend, vom Neide verfolgt zu werden. …

Der nach Frankreich gesandte Kurier wird erst nächsten Donnerstag zurück sein. Um keine Zeit für Mirabeaus Sendung zu verlieren, bitte ich Dich, mir eine Instruktion zu schicken, die ich abschreiben werde.

Friedrich an Wilhelmine

[Leitmeritz] 13. Juli 1757

Liebste Schwester! … Mich treffen so viele Schläge, daß ich wie betäubt bin. Die Franzosen haben soeben Friesland besetzt und wer-

den die Weser überschreiten. Sie haben die Schweden aufgestachelt, mir den Krieg zu erklären; diese lassen 17 000 Mann nach Pommern marschieren. Die Russen belagern Memel. … Auch die Reichstruppen werden sich in Marsch setzen. Das alles wird mich dazu zwingen, Böhmen zu räumen, sobald so viele Feinde über mich herfallen. Ich bin fest entschlossen, alles aufzubieten, um mein Vaterland zu retten, einerlei, ob Fortuna sich besinnt oder mir völlig den Rücken kehrt. … Ich segne den Augenblick, wo ich mich mit der Philosophie vertraut machte. Nur sie kann die Seele in einer Lage wie der meinen hochhalten. …

Wilhelmine an Friedrich

18. Juli 1757

… Mein Herz und mein Geist sind so krank, daß ich mich kaum aufrecht halte. Trotz meiner Niedergeschlagenheit verläßt mich die Hoffnung noch nicht. Ein Kummer kommt nie allein. Bisweilen verfolgt uns das Schicksal mit verdoppelten Schlägen, und wenn man alles für verloren hält, wechselt das Glück. Wahrhaftig, ich bin dieser elenden Welt so müde, daß ich aus ihr scheiden möchte. Wie glücklich wären wir, könnten wir in einem verlorenen Winkel ruhig die großen Weltgeschehnisse vorüberziehen sehen! Aber Du bist geschaffen, um ein großes Volk zu beglücken; Deine Sache ist gerecht. … Man könnte ein Buch mit den Verleumdungen füllen, die man über Dich ausstreut. Leider finden sie Gehör. …

Friedrich an Wilhelmine

Hlinay, 22. Juli [1757]

… Die schlechte Kriegsführung meines Bruders, des Prinzen von Preußen, nötigt mich, Leitmeritz zu verlassen. Ich hoffe, seine Torheit wieder gut zu machen, wenn das menschenmöglich ist. …
Im Grunde pfeife ich auf Reichstruppen, Franzosen, Schweden und

Friedrichs Bruder August Wilhelm, »Königl. Printz in Preußen und Markgraf zu Brandenburg«

Österreicher, wenn sie einer nach dem anderen kämen, aber hätte ich auch so viele Arme wie Briareus, sie reichten nicht aus gegen die sich stets erneuernde Hydra, die, täglich sich vervielfältigend, mich von allen Seiten anfällt.
Ich gleiche einem Wanderer, den eine große Räuberbande überfällt, die ihn umbringt und sich seinen Nachlaß teilt. … Ich wette, Frankreich wird früher oder später die Sinnlosigkeit seines jetzigen Benehmens bereuen, aber das alles ist kein Trost. …

Wilhelmine an Friedrich

26. Juli 1757

… Voltaire übersandte mir diesen Brief für Dich offen. Er hat mir so rührend über die kritische Lage geschrieben und zeigt so große Anhänglichkeit an Dich, daß er das Vergangene durch seine Handlungsweise wieder gut macht. Möchten seine Landsleute doch sein Beispiel nachahmen! …

Friedrich an Wilhelmine

Pirna, 27. Juli 1757

Ich finde noch ein Augenblickchen um Dir zu schreiben. Die Feinde haben Zittau bombardiert und verbrannt, so daß man genötigt war, die Truppen zurückzuziehen und von den Magazinen zu retten, was zu retten war. Die ganze unglückliche Stadt ist nur noch ein Aschen- und Trümmerhaufen. Morgen marschiere ich; am 30. werde ich mich mit meinem Bruder vereinigt haben. Es gilt um jeden Preis, die Österreicher aus der Lausitz zu vertreiben und dann den Franzosen entgegenzurücken, die unverzüglich ins Halberstädtische einfallen werden.
Das alles hat mich gezwungen, Böhmen zu räumen und mich auf die Behauptung der sächsischen Pässe zu beschränken. …
Du bist mein einziges Gut, all mein Glück und Trost.

Wilhelmine an Friedrich

30. Juli 1757

Deine beiden Briefe … haben mich tief betrübt. Ich bin fest überzeugt, daß mein Bruder es an gutem Willen nicht hat fehlen lassen. Die Gnade, die Du ihm erwiesest, als Du ihm die Führung des Heeres anvertrautest, war für ihn ein mächtiger Ansporn, sie zu verdienen. Nur Du, liebster Bruder, bist von Fehlern frei. Die großen Genies sind selten. Du kannst von anderen nicht verlangen, was Du von Dir selbst forderst. Seine Verzweiflung darüber, daß er gefehlt und Deine Pläne gestört hat, ist für ihn eine sehr harte Strafe. …

Ich schwebe in Todesängsten. Allem Anschein nach wirst Du umzingelt werden: wie kannst Du nach allen Seiten Front machen? Ich finde noch Trost in der Vergangenheit, wenn ich an die Lage Roms nach der Eroberung durch die Gallier und beim Einfall Hannibals in Italien oder an die Lage Frankreichs unter Ludwig XIV. denke, die durch eine einzige Schlacht bei Denain wiederhergestellt wurde. An diesen Beispielen suche ich meinen Mut wieder aufzurichten. Am meisten Mut flößt mir aber Dein Kopf ein. … Unfaßlich ist es mir, daß Du die Bürde der Geschäfte tragen und zugleich die Geistesfreiheit bei soviel Kummer bewahren kannst. Ich erliege dem meinen und schleppe das elendste Leben hin. Aber warum Dir von meinem Elend erzählen? …

12. August 1757, 4 Uhr nachmittags

… Verzeih, wenn mein Eifer mich fortreißt: versuche doch um Gottes willen, Frieden zu machen! Die Hilfe, die England Dir schicken kann, wird zu spät kommen. Forderst Du von Frankreich die Garantie für Deine Staaten unter der Bedingung der Räumung von Sachsen, so kannst Du vielleicht noch Zeit gewinnen. Du wirst denen die Augen öffnen, denen man weisgemacht hat, Du hättest es auf ganz Deutschland abgesehen. …

Friedrich an Wilhelmine

Bernstadt, 24. [August 1757]

... Mein Zug hierher hat meinen Erwartungen nicht entsprochen. Ich war aufgebrochen, um mich zu schlagen, aber trotz aller aufgewandten List vermochte ich die Leute nicht aus ihrer unangreifbaren Stellung zu locken. ...

Ich erlaube mir, Dir eine Dichtung zu schicken, die ich Dir widme. Der elegische Stil entspricht meiner jetzigen Lage und dem Unglück des Vaterlandes. Verzeih mir die Unebenheiten, von denen es wimmelt; kaum fand ich die Zeit, sie zu dichten. ...

Wilhelmine an Friedrich

6. [September] 1757

... Nach den vom Feinde ausgestreuten Gerüchten sollst Du ein Ehrsüchtiger sein, für den die Eroberung Europas nur eine Kleinigkeit ist. Die ganze Welt soll nicht groß genug sein, um Deine Ehrsucht zu stillen. Du würdest den Anfang mit Deutschland machen, um danach alle übrigen Mächte zu unterwerfen. Auf Grund dieser Verdächtigungen fällt ganz Europa über Dich her. Man verteilt Deinen Nachlaß im voraus und freut sich über Deine Verluste. ... Ach, lieber Bruder, würde man Dein Herz kennen, wie ich es kenne, hätte man Deine Gespräche über die Größe anhören können, man würde Dir bald gerechter. ...

Voltaire hat mir noch einen Brief für Dich geschickt; ich lege ihn bei. Der Mann macht sich in meinen Augen durch seine Gesinnung unsterblich. Um seines jetzigen Benehmens willen muß man ihm viele Fehler verzeihen. ... Sein Brief an mich ist voller Liebe und Anhänglichkeit für Dich.

Gebe der Himmel, daß man in den Kabinetten der Fürsten ebenso denkt wie die übrige Menschheit! Dann würdest Du bald in Deiner freundlichen Einsamkeit von Sanssouci sein, den Frieden Deiner stillen Klause genießen, die Felder des Parnasses bestellen, und Deine alte

Schwester würde dort ihren Bruder wiedersehen, der ihr lieber ist als das Leben.

Friedrich an Wilhelmine

Naumburg, 9. [September 1757]

Soeben erhielt ich Deinen Brief vom 6. mit der Einlage von Voltaire. Deine Betrachtungen sind sehr richtig, aber die Wahrheit ist nicht für die Menschen gemacht. Das Volk wird von den Staatsmännern geleitet und von denen, die es betrügen wollen, stets getäuscht. Das ist nicht meine Schuld; man muß sein Schicksal ertragen. Wenn Europa aus seiner Raserei aufwacht, wird es sich vielleicht selbst wundern, wie weit das Übermaß seiner Wut es fortgerissen hat, aber mir wird das dann vielleicht weder Freude noch Leid bereiten. …

In der gegenwärtigen Lage kann ich weiter nichts tun, als mich nach Möglichkeit in der Philosophie bestärken; bisher hat das Unglück mir den Rücken gesteift, statt mich niederzubeugen. Die Prüfungen, die ich durchmache, sind gewiß hart, aber für meine Person finde ich mich mit allem ab, was mir zustößt. Nahe geht mir nur das Unglück des Volkes, das ich glücklich machen sollte. Kurz, liebe Schwester, man muß Geduld üben und gegen den Strom schwimmen, solange die Kraft reicht.

Ich bitte Dich, beruhige Deinen Geist! Deine Sorgen ehre ich, sie rühren mich, und ich sehe in Dir das einzige Beispiel vollendeter Freundschaft in unserem verderbten Jahrhundert. Aber durch Sorgen ändert man das Schicksal nicht. …

15

September 1757 – Oktober 1758

Todessehnsucht – Militärische Siege Preußens – Schlacht von Roßbach, Leuthen, Schweidnitz – Belagerung Bayreuths – Tod des Prinzen August Wilhelm – Tod Wilhelmines

»Friedrich nach der Schlacht bey Collin, überdenkt sein Schicksal.«

Seit Juni 1757 bemühte sich die verzweifelte Wilhelmine um Geheimgespräche ihres Vertrauten, des Chevalier de Mirabeau, mit dem französischen Hof. Eine diplomatische Lösung schien der einzige Ausweg aus der katastrophalen Situation des Bruders. Bis Ende September konnte sie jedoch nichts Positives aus Frankreich berichten. Die militärische Lage der Preußen wurde immer auswegloser.

Friedrich an Wilhelmine

[Erfurt] 17. [September 1757]

Liebste Schwester! ... Seit meinem letzten Briefe häuft sich bei mir Unglück auf Unglück. Es ist, als wolle das Schicksal all seine Wut und all seinen Zorn auf meinen armen Staat entladen. ...

Hätte ich meiner Neigung folgen wollen, ich hätte sogleich nach der unglücklichen Schlacht, die ich verloren habe, ein Ende gemacht. Aber ich empfand das als Schwäche und betrachtete es als meine Pflicht, das geschehene Unglück wieder gutzumachen. Meine Hingebung für den Staat erwachte; ich sagte mir: »Im Glück ist es nicht schwer, Verteidiger zu finden, wohl aber im Unglück.« So machte ich es mir zur Ehrensache, wieder Ordnung zu schaffen. In der Lausitz gelang es mir. Aber kaum bin ich hierher geeilt, um neuen Feinden entgegenzutreten, so wird Winterfeldt bei Görlitz geschlagen und getötet, die Franzosen dringen in das Herz meines Staates und die Schweden blockieren Stettin. Was kann ich da noch ausrichten? Der Feinde sind zuviel. Gelän-

ge es mir auch, zwei Heere zu schlagen, so würde das dritte mich erdrücken. …
Meine Dankbarkeit, meine innige Zuneigung zu Dir, die felsenfeste Freundschaft, die sich nie verleugnet, zwingt mich, aufrichtig gegen Dich zu sein. Nein, göttliche Schwester, ich werde Dir keinen meiner Schritte verbergen, ich werde Dich von allem unterrichten. … Ich bin fest entschlossen, weiter gegen das Unglück anzukämpfen, zugleich aber auch, meine Schande und die Schmach meines Hauses nicht zu unterzeichnen. Das, liebe Schwester, geht im Grunde meiner Seele vor; da hast Du meine Generalbeichte.
Das Leben ward uns von der Natur als eine Wohltat gegeben; sobald es das nicht mehr ist, hört der Vertrag auf, und es steht jedermann frei, seinem Mißgeschick ein Ende zu machen, wenn er es für angezeigt hält. … Du allein fesselst mich noch an die Welt; meine Freunde, meine liebsten Verwandten ruhen im Grabe; kurz, ich habe alles verloren. Faßt Du den gleichen Entschluß wie ich, so werden wir zusammen unser Unglück und Mißgeschick enden. Dann mögen die, welche auf der Welt zurückbleiben, die Sorgen auf sich nehmen, die ihnen auferlegt werden, und die Last tragen, die wir solange geschleppt haben. …

Wilhelmine an Friedrich

21. September [1757]

Um Gottes willen, beruhige Dich, lieber Bruder! Deine militärische Lage ist verzweifelt, aber es besteht Aussicht auf Frieden. Ich erhielt einen Brief vom 29. Es ist schließlich gelungen, Bernis zu sprechen. Er hat bei der ersten Eröffnung viel Entgegenkommen gezeigt. Er sagt, man würde verhandeln, aber nur, wenn es zu einem Bündnis käme. … Man hat mir versichert, Frankreich sei mit der Kaiserin schon halb zerfallen. … Kommt ein allgemeiner Friede zustande, so wirst Du nach Ansicht der Politiker zwar etwas verlieren, aber Du wirst es in kurzem zurückgewinnen; denn der Friede wird nicht von Dauer sein. Dagegen wirst Du alles behalten, wenn Frankreich und

Österreich sich entzweien. Meine Briefe an Folard sind nach Wien geschickt worden; infolgedessen mußte mein Unterhändler langsamer zu Werke gehen. Er versicherte mir, alles werde gut ablaufen und man könne ohne Dich nicht auskommen.
Ach, liebster Bruder, Du predigst mir Philosophie, aber Dein Brief setzt mich in Verzweiflung! … Verbanne doch um Himmels willen alle finsteren Gedanken aus Deinem Geiste! Bedenke, wieviele andere Mächte schon in Deiner Lage gewesen sind! Was hat das Haus Österreich nicht verloren? Ludwig XIV. hat einen Teil seiner Eroberungen herausgegeben; so viele andere Beispiele müßten Dir Trost sein. Rette Deinen Kopf wie Thales, er ist mehr wert als ein Königreich; mit ihm kannst Du Deine Lage wiederherstellen. Um Gottes Willen, lebe und erhalte Dein Heer für glückliche Zeiten, die früher wiederkehren können, als Du glaubst. … Willst Du so viele Untertanen umkommen lassen, die ihre einzige Hoffnung auf Deine Person setzen? Ja, wenn ich sterbe, verliert die Welt nichts – aber Du! Gott, ich schaudere!

Friedrich an Wilhelmine

[Kerpsleben] 24. [September 1757]

Mein Bruder, der Prinz von Preußen, hat seine Armee so schlecht geführt, daß ich ihm das Kommando nehmen mußte, um sie nicht zugrunde zu richten. Jetzt schmollt er mit mir und hat sich in Wittenberg vergraben. Ich überlasse ihn seiner schlechten Aufführung und kümmere mich nicht mehr um seine Angelegenheiten.
Ich habe an den Herzog von Richelieu geschrieben. Wie ich nicht anders annahm, hat er keinen Befehl zum Verhandeln. …
Mein alter, erschöpfter Graukopf ist nicht soviel wert wie der des Thales noch wie das kleinste Nest in meinen Provinzen. Ich bin nicht trunken vor Eigenliebe, und nach meiner Überzeugung wird ein Unglücklicher mehr oder weniger auf Erden an der Weltordnung nichts ändern.

Wilhelmine an Friedrich

Anfang Oktober 1757

O lieber Bruder! Verzweifle nicht und beschleunige nicht ein Unglück, das das Deines Landes und Deines Hauses nach sich zieht! ... Gestern erhielt ich ein Schreiben von dem Mann aus Paris. Wie er mir schreibt, hat der Abbé Bernis ihm noch kürzlich gesagt, man würde Vorschlägen, die unter der Hand gemacht würden, kein Ohr leihen, sondern nur einem beglaubigten Unterhändler; diese Umwege erweckten Verdacht gegen Deine Aufrichtigkeit. Kurz, nur dieser eine Schritt käme in Frage, um die Dinge wieder einzurenken; denn nachdem Du den Franzosen durch den Vertrag mit England den Laufpaß gegeben hast, wäre dieser Schritt das mindeste, was Du tun könntest, um ihnen zu beweisen, daß Du auf ihre Freundschaft Wert legst; das würde alle Gereiztheit verscheuchen.

O lieber Bruder, möchtest Du eines so leichten Schrittes wegen Dein Leben, Dein Land und Deine ganze Familie aufopfern? ...

9. Oktober [1757]

... Frankreich hat Dir nicht den Krieg erklärt: durch geheime Unterhandlungen wird man nichts ausrichten; man legt Wert auf Ehrlichkeit und wünscht, offen zu verhandeln. Willst Du keinen öffentlich beglaubigten Unterhändler schicken, so wäre die Vermittlung Dänemarks ein Weg, den Du einschlagen könntest. Diesen letzten Weg hält man für den besten. ...

Friedrich an Wilhelmine

[Eckartsberga] 12. Oktober [1757]

... Der Vorschlag, einen beglaubigten Unterhändler nach Frankreich zu senden, ist unmöglich; denn man hat meinen dortigen Gesandten ausgewiesen und die eigenen abberufen. Wegen der dänischen Vermittlung habe ich sondieren lassen, ob man in meinem Namen Vorschläge in Paris machen wolle; das ist abgeleht worden. Wie Du siehst

muß man auf Verhandlungen so ziemlich verzichten; denn man sperrt mir alle Türen. ... Meine Lage ist grausam; das Ende kann nur furchtbar und tragisch sein.

Wilhelmine an Friedrich

26. Oktober [1757]

Hadiks Überfall auf Berlin hat mich furchtbar beunruhigt. Ich zitterte für die Familie und bangte, daß meine liebe Vaterstadt das Unglück von Ostpreußen erleben sollte. Erst heute erfuhr ich aus Sachsen Einzelheiten über die Geschehnisse. Hoffentlich ist diese Frechheit heute schon geahndet, und der unverschämte Besuch verläßt das Land nicht so, wie er gekommen ist. Er hat mich in Wut versetzt. Wären die Berlinerinnen ebenso wütend gewesen wie ich, sie hätten wie Tigerinnen gekämpft, um ihn zu vertreiben.

O Gott, in welchen furchtbaren Zeiten leben wir! Ich kann wohl sagen, ich esse mein Brot mit Tränen und lebe in Schmerzen. ...

Friedrich an Wilhelmine

Bei Weißenfels, 5. November [1757]

Liebste Schwester! Endlich kann ich Dir eine gute Nachricht geben. Du wußtest gewiß, daß die Franzosen mit der Reichsarmee Leipzig nehmen wollten. Ich bin herbeigeeilt und habe sie über die Saale zurückgeworfen. Der Herzog von Richelieu hatte ihnen 20 Bataillone und 14 Schwadronen zu Hilfe geschickt; sie behaupteten 63 000 Mann stark zu sein. ... Heute sind sie abmarschiert, um mich anzugreifen, doch ich bin ihnen zuvorgekommen. Das war eine zahme Schlacht. Gott sei Dank sind bei mir nicht 100 Mann gefallen; der einzige schwer verwundete General ist Meinicke. Mein Bruder Heinrich und der General Seydlitz haben leichte Streifschüsse am Arm. Wir haben das ganze Geschütz des Feindes; seine Niederlage ist vollkom-

men; ich bin in vollem Marsch, um ihn über die Unstrut zurückzuwerfen.
Nach so vielen Sorgen dank dem Himmel endlich ein günstiges Ereignis! Man soll sagen, daß 20 000 Preußen 50 000 Franzosen und Deutsche geschlagen haben. Nun werde ich in Frieden ins Grab steigen, seit der Ruf und die Ehre meines Volkes gerettet sind. Wir können wohl unglücklich sein, aber nicht ehrlos. Du, meine liebe, gute, göttliche und zärtliche Schwester, die Du am Schicksal Deines Bruders, der Dich anbetet, so freundlich Anteil nimmst, nimm auch an meiner Freude teil.

Lissa, 5. Dezember [1757]

Liebe Schwester! Wir haben die Österreicher soeben völlig geschlagen. Morgen marschiere ich auf Breslau, um die Stadt wieder zu nehmen. Wir haben eine Unmenge Geschütze und Fahnen erbeutet und viele Gefangene gemacht.

Wilhelmine an Friedrich

[7. Dezember 1757]

… Dein Sieg bei Merseburg ist mir teuer, er setzt Deinem Ruhm die Krone auf und stellt Dich über alle großen Feldherrn; man betrachtet ihn als Meisterwerk der Kriegskunst. … Ich beginne wieder aufzuleben. …
Voltaire hat mir diese beiden Briefe gesandt, die ich Dir nicht früher schicken konnte. Wie er mir schreibt, betrachtet man Dich in Frankreich als Halbgott. Ich glaube, er schreibt Deine Geschichte. Er hat mich angefleht, ihm eingehenden Bericht von dem ganzen Feldzuge zu schicken.
Ich sprach einen polnischen Grafen Jewronski, der den Feldzug bei den Franzosen als Freiwilliger mitgemacht hat. … Der Artilleriekapitän wollte gerade auf Dich schießen, als der Prinz Soubise dazukam und es mit den Worten verhinderte: »Die Person des Königs ist heilig.«

Friedrich an Wilhelmine

Breslau, 19. [Dezember 1757]

Zu meiner Genugtuung kann ich Dir melden, daß Breslau sich soeben ergeben hat. … Allem Anschein nach bleibt uns nur noch Schweidnitz zu erobern, dessen Festungswerke zu stark sind, um sie in dieser Jahreszeit zu bezwingen. Ich hoffe, am Ende des härtesten und furchtbarsten Feldzuges zu sein, den man führen kann. Gebe der Himmel, daß er uns zu einem guten und baldigen Frieden führt!

Wilhelmine an Friedrich

19. Dezember 1757

Ohne Deine gütigen Briefe wüßte ich nichts von Deinem Siege. Man beschlagnahmt hier alles, sogar die Zeitungen. … Wie wir erfahren haben, soll in Regensburg beantragt oder vielmehr befohlen werden, daß die Kreistruppen nach Sachsen marschieren; zugleich sollst Du in die Reichsacht erklärt werden. Mit ihr steht es wie mit der Exkommunikation des Papstes: sie gilt nichts mehr. Wenn's nach meinen Wünschen geht, kriegen sie ihre Prügel und Du vertreibst sie aus Schlesien und Böhmen.

22. Dezember 1757

Mit einem Male sind wir gefangen. Die Leute, die Du geschlagen hast, haben sich aller unserer Städte bemächtigt und sich die Schlüssel geben lassen. Sie haben begonnen mit uns zu verfahren, wie mit Weimar und Gotha. Der Markgraf mußte zusagen, Truppen zu stellen. Wir hoffen noch, dies zu vermeiden, wenn es auszurücken gilt. Ist das nicht möglich, so werde ich versuchen, es so einzurichten, daß sie Dein Heer verstärken. Sie sind gut und würden Dir treu dienen, sofern Du ihnen versprichst, sie nach Friedensschluß zu entlassen. …

[Dezember 1757]

... Seit September gibt es immerfort Nachrichten. Ich soll sie Dir zukommen lassen und versuchen, den Frieden wieder herzustellen. Das geschieht nicht ohne Auftrag. Wie Du bemerkt haben wirst, hat das französische Ministerium teils unmittelbar, teils auch durch andere den Weg dazu angegeben. ... Zu dem Zwecke müßte man einen Unterhändler mit einem Beglaubigungsschreiben oder einem Briefe ausstatten, den er nur gegen die ausdrückliche Versicherung hergibt, daß man keinen Mißbrauch damit treiben wird. ... Wenn Du zu lange zauderst, die Verhandlungen anzuknüpfen, werden sie sich enger mit Österreich zusammenschließen, da sie die Hoffnung verlieren, Dich wiederzugewinnen, und sie werden Abmachungen für lange Jahre treffen, die Dir verhängnisvoll werden können. ...

Friedrich an Wilhelmine

[Dezember 1757]

Offen gestanden kann ich die Mäßigung der Franzosen nur schwer mit ihren Maßnahmen in Flandern in Einklang bringen. Warum französische Besatzungen in Ostende und Nieuport? Warum Truppen in Tournai? Warum diese ungeheuren Ausgaben, um mich zu bekriegen? Flandern steckt dahinter; davon bin ich überzeugt. Zudem hat der Herzog von Richelieu es meinem Unterhändler gegenüber zugestanden. Mein Vertrag mit England darf durch einen Sondervertrag nicht verletzt werden. Also darf ich jetzt weniger denn je heimlich unterhandeln.

[Breslau, Januar 1758]

... Ich werde keinen Küchenjungen nach Frankreich schicken. Ich habe neue Abmachungen mit England getroffen, die mit jedem Sonderfrieden unvereinbar sind, und brechen werde ich sie wahrlich nicht. Haben die Franzosen den Frieden nötig, so mögen sie selber kommen, und wollen sie weiter Krieg führen, so wird man sie nicht mit der Feder, sondern einzig mit dem Degen zu vernünftigen Ansichten bekehren.

Deine Lage beklage ich herzlich, aber so gern ich Dir helfen möchte, es ist gegenwärtig einfach unmöglich. Die Truppen sind von den Strapazen erschöpft und brauchen dringend Ruhe, um im nächsten Frühjahr wieder ins Feld rücken zu können. …

[Breslau, 8. Februar]

… Die Russen besetzen ganz Ostpreußen, und sicherlich wird ein Teil von ihnen in unserer Nachbarschaft erscheinen. Diesmal sind keine Tartaren bei ihnen, und sie führen sich besser auf als die Franzosen. Der Wunsch nach Frieden drückt sich bei Frankreich durch neue Kraftanstrengungen gegen uns aus. Wenn die Lage der Kaiserin auch nicht glänzend ist, die meine ist nicht besser, und man muß sich auf einen schwierigen und ereignisreichen Feldzug gefaßt machen. …

Wilhelmine an Friedrich

[Mitte Februar 1758]

… Wenn ich an die Greuel des Krieges denke, glaube ich mich ins Zeitalter der Medici, Philipps II. und der Päpste versetzt. Wie verkehrt waren meine Begiffe von der Welt! Ich wähnte alle Gewalttaten, Grausamkeit und Verräterei aus der menschlichen Gesellschaft verbannt. Leider erlebe ich das Gegenteil und empfinde offen gestanden einen unbezwingbaren Ekel vor der Welt. … Du hast unsterblichen Ruhm errungen, aber wie viele Leiden und Kümmernisse hat er im Gefolge. Um sie zu ertragen, muß man tapfer sein wie Du. … Ein neuer Feldzug steht vor der Tür, der mich mit neuer Sorge erfüllt. …

Friedrich an Wilhelmine

Grüssau, 5. April 1758

… Die Laufgräben vor Schweidnitz sind eröffnet; ich hoffe in acht Tagen wird das Werk vollbracht sein. Die Franzosen werden wir nicht wiedersehen; sie sind so übel zugerichtet, daß sie über 33 000 Mann

verloren haben. Sie haben Friesland und Wesel geräumt und sich sämtlich hinter den Rhein in Sicherheit gebracht. Fürchte also fortan nichts mehr für uns und bedenke, daß die größte Schwierigkeit behoben ist. … Ich flehe Dich auf Knien an, schone Dich und zerstreue Dich! Suche Dich abzulenken und sei gewiß, ich werde mehr als einmal Gelegenheit haben, Dir gute Nachricht zu geben. …

Wilhelmine an Friedrich

[Mitte April 1758]

Dein lieber Brief war mir wie ein Balsam, der mir das Leben wiedergegeben hat. Die Hoffnungen, die Du mir machst, sind zu tröstlich, als daß ich nicht versuchen sollte, weiterzuleben. …
Ich hatte Rheumatismus im Körper und auf der Brust; heute geht es mir etwas besser, aber man befürchtete den Brand. … Ich kann vor Schwäche nicht weiterschreiben, aber mein Herz gehört dem lieben Bruder, wie es mir auch ergehen mag.

19. April [1758]

Dies ist zu meinem Leidwesen vielleicht der letzte Brief, den ich Dir schreiben kann. In Baireuth soll ein Lager angelegt werden; unsere Festung gehört uns nicht mehr. Wir werden aufs schmachvollste behandelt und völlig zugrunde gerichtet. Das alles ist mir nicht so schmerzlich wie der Kummer, keine Nachrichten mehr von Dir zu erhalten und Dir weder schreiben noch nützen zu können. … Ich verachte die Glücksgüter zu sehr, als daß ihr Verlust mich im geringsten schmerzen könnte. Dem verstorbenen König und der Erziehung, die er mir gab, verdanke ich es, daß ich mich mit wenigem zu bescheiden und als Privatperson fern von der Welt und ihrem Prunk zu leben vermag. Ich weiß, man kann das, was nicht niedrig ist, nicht niedrig machen, und ich versichere Dir, ich stehe über allem Kummer, den man mir in dieser Hinsicht bereiten könnte; ich würde mich durch die Standhaftigkeit, mit der ich ihn ertrüge, als Deine würdige Schwester zeigen. Aber leider trifft man mich an der empfindlichsten Stelle, nämlich am Herzen; denn Nachrichten von Dir werde ich nur durch Deine Feinde erhalten. Zittern werde ich um Dein Leben, um Deine Gesundheit, kurz, um Schicksalsschläge – ein Zustand schlimmer als der der Verdammten.

Friedrich an Wilhelmine

Münsterberg, 23. [April 1758]

... Wir stehen im Begriff, uns in ein großes Abenteuer zu stürzen. Die Besatzung von Schweidnitz ist kriegsgefangen, und ich rücke stracks auf Olmütz. Mein Bruder Heinrich wird diesen Zug seinerseits unterstützen, und in Bälde werden wir sehen, welche Wendung die Dinge nehmen werden. Man muß das Übel an der Wurzel packen und die Herren Österreicher niederschlagen, dann wird alles übrige wie Rauch verfliegen. Soviel wage ich dem Papier anzuvertrauen. Gegenwärtig bin ich in den Geburtswehen und habe also keine Zeit, mehr zu schreiben. ...

Wilhelmine an Friedrich

18. Juli [1758]

Nur mein Herz führt mir die schwache Hand. ... Seit drei Stunden schreibe ich mit Hilfe von starken Essenzen, mit denen ich die Handgelenke einreibe. Der Himmel gebe, daß ich bald die Einnahme von Olmütz erfahre; denn mich beschäftigt ganz allein das, was mit meinem lieben Bruder zusammenhängt.

Friedrich an Wilhelmine

Bei Königgrätz, 20. Juli 1758

Liebste Schwester! ... Du hast gewiß das Unglück erfahren, das mich durch den Tod meines Bruders, des Prinzen von Preußen, betroffen

hat. Meine Betrübnis und meinen Schmerz kannst Du Dir vorstellen. Er hat sich freilich im letzten Jahre recht häßlich gegen mich benommen, aber mehr durch den Einfluß boshafter Menschen als aus eigenem Antrieb. Aber nun ist er nicht mehr, und wir verlieren ihn für immer.
O Du, die Du mir die liebste aus der Familie bist und auf Erden meinem Herzen am nächsten steht, ich beschwöre Dich bei allem, was Dir teuer ist, erhalte Dein Leben. …

Wilhelmine an Friedrich

Baireuth, 10. August 1758

Liebster Bruder! … Ich bin so schwach, daß ich kaum kritzeln und nicht einmal lange schreiben kann. … Um mir den Verlust, den wir soeben erlitten haben, zu verheimlichen, hat der Markgraf alle Briefe von Dir zurückbehalten; ich hielt alles für verloren. Nun bekomme ich Deine lieben Briefe; sie lindern meinen Gram über den Tod meines Bruders, der mir äußerst nahe ging.
Du fragst nach meinem Zustand. Wie ein armer Lazarus liege ich seit sechs Monaten im Bette. Seit acht Tagen trägt man mich auf einem Tragsessel und fährt mich im Rollstuhl. …
Mein Herz sagt mir, daß der Himmel noch Wunder für Dich tun wird. Deine Feinde sind dem Untergang nah. …
Wir sind glücklich unsere unbequemen Gäste los: Die letzte Abteilung, die hier durchzog, hat alles ausgeplündert und das Land fast völlig zugrunde gerichtet, die Saaten und Obstbäume vor der Reife niedergeschlagen, aber man muß sein Leid geduldig tragen. …

Friedrich an Wilhelmine

[Schönfeld] 18. [September 1758]

Liebste Schwester! Nein, alles Schlimme, was mir zugestoßen ist, alle Wechselfälle des Glücks sind nichts im Vergleich zu der schmerzlichen

Sorge, die mir Deine Krankheit bereitet. Um Deinetwillen, wenn Du mich lieb hast, wenn ich Dir noch teuer bin, tu alles Menschenmögliche zu Deiner Wiederherstellung. …

[Schönfeld] 20. [September 1758]

… Bedenke, daß Dein Tod mich zum elendsten Wesen auf Gottes Erdboden machen würde. Bedenke, daß der Schmerz mich überwältigen würde, und der schrecklichste Tod mir lieb wäre, wenn er mich nur aus diesem elenden Dasein befreite. Ich kann Dir vor Schmerz nichts mehr sagen. Sei trotzdem überzeugt, daß es auf der ganzen Welt keinen Menschen gibt, der Dich gleich aufrichtig liebt. …

Wilhelmine an Friedrich

Baireuth, 25. September 1758

Liebster Bruder! … Wäre ich meiner Neigung gefolgt, ich hätte Dir sogleich selbst meine Freude über Deinen letzten Sieg ausgedrückt, aber beide Arme sind geschwollen und der Husten hat sich verdoppelt, und so konnte ich es nicht. Ich schaudere bei dem Gedanken an die schlimme Lage, in der Du Dich vor dem Schlage befandest, die ich zum Glück nur teilweise kannte.

Nachschrift: … Ginge es mir gut, ich trotzte Russen und Panduren. Da ich meinen Eifer für den Staat und für Dich nicht durch wesentliche Dienste beweisen kann, wie es meine Brüder getan haben, so erlaube ich mir, zu Deinem Vergnügen beizutragen, indem ich Dir ein paar Kleinigkeiten schicke, die Du hoffentlich bald genießen kannst!

Friedrich an Wilhelmine

[Rodewitz] 12. Oktober 1758

Liebste Schwester! … Ich bin so voll von Dir, von Deinen Gefahren und von meiner Dankbarkeit, daß Dein Bild stets in meinem Geiste herrscht und alle meine Gedanken auf sich lenkt, mag ich wachen oder

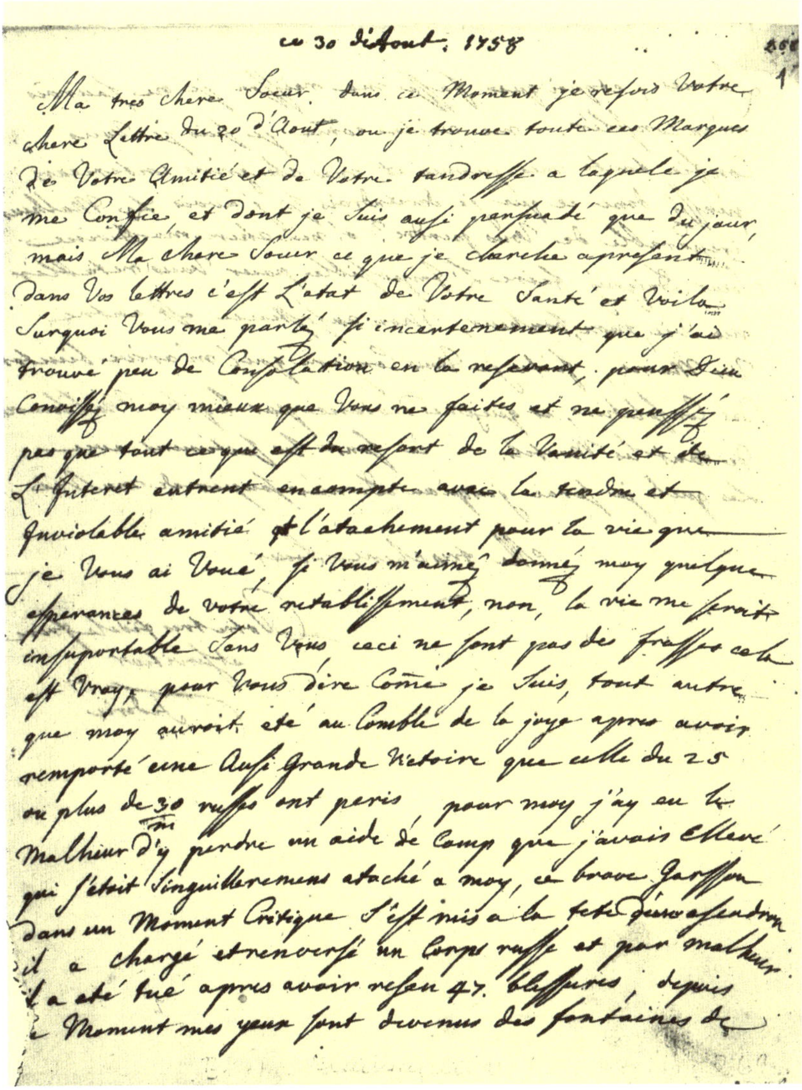

ce 30 d'Aout; 1758

Ma tres chere Soeur. dans ce Moment je resois Votre
chere Lettre du 20 d'Aout, ou je trouve toute ces Marques
de Votre Amitié et de Votre tandresse a laquele je
me Confie, et dont je suis aussi persuadé que du jour,
mais Ma chere Soeur ce que je charche aprésent
dans Vos Lettres c'est L'etat de Votre Santé et Voila
surquoi Vous me parlez si incertenement que j'ai
trouvé peu de Consolation en la resevant, pour Dieu
Conoissez moy mieux que Vous ne faites et ne pensez
pas que tout ce qui est du resort de la Vanité et de
L'interet entrent encompte avec la tendre et
inviolable amitié et l'atachement pour la vie que
je Vous ai Voué, si Vous m'aimez donnez moy quelque
esperances de votre retablissement, non, la vie me serait
insuportable sans Vous ceci ne sont pas des frasses cela
est Vray, pour Vous dire Come je suis, tout autre
que moy auroit, été au Comble de la joye apres avoir
remporté une Aussi Grande Victoire que celle du 25
ou plus de 30 m russes ont peris pour moy j'ay eu le
Malheur d'y perdre un aide de Camp que j'avais Elevé
qui s'etoit singuilleremens ataché a moy, ce brave Garsson
dans un Moment Critique s'est mis a la teste d'un escadron
il a chargé et renversé un Corps russe et par malheur
il a eté tué apres avoir resu 47. blessures, depuis
ce Moment mes yeux sont devenus des fontaines de

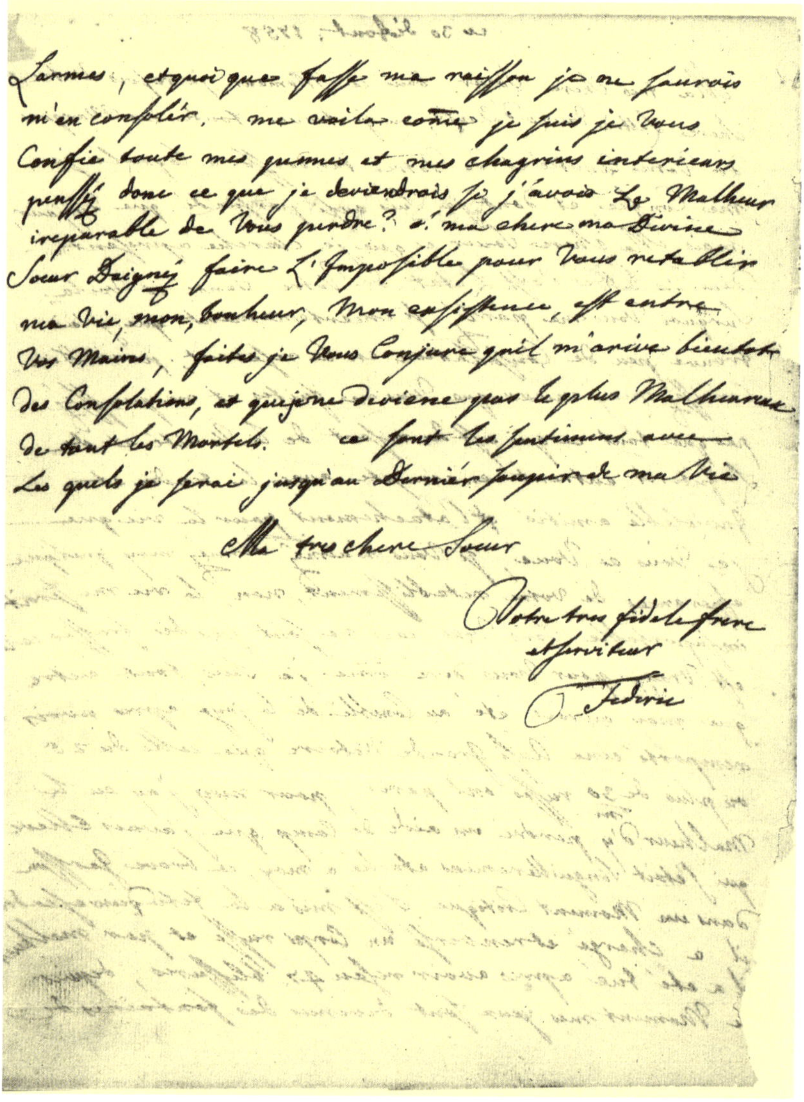
Larmes, et quoique fasse ma raison je ne saurois
m'en consoler. me voila come je suis je Vous
Confie toute mes peines et mes chagrins interieurs
penssez donc ce que je deviendrois si j'avois Le Malheur
irreparable de Vous perdre? ô ma chere ma Divine
Soeur Daignez faire L'Imposible pour Vous retablir
ma Vie, mon bonheur, Mon existence, est entre
Vos Mains, faites je Vous Conjure quil m'arive bientot
des Consolations, et que je ne deviene pas le plus Malheureux
de tout les Mortels. ce sont les sentiments avec
Les quels je serai jusqu'au Dernier soupir de ma Vie

Ma tres chere Soeur

Votre tres fidele frere
et serviteur
Federic

Letzter erhaltener Brief Friedrichs II. vom 12. Oktober 1758 an seine Schwester Wilhelmine Markgräfin von Bayreuth

träumen, Prosa oder Verse schreiben. Möge der Himmel mein tägliches Flehen für Deine Genesung erhören! …

Friedrichs Brief erreichte Wilhelmine nicht mehr. Sie starb am 14. Oktober, 49jährig, in Bayreuth. In derselben Nacht wurden die preußischen Truppen von den Österreichern überfallen und in der Schlacht bei Hochkirch besiegt. Nicht die schwere militärische Niederlage, sondern der Tod der geliebten Schwester bereitete Friedrich den größten Schmerz.
Der Siebenjährige Krieg wurde am 15. Februar 1763 mit dem Frieden von Hubertusburg beendet. Preußen war nun erste Militärmacht in Europa. 1768 ließ der König zum Andenken an seine Schwester im Park von Sanssouci einen Freundschaftstempel mit einer Statue Wilhelmines errichten.

»Tempel der Freundschaft bey den Königl. Neuen Schloß« (Radierung von Andreas Ludwig Krüger, um 1780)

Personenregister